Reiseleitung und Gästeführung

Professionelle Organisation und Führung

von

Dr. Marie-Louise Schmeer-Sturm

Oldenbourg Verlag München

Bibliografische Information der Deutschen Nationalbibliothek

Die Deutsche Nationalbibliothek verzeichnet diese Publikation in der Deutschen
Nationalbibliografie; detaillierte bibliografische Daten sind im Internet über
http://dnb.d-nb.de abrufbar.

© 2012 Oldenbourg Wissenschaftsverlag GmbH
Rosenheimer Straße 145, D-81671 München
Telefon: (089) 45051-0
www.oldenbourg-verlag.de

Lektorat: Dr. Stefan Giesen
Herstellung: Constanze Müller
Titelbild: thinkstockphotos.de
Einbandgestaltung: hauser lacour
Gesamtherstellung: Grafik + Druck GmbH, München

Dieses Papier ist alterungsbeständig nach DIN/ISO 9706.

ISBN   978-3-486-71215-5

Vorwort

Reiseleitung und Gästeführung kann ein ungemein spannender, abwechslungsreicher, kommunikativer und erfüllender Beruf sein. Man arbeitet in Orten mit klingendem Namen mit heroischer oder tragischer Geschichte und Höhepunkten der Kunstgeschichte. Diese Berufe „im Schatten des Sonnenscheingeschäfts" sind andrerseits mit großen Erwartungen konfrontiert:

> „Alle unerfüllten Wünsche nach Freiheit und Ruhe, Sonne und Geborgenheit, Abenteuer und Erholung werden diesen wenigen Wochen aufgeladen. Urlaub – das ist in vieler Hinsicht eine Extremsituation, vor allem die des Glücks. Ob nun aber ein Urlaub ‚glückt', hängt von vielen Variablen ab: von Wetter und Unterkunft, Essen und Mitwelt und eben nicht zuletzt von den Berufen im Tourismus … Das Glück im Urlaub zwingt die genannten Berufe in die Rolle von Glücksbringern, von Wundertätern, von Magiern."[1]

Manchmal gelingt es tatsächlich, das Programm nicht nur zu erfüllen, die Führung nicht nur stimmig zu halten, sondern darüber hinaus in der Gruppe ein Zusammengehörigkeitsgefühl zu erzeugen, einen vorübergehenden Zustand von Euphorie. Dann erlebt man auch als GästeführerIn oder ReiseleiterIn (abgekürzt: RL) ein Glücksgefühl: der Funken der Begeisterung ist übergesprungen, ablesbar am Leuchten der Augen der ZuhörerInnen.

Basis dafür ist, dass zunächst einmal die organisatorischen Voraussetzungen „stimmen". Im Folgenden werden viele Themen und Probleme genannt, die in dieser Häufung natürlich nie auftreten. Sie sollen Anfänger nicht abschrecken, sondern es werden Möglichkeiten aufgezeigt, diese vorwegzunehmen, gedanklich zu lösen, um in der tatsächlichen Situation flexibel handeln zu können.

Grundlage einer guten Gästeführung und vor allem Reiseleitung ist eine perfekte Organisation, die Erfüllung der im Reiseprogramm versprochenen Leistungen. Wenn ausgeschriebene Sehenswürdigkeiten wegen Unachtsamkeit oder mangelnder Zeitplanung von Gästeführer oder Reiseleiter ausfallen, drohen Reklamationen und womöglich Rechtsstreitigkeiten.

---

[1] Bleistein, Roman: Arbeitsplatz Tourismus. In: Stimmen der Zeit 8 (1987), S. 505.

Auf dieser Basis einer guten Organisation baut sich eine positive Gruppenatmosphäre, auch mithilfe eines psychologisch einfühlsamen Verhaltens des Gästeführers
und Reiseleiters, auf.

In dieser angenehmen Grundstimmung schließlich fallen die Erklärungen des Gäste-
führers/Reiseleiters auf einen fruchtbaren Boden. Es wird spannend, unterhaltsam.
Es können Erlebnisse stattfinden – Landschafts-, Gruppen-, Bildungserlebnisse bis
hin zu spirituellen Erlebnissen.

„E il spettatore che fa il quadro" (Es ist der Betrachter, der das Bild macht). Dieser
Satz von Marcel Duchamp, in Großbuchstaben eingraviert in die Tür des 2003–2009
nach den Plänen der Stararchitektin Zaha Hadid erbauten MAXXI (Museo Nazio-
nale delle Arti des XXI Secolo) in Rom betont den eigenen Anteil, den jeder Besucher bei der Kunstbetrachtung mitbringt.

Welche Interpretation ist gültig? Die des Künstlers? Die der Kunstkritik? Wichtig ist
vor allem der Besucher und seine Rezeption des Werks und die Bezüge, die er zu
seinen Lebenswelten und -themen herstellt. In diesem Spannungsfeld – das Eigene
des Betrachters zum Vorschein kommen lassen und dies mit neuen Aspekten zu
bereichern – liegt die abwechslungsvolle Herausforderung für Gästeführer und Reiseleiter. Wenn dies gelingt, dann stellt sich vielleicht das vorhin erwähnte Hochge-
fühl ein, das eine Gruppe auch über die einzelne Führung hinaus trägt und beglückt.

Diese Buch wurde konzipiert für Studenten und andere Personen, die vorhaben, im
Bereich Gästeführung oder Reiseleitung (insbesondere Rundreisen, Studienreisen,
Städtereisen, anspruchsvolle Tagesfahrten etc.) zu arbeiten oder dort schon tätig
sind. Es basiert auf der langjährigen Erfahrung der Autorin als Gästeführerin und
Reiseleiterin, auf diversen Fortbildungsseminaren für Fremdenverkehrsämter und
Reiseveranstalter, auf Seminaren am Institut für Pädagogik der Universität München
und derzeit an den Sabel-Schulen in München.

Für zahlreiche Anregungen dankt die Verfasserin ihren Reisegästen und Seminarteil-
nehmern.

Marie-Louise Schmeer-Sturm   München, im September 2011

Inhaltsverzeichnis

1 Einleitung: ein persönlicher Rückblick

Dieses Buch ist die Zusammenfassung meiner 35jährigen Tätigkeit als Gästeführerin in München und in der Folge als Reiseleiterin für ein großes Studienreiseunternehmen und seit 25 Jahren als Reiseleiterin von eigenveranstalteten Studienreisen. Die Abfolge von der Gästeführung zur Reiseleitung möchte ich sehr empfehlen, da man als Gästeführer/in sich zunächst intensiv in eine bestimmte Stadt oder Region einarbeitet und sich anhand dieses Beispiels, in meinem Fall der Stadt München, ein Gerüst der bayerischen und deutschen Geschichte erarbeitet, auf das man auch im Ausland als Vergleich immer wieder zurückgreifen kann. Außerdem kann man anhand einer überschaubaren Anzahl von Sehenswürdigkeiten lernen, wie man eine Stadtrundfahrt, einen Stadtrundgang, eine Kirchen- oder Museumsführung vorbereitet und durchführt. Man lernt die Präsentation von Informationen und den Umgang mit Gruppen und hat damit, exemplarisch an einem Ort, schon wichtige Fähigkeiten der Reiseführung erworben.

Viele Gästeführer erarbeiten sich mit der Zeit auch Ausflugsziele in der Region und können so Reiseveranstaltern und Incoming-Agenturen mehrere Führungen „aus einer Hand" anbieten.

Die gemeinsame „Schnittmenge" der Tätigkeiten von Gästeführern und Reiseleitern liegt vor allem in der inhaltlichen Präsentation von Informationen. Deshalb lege ich in vorliegendem Buch die Hauptkapitel zweier vorangegangener Bücher zur Gästeführung[2] und Reiseleitung[3] in überarbeiteter und aktualisierter Form zusammen. Zielgruppe sind GästeführerInnen, ReiseleiterInnen, die auch Führungen halten und z.B. Rund- und Studienreisen begleiten sowie KunstvermittlerInnen.

In der Zeit meiner Berufstätigkeit hat sich sehr viel verändert: der Tourismus hat zugenommen. Viele Sehenswürdigkeiten sind überlaufen. Gästeführungen in Deutschland und im Ausland haben ein viel höheres Niveau als früher. Busprogramme von morgens bis nachts wie vor 25 Jahren sind aufgrund strengerer Sicherheitsregeln für die Fahrer nicht mehr denkbar. Die Zentren der Städte sind zumeist Fußgängerzonen

---

[2] Schmeer-Sturm, Marie-Louise unter Mitarbeit von Springer, Walter: Gästeführung. 3. Auflage München Wien: Oldenbourg 1996.

[3] Schmeer-Sturm, Marie-Louise u.a.: Reiseleitung. 4. Auflage München Wien: Oldenbourg 2001.

geworden und der Bus kann nur noch entfernt an ganz bestimmten Stellen aussteigen lassen. Manche Städte wie z.B. Venedig, Florenz und Rom verlangen sehr hohe
Parkplatz- oder Einfahrtsgebühren. Der Andrang auf Museen und Ausstellungen hat
zugenommen – alles muss langfristig angemeldet und vorgebucht werden, also ein
viel höherer organisatorischer Aufwand als früher.

Andrerseits gibt es inzwischen auch große Erleichterungen im Vergleich zu früher:
Den Reiseleitern stehen zum Teil Hilfsmittel wie Audiosysteme zur Verfügung.
Dank moderner Routenplaner, über die heute jeder bessere Bus verfügt, verliert der
Reiseleiter weniger Zeit und Nerven, um Hotels, Gaststätten und Sehenswürdigkeiten zu finden. Öffnungszeiten, Anmeldemodalitäten von Sehenswürdigkeiten sowie
Informationen zu fahrtbegleitenden Erklärungen lassen sich schnell im Internet
ausfindig machen. Für die rasche Kommunikation mit Leistungsträgern gibt es Han-
dys und der Kontakt zu Angehörigen und Freunden zu Hause ist mit Skype und
kostenlosem Internetanschluss in den meisten Hotels einfach und preiswert geworden. Früher hätte ein längeres Telefonat aus dem Ausland nach Hause das Tagesho-
norar des Reiseleiters verbraucht.

Ein geschickt gehandhabtes Handy oder Smartphone mit eingespeicherten wichtigen
Adressen und Telefonnummern ist ein bewegliches Reiseleiterbüro, erleichtert die
Arbeit, das Gepäck und die Kommunikation. Ein Gästeführer oder Reiseleiter ohne
diese Hilfsmittel ist kaum mehr vorstellbar.

Das Reisen ist kürzer und kompakter geworden: 2-wöchige Rundreisen durch ganz
Italien von Bozen bis Paestum werden weniger gerne gebucht als die einwöchige
Toscana-Reise oder die 3–5-tägige kompakte Städtetour mit Ausflügen in die Umgebung. Das heißt das Ausführliche und Weitschweifende ist weniger gefragt als das
kurze intensive Besuchen der Highlights in den Städten. Auch hier ist ein technischer Wandel die Ursache: preiswerte Flugverbindungen unterstützen diese Art des
Reisens.

So viele historische und technische Änderungen es inzwischen auch gegeben hat, so
haben sich doch die Kriterien für eine gute Führung, die spannend, motivierend,
lehrreich (nicht belehrend) und unterhaltsam ist, wenig gewandelt. Allerdings wird
der Erlebnisaspekt einer Führung viel höher bewertet als früher und langdauernde
selbstherrliche Führungen, die das Wissen des Gästeführers oder Reiseleiters brillie-
ren lassen sind out ebenso wie das „Erschlagen" der Gäste mit Daten und Fakten.

Wie eine gute Führung geplant und durchgeführt werden kann, wie daneben aber
auch die organisatorischen Aufgaben in der Zusammenarbeit z.B. mit Hotels und
Busfahrern und vor allem mit dem Reisegast bewältigt werden können – dazu
möchte dieses Buch ein Leitfaden sein.

2 Zur wirtschaftlichen Bedeutung des Tourismus

Eva Sturm

Schon in der Antike war eine Art des Tourismus vorhanden, die ähnliche Zielsetzungen wie heute verfolgten: Erholung und das Kennenlernen neuer Kulturen. Damals war dies nur den reicheren Schichten vorbehalten, während über die Zeit, durch steigende Freizeit, den Ausbau der Infrastrukturen und neue Technologien das Reisen viel mehr Menschen möglich wurde.

Mit der Zeit haben auch immer mehr Destinationen den Tourismus für sich entdeckt, sich diesem geöffnet und in seinen Ausbau investiert. Dies hat dazu geführt, dass der Tourismus durch die Schaffung von Arbeitsplätzen, den Ausbau von Infrastrukturen und das Zusatzeinkommen durch die allgemeinen Ausgaben der Touristen vor Ort und den sich davon ableitenden Export von Gütern, wie z.B. Spezialitäten und Souvenirs, vielerorts ein Schlüsselfaktor in der wirtschaftlichen Entwicklung ist.

Trotz zwischenzeitlicher Schocks ist die Tourismusbranche weltweit graduell steigend: von 25 Millionen internationalen Ankünften in 1950, zu 277 Millionen in 1980, zu 435 Millionen 1990, über 675 Millionen im Jahr 2000 bis 940 Millionen in 2010.

In 2010 generierte der Tourismus 30 % des weltweiten Exports von Dienstleistungen und insgesamt 5 % des weltweiten Bruttosozialprodukts. 7 % aller Beschäftigten weltweit arbeiten entweder direkt oder indirekt für die Tourismusbranche.[4]

Kurioserweise sind die Deutschen seit Jahren diejenigen, die am meisten pro Jahr für ihren Urlaub oder das Reisen im Allgemeinen ausgeben. Im Jahr 2010 waren sie dicht gefolgt von den Amerikanern und Chinesen. Die Ausgaben entsprechen ca. 4,2 % des gesamten privaten Verbrauchs in Deutschland. Der Tourismus ist demnach weiterhin eine Schlüsselbranche der Deutschen Wirtschaft, auch weil er über

---

[4] World Tourism Organization (UNWTO): Tourism Highlights, 2011 Edition, S. 2.

2,8 Millionen Menschen in Deutschland beschäftigt. In 2010 betrug der Produktionswert der Tourismusindustrie mehr als 185 Milliarden Euro und es wird von einer Wertschöpfung von 94 Milliarden Euro ausgegangen.[5]

Reisearten, Trends

Weltweit

Der größte Teil aller Reisen wurde 2010 im Allgemeinen zum Zweck der Freizeit und Erholung (51 %) ausgeführt, eingerechnet die Studien- und Kulturreisen. 27 % aller Reisen diente dem Besuch von Freunden und Familienmitgliedern, hatte religiöse oder gesundheitliche Hintergründe etc. Allein 15 % der Reisen galten als beruflich bedingt, 7 % gemischt.

Der **Hauptverkehrsweg** war im Jahr 2010 per Luft (51 %), dicht gefolgt vom Straßenverkehr (41 %). 6 % aller Reisen wurden auf dem Wasser und nur 2 % per Zug zurückgelegt.[6] Dies lässt sich durch den Anstieg an Billigfliegerlinien wie zum Beispiel Ryanair und Easyjet erklären, wodurch Fliegen zum Teil billiger ist als jegliche andere Art des Transports, sowohl über kurze als auch über längere Strecken.

Die Top Ten an **internationalen Destinationen** mit den meisten Ankünften im Jahr 2010 waren Frankreich (79 Mio Besucher), die USA (60 Mio), China (56 Mio), Spanien, Italien, Großbritannien, Türkei, Deutschland, Malaysia und Mexiko. China konnte unter diesen im Vergleich zum Vorjahr den größten Zuwachs verbuchen, wobei bemerkt werden sollte, dass Asien als Destination im Allgemeinen mit 13 % Anstieg an Übernachtungen ein immer beliebteres Urlaubsziel wird.[7]

Innerhalb **Europas** steigt das Interesse an Städtereisen, da diese u.a. als Resultat des Aufkommens von Billigfliegern auch für Geringverdiener und Leute mit wenigen Urlaubstagen immer zugänglicher werden. Nach Übernachtungszahlen hat 2010 Berlin sogar Rom überholt und nimmt nun Platz drei der beliebtesten Städtereiseziele Europas ein.[8] Auch wenn Strand- und Erholungsurlaub immer noch sehr beliebt sind, sind sie nun nicht mehr die einzige Option. Touristen tendieren heutzutage zum Großteil dazu, kürzer in den Urlaub zu fahren und zu Destinationen näher zum Heimatort.

[5] Fakten und Zahlen zum Deutschen Reisemarkt 2010. Eine Übersicht zusammengestellt vom Deutschen ReiseVerband (DVR), S. II.
[6] UNWTO Tourism Highlights, 2011 Edition, S. 3.
[7] UNWTO, a.a.O., S. 6.
[8] Der Spiegel 32 (2011), S. 32.

Außerdem wird eine immer größere Spezialisierung auf verschiedene Zielgruppen sichtbar, so gibt es Hotels und Angebote, die sich entweder nur auf Singles oder auf Paare, Jugendliche und Senioren spezialisieren. Doch auch wenn derartige demographische Spezialisierungen früher schon bekannt waren, kommt heutzutage noch eine psychographische hinzu.

Trotz der immer vielzähligeren Möglichkeiten, Reisen über Kataloge, telefonisch oder das Internet zu Hause oder auf Smartphones unterwegs zu buchen, wurden in Deutschland 2010 doch die meisten Veranstalterreisen noch über Reisebüros gebucht (95 %) und nur 5 % Online. Deutschland hat mit 10 400 Reisebüros die dichteste Verteilung dieser weltweit. Reiseveranstalter selbst hat Deutschland ungefähr 2500, wobei die Struktur von hauptsächlich mittelständischen Anbietern gemischt mit Großkonzernen auch einzigartig in der Welt ist.[9]

Deutschland und Reisen der Deutschen
Im Jahr 2009 konnten 132,8 Millionen Ankünfte in Deutschland verbucht werden, wobei der Großteil von Touristen aus Deutschland selbst getätigt wurde (108,6 Millionen). Ansonsten waren vor allem noch Gäste aus den an Deutschland angrenzenden Gebieten ausschlaggebend. Die beliebtesten Ziele für Reisen der Deutschen ab fünf Tagen innerhalb Deutschlands waren die Küstenregionen an Nord- und Ostsee, Bayern – insbesondere das Alpen- und Voralpenland und Baden-Württemberg, wobei Bayern für ausländische Reisende auf Platz eins stand. Bezüglich der Stadtstaaten war Berlin natürlich auch vergleichsweise stark populär.[10]

Im Jahr 2009 ließ sich ein Rückgang der Auslandsreisen der Deutschen im Vergleich zu 2008 verzeichnen, was auf Rückwirkungen der internationalen Wirtschaftskrise schließen lässt. Dies lässt sich auch daran erkennen, dass die kostengünstigere Variante des Freunden- und Familienbesuchs dem Hotel mehr und mehr vorgezogen wurde. Die durchschnittliche Reisedauer eines in Deutschland lebenden Touristen betrug 2010 10,6 Tage.[11]

Zu den **beliebtesten Urlaubszielen** der Deutschen neben Deutschland selbst (40 %) zählen nach wie vor zum größten Teil die angrenzenden Länder wie Österreich, Frankreich, Dänemark und die Benclux Staaten etc. (17,8 % aller Reisen über fünf Tage), sowie Mittelmeer- und Mittelstreckenreisen, wie zum Beispiel nach Italien, Spanien, Griechenland und die Türkei etc. (22,4 %). Die Top-Reiseziele für deutsche

---

[9] Fakten und Zahlen zum Deutschen Reisemarkt 2010, Eine Übersicht zusammengestellt vom Deutschen ReiseVerband (DVR), S. 1 und S. 17.

[10] Tourismus in Zahlen, Teil A – Touristisches Angebot 2009. Statistisches Bundesamt Wiesbaden 2010, S. 9.

[11] Gfk-TravelScope, zitiert nach DRV, a.a.O., S. 7.

Urlauber in Europa im Jahr 2009 waren Italien (14,4 %), Österreich (10 %), Polen (6,5 %), Schweiz (4,2 %) und Frankreich (4,0 %). Nur 4,9 % aller Reisen über 5 Tage ging in die Ferne, wobei die USA, Kanada, die Karibik sowie Mittel- und Südamerika für die Deutschen am interessantesten schienen.[12]

Die beliebtesten Ziele der Deutschen für Städtereisen 2010 in Deutschland waren Berlin (9,1 Mio Ankünfte), München (5,6 Mio) und Hamburg (4,7 Mio) gefolgt von Frankfurt a.M. und Köln. Im Ausland reisten die Deutschen am liebsten nach London, Wien, Paris und Prag gefolgt von Rom, Amsterdam, Brüssel, Madrid, Zürich, Dublin, Oslo und Lissabon.[13]

Im Allgemeinen war für einen Großteil der Deutschen 2009 Sonnen und Baden das Haupturlaubsziel (55,7 %). Auf dem zweiten Platz der liebsten Urlaubsart der Deutschen sind jedoch auch schon die Rundreisen (15,9 %), gefolgt vom Wellness Urlaub (7,7 %) und dem Sporturlaub (5,8 %). An fünfter Stelle stand die Kulturreise mit 5,5 %, dicht gefolgt von der Städtereise mit 4,5 %. Darauf folgten dann die Schiffsreise (3,7 %), der Skiurlaub (2,7 %), Urlaub auf dem Bauernhof (2,1 %), der Abenteuerurlaub (1,6 %), die Eventreise (1 %), der Cluburlaub mit 0,9 % und zuletzt die Bildungsreise mit 0,5 %.[14]

Das meist benutzte **Verkehrsmittel** der Deutschen zum Erreichen Ihrer Urlaubsziele (Urlaubsreise ab 5 Tage Dauer) ist nach wie vor das Auto (52 %), gefolgt vom Flugzeug als zweitwichtigstem Verkehrsmittel mit 34 %. Jeweils 6 % aller Urlaubsreisen der Deutschen im Jahr 2010 wurde mit dem Bus oder der Bahn erreicht.[15] Im Jahr 2006 wurde zuletzt die Entwicklung des Deutschen Busreisemarktes untersucht (Untersuchung findet nur alle fünf Jahre statt) und damals gab es ganze 4592 Busunternehmen in Deutschland, die ca. 88 Millionen Passagiere verzeichnen konnten. Auch wenn der Schiffsverkehr auf den letzten Platz mit nur 2 % aller Reisen gelangte, gilt der Markt von Kreuzfahrten als einer der am stärksten wachsenden touristischen Segmente. In 2010 buchten über 1,6 Millionen deutsche Gäste eine Fluss- oder Hochseekreuzfahrt, ca. 200 000 mehr als im Vorjahr. Bei den Hochseekreuzfahrten war das Westliche Mittelmeer, bei den Flusskreuzfahrten die Donau, der Rhein mit Nebenflüssen und der Nil besonders beliebt. Insgesamt hat sich die Passagieranzahl allein auf den Weltmeeren in den letzten Jahren verdreifacht.[16]

---

[12]   Tourismus in Zahlen, Teil B – Touristische Nachfrage 2009. Statistisches Bundesamt Wiesbaden 2010, S. 6.

[13]   RA – Die Reiseanalyse. FUR – Die Forschungsgemeinschaft. Boomsegment Städtereisen, S. 2.

[14]   ADAC-Reisemonitor 2009, in: Öko-Test 7 (2009), S. 121.

[15]   Gfk-TravelScope, zitiert nach DRV, a.a.O., S. 10.

[16]   DRV-Kreuzfahrtenmarktstudie 2010, zitiert nach DRV: Fakten und Zahlen, a.a.o., S. 9 ff.

Tagesausflüge sind nach wie vor beliebt bei den Deutschen, sowohl als kurze Auszeit als auch zu bildnerischen und beruflichen Zwecken. Im Jahr 2006 wurden insgesamt 3,6 Milliarden gezählte Tagesreisen veranstaltet. Von diesen waren 3 Milliarden Ausflüge und ca. 600.000 Geschäftsreisen. Von den Tagesausflügen gingen 130 Mio ins Ausland, von den geschäftlichen Fahrten 36 Mio. Insgesamt summierten sich die Ausgaben der Deutschen für Tagesfahrten auf 163 Milliarden Euro.[17]

Die TUI Deutschland ist seit Jahren führender **Reiseveranstalter** in Deutschland. Mit 3.844 Mio Euro Umsatz von ca. 7,7 Mio Reiseteilnehmern hat sie einen weiten Vorsprung vor der Touristik der Rewe Group, die 2.979 Mio Euro Verdienst von 6,555 Mio Teilnehmern verbuchen kann. An dritter Stelle steht Thomas Cook, gefolgt von alltours, FTI, Aida Cruises und Schauinsland Reisen.[18]

Das Segment der **Studienreisen** ist schwer genau zu erfassen, da die Angebotsstruktur von vielen Untersegmenten und Spezialgebieten gekennzeichnet ist. Im Allgemeinen gibt es in Deutschland ungefähr 260 kommerzielle Veranstalter, wobei sich diese jedoch sehr in ihren Spezialisierungen, Teilnehmerzahlen und Umsatz unterscheiden. Nur ca. 20 dieser Veranstalter bieten ein breites Angebot an Studienreisen an. „Studiosus Reisen" mit Standort München und „Gebeco" mit Standort in Kiel sind die Marktführer in diesem Segment. Neben Studiosus und Gebeco sind zudem noch die Veranstalter von „Wikinger Reisen", „Ikarus Tours", „Hirsch", „Hauser Exkursionen", „Lernidee" und „Windrose" unter den erfolgreichsten deutschen Studienreiseveranstaltern. Die restlichen 240 Anbieter teilen sich zur Hälfte auf in Pauschalreisenanbieter wie TUI oder DERTOUR, die unter anderem auch Studienreisen anbieten, und solche Reiseveranstalter, die sich auf ganz spezielle Zielgruppen, wie zum Beispiel Gourmet-, Wander-, Musik- oder Theaterreisen konzentrieren. Darüber hinaus werden jedoch auch eine Vielzahl an Studienreisen von nichtkommerziellen Anbietern, wie Kirchen und Verbänden sowie den Volkshochschulen in Deutschland angeboten.[19]

---

[17] Deutsches Wirtschaftswissenschaftliches Institut für Fremdenverkehr (DWIF); letzte Erhebung 2006, zitiert nach DRV, Fakten und Zahlen, a.a.O., S. 5.

[18] DRV, a.a.O., S. 15.

[19] Albrecht Steinecke, Kulturtourismus: Marktstrukturen, Fallstudien, Perspektiven. München Wien: Oldenbourg 2007, S. 277.

3   Gästeführer und Reiseleiter

3.1   Zur Geschichte der „Fremdenführung" und des Reisens[20]

Das Verlangen nach Wechsel und Bewegung, nach Veränderung und Aufbruch, der Flucht aus der eigenen Zeit und Umwelt, der Sehnsucht nach Neuem treibt den Menschen in unbestimmte Fernen.

Der Tourismus spielte schon in der Antike eine Rolle und erlebte eine erste Blütezeit zur römischen Kaiserzeit. Die Post des Imperium Romanum betrieb bereits Reisebüros. Zur Reisevorbereitung konnten seit Herodot[21] von wohlhabenden Touristen Erläuterungen zum Reiseland gelesen werden. Eine große Verbreitung fand, 600 Jahre später, der Führer des Schriftstellers Pausanias[22], der alle denkwürdigen Stätten und Denkmäler Griechenlands in ihrer mythologischen, historischen, religiösen und volkskundlichen Tradition darstellen wollte. Heilige Denkmäler erachtete er als viel ehrwürdiger als profane. Marktplätze, Gerichtshallen und Regierungsgebäude dagegen behandelte er relativ kurz. Für den Gebrauch an Ort und Stelle waren diese Traktate zu wertvoll und unhandlich, so dass man sich am Eingang eines Tempels einen örtlichen Fremdenführer nahm; in vielen Fällen waren Besichtigungen ohne Führung auch gar nicht erlaubt. Wertvolle Gegenstände waren in geschlossenen Räumen aufbewahrt, so dass sich der antike Reisende auch nach Öffnungszeiten zu richten hatte und einen Türöffner zu finden hatte.

„,Erklärer' und ‚Führer' gab es in großer Zahl und an allen Sehenswürdigkeiten entlang der bedeutenden Touristenrouten, also insbesondere in Griechenland, Kleinasien und Ägypten. Eine besondere Qualifikation oder gar Ausbildung scheint hierfür nicht vonnöten gewesen zu sein, sieht man einmal davon

---

[20] Vgl. dazu ausführlich: Günter, Wolfgang: Geschichte der Bildungsreise. In: Günter, Wolfgang (Hrsg.): Handbuch für Studienreiseleiter. 3. Aufl. München, Wien: Oldenbourg S. 1 23.

[21] Herodotus: Historien. Reisen in Kleinasien und Ägypten, übertragen von Heinrich Gassner. München 1958.

[22] Pausanias: Beschreibung Griechenlands, übersetzt, eingeleitet und erklärt von Ernst Meyer. Zürich 1954.

ab, dass sich in Tempeln usw. die Priester häufig die lukrativen Führungen vorbehielten. Zur Schar der Erklärer oder Führer stießen also alle, die sich diese Tätigkeit zutrauten und die je auf ihre Weise vom Touristenboom profitieren wollten. Sie erklärten Sehenswürdigkeiten oder – was erwünschter weil lohnender war – führten und betreuten ihre Gäste für die Dauer ihres Aufenthaltes vor Ort und boten ihnen somit individuell ausgearbeitete Arrangements an, die auch mehrtägige Ausflüge in die Umgebung einschlossen. Mühelos kann man in dieser Dienstleistungskombination den antiken Vorläufer einer ‚local agency' erkennen."[23]

Nach dem Untergang des Weströmischen Reiches und der Ausbreitung des Christentums wurden im Mittelalter Wallfahrten – u.a. im Rahmen der Kreuzzugsbewegung – Hauptreisemotiv. Die Reiseleitung übernahmen meist Männer aus dem Klerus. Die Reiselektüre war in ihrem Sinne verfasst. Auch wandernde Kleriker und Theologiestudenten, die nicht dem Gelübde der Ortsbeständigkeit (stabilitas loci) unterstanden sowie Scholaren, die nach Paris, Oxford und anderen hervorragenden Bildungsstätten reisten, um dort berühmte Lehrer aufzusuchen, prägten neben den Kaufleuten das Bild des Reisenden in den nächsten Jahrhunderten.

Einen zweiten Höhepunkt erlebte die Reisetätigkeit in der Renaissance. Die Reisenden wurden dabei in zwei Gruppen aufgeteilt, nämlich „da Milordo" (das eher zweckfreie Reisen der Kavaliere mit viel Geld) und „alla mercantile" (die Geschäftsreisenden, die als sparsam eingestuft wurden). Die jungen Kavaliere, begleitet von einem „Hofmeister" oder „Reisemarschall", machten Bildungstouren – die sog. „Grand Tour" – durch die Hauptstädte Europas, um für ihre spätere Tätigkeit im Dienste eines Fürstenhofes vorbereitet zu werden. Der Hofmeister war meist ein wenig bemittelter, aber kenntnisreicher ehemaliger Student oder Gelehrter, der als pädagogischer Mentor und Organisator häufig die Gelegenheit benutzte, um eigene Studien zu betreiben. Die große Epoche der Kavaliersreisen war das 17. und 18. Jahrhundert. Francis Bacon (1561–1626) beschreibt in einem Aufsatz die Ziele, welche solche Reisen verfolgen sollten:

„Was man sehen und beobachten soll, sind: Die Höfe der Fürsten, zumals, wenn sie gerade Gesandte empfangen; die Gerichtshöfe, während Sitzungen abgehalten und Rechtsfälle verhandelt werden; im gleichen Fall Kirchenversammlungen und Klöster nebst den darin enthaltenen Denkmälern; die Wälle und Befestigungen von Haupt- und anderen Städten; desgleichen die Häfen und Buchten; alte Kunstwerke und Ruinen; Büchereien, Hochschulen, Streitgespräche und Vorlesungen, wo es deren gibt; Handels- und Kriegsflotten;

---

[23]   Aus einem Vortrag von Günter, Wolfgang: Kulturgeschichte der Reiseleitung. Veröffentlicht von der Thomas-Morus-Akademie: Bergisch Gladbach 1988.

Prachtbauten und Lustgärten in der Nähe großer Städte; Rüstkammern, Zeughäuser, Pulverkammern, Wechselbanken, Börsen, Reit-, Fecht- und Kriegsübungen und dergleichen mehr; ferner Schauspiele, doch nur solche, welche Leute von Stand zu besuchen pflegen; Schatzkammern für Juwelen und Staatsgewänder; Kunstkammern und Seltenheiten, eben alles, was sonst in den besuchten Orten Merkwürdiges vorhanden ist und wonach die Erzieher oder Hofmeister sich sorgfältig erkundigen sollten. Was Prachtaufzüge, Masken, Festlichkeiten, Hochzeiten, Begräbnisse, Hinrichtungen und ähnliche Schauspiele anbelangt, so soll man den Geschmack daran nicht unnötig wecken, sie jedoch nicht gänzlich außer Acht lassen."[24]

Verglichen mit dem heutigen Verständnis von „Bildungsreise" ist die Vielzahl der landeskundlichen und lebensnahen Gesichtspunkte interessant, mit denen z.T. auch die moderne Reiseleitung angereichert werden kann.

Der Wanderbrauch junger Handwerksgesellen, oftmals auch ausartend in ziellosem Umherschweifen, war ein Ausleseverfahren, bei dem nur persönlich und fachlich Qualifizierte bestehen konnten und Bedingung für die Erlangung eines zünftigen Meisterrechts.

Um 1720 war die reine Badereise, wie man sie aus dem Römischen Reich kannte, wiederentdeckt und das Bad zum Treffpunkt wohlhabender Bürger geworden. Die überwiegend jungen Badegäste benutzten die Pflege der Gesundheit oft als Alibimotiv, um das Vergnügen im Spiel und in galanten Affären zu kaschieren.

Der RL zur Goethezeit war oftmals der Vetturino (Postillon). August Ludwig Schlözer, der im Wintersemester 1795/96 in Göttingen erste Universitätsvorlesungen über Tourismus gehalten hat, erwähnt eine Frühform der örtlichen Fremdenführer in Italien, nämlich Gelehrte, meist Abées, die sich vor allem auf die Antike spezialisierten.

Während die Bergwelt zumeist ein wenig beachtetes Reiseziel blieb (Ausnahme: Besteigung des Mont Ventoux in der Provence durch den Dichter Petrarca 1336) und sich die Italienreisenden aus den nördlichen Ländern bis ins 18. Jahrhundert über die „scheußlichen Berge" beklagten, sie als bedrohlich erlebten, initiierten Rousseau, Schiller, Ruskin und A. v. Haller, der den Alpen eigens ein Epos widmete, eine Welle der romantischen Bewunderung für sie. 1741 erkannten Pococke und Windham, dass der Mont Blanc der höchste Berg Europas ist und ein Genfer Gipfelforscher bezwang ihn 1787 erstmals. Seitdem spielt der sportliche Ehrgeiz in den Alpen, schon im 18. Jahrhundert vor allem durch englische „Gipfelstürmer" repräsentiert, eine

---

24 Bacon, Francis: XVIII, Of Travel, in: The Essays. Tölz 1920, S. 78–81.
   Nachzulesen in einer neueren Auflage: Bacon, Francis: Essays oder praktische und moralische Ratschläge. Ditzingen: Reclam 1986.

Rolle. Hier hat die Tätigkeit des Berg- und Skiführers ihren Anfang. 1869 wird der „Deutsche Alpenverein e.V. (DAV)" als bildungsbürgerlicher Bergsteigerverein gegründet. Bis heute hat er sich zum größten Bergsportverband der Welt entwickelt.

Einen tiefen Einschnitt brachten die Industrialisierung und die mit Erfindung der Dampfmaschine neuen Verkehrsmittel – Eisenbahn und Dampfschiff. Das Reisen wurde popularisiert, es verlor seine Exklusivität und es entstand die **Pauschalreise**: Der erste gewerbliche Reiseveranstalter der Welt war **Thomas Cook** (1808–1892). Dieser Erfinder der Pauschalreise führte Kreditbriefe, Vorläufer der modernen Reiseschecks, und Hotelcoupons ein. Er organisierte 1872 eine 222-tägige Weltreise und auch erste Nilkreuzfahrten ab Luxor. Übrigens wurde der Markenname dieses britischen Reiseveranstalters 2001 von C&N Touristik (ehemals NUR, Neckermann und Reisen) aufgekauft, um diesen Namen international nutzen zu können. Die Thomas Cook Holding ist heute das zweitgrößte Touristikunternehmen in Europa und weltweit die Nummer Drei.

Im ersten Reisebüro von Thomas Cook, der ab 1841 mit Sonderfahrten per Bahn begann und seit 1856 Gesellschaftsreisen nach Europa, im Mittelmeerraum und im Nahen Osten anbot, fungierte als RL noch der Unternehmer selbst. Ähnlich handhaben es die ersten deutschen Reisebüroinhaber Karl Riesel (1856) und die Brüder Stangen (1863). Ab 1889 gab es mit Hapag-Lloyd erste Gesellschaftsreisen mit Sonderschiffen (Musikdampfer). Vor allem Bade- und Erholungsreisen entwickelten sich nun und waren um 1900 etabliert. Die Jugend suchte dahingegen in der Wandervogelbewegung, einer Art romantischen Fluchtbewegung mit Fahrt, Lager und Horde nach neuen, jugendeigenen, ursprünglichen Reiseformen. Die Jugendbewegung führte schließlich zur Institutionalisierung des Jugendwanderns und zur Gründung des deutschen Jugendherbergswerks, wodurch Jugendliche aller sozialer Schichten an den Fahrten teilnehmen konnten.

Zur Zeit des Nationalsozialismus und der Organisation „Kraft durch Freude" (KdF) sah man RL und Fremdenführer als wichtige Träger der fremdenverkehrspolitischen Aufklärungs- und Propagandaarbeit.

Dr. Carl Degener, der schon 1932 ein Abkommen mit der Dt. Reichsbahn getroffen hatte und die Ferienzentren Golling und Rohpolding ausgestaltet hatte, schuf in der Nachkriegstouristik das System der Turnussonderzüge.

Folgende Faktoren trugen zum Aufblühen des Tourismus in der 2. Hälfte des 20. Jahrhunderts bei: der wissenschaftlich-technische Fortschritt und die zunehmende Industrialisierung (Wohlstandssteigerung, Verstädterung, Motorisierung, Freizeitzunahme).

Mit dem wirtschaftlichen Aufschwung nach dem Zweiten Weltkrieg und dem Anwachsen der Betriebe war die ursprüngliche Einheit von Planung und Durchführung nicht mehr aufrechtzuerhalten und es differenzierte sich der planende Unternehmer einerseits, der RL andrerseits heraus, der mehr oder weniger intensiv mit örtlichen Gäste- und Museumsführern zusammenarbeitet. Es gibt heute aber auch einen unübersehbaren Markt von reiseveranstaltenden „Einzelkämpfern" wie Kunsthistorikern, Volkshochschuldozenten und Kleinunternehmen, in denen diese Einheit noch gewahrt ist und von denen Planung, Vertrieb, Reiseleitung, Orts- und Museumsführung weitgehend aus einer Hand geleistet werden.

3.2 Bedeutung der Reiseleitung und Gästeführung für das Unternehmen

Die Planung und Durchführung einer Reise besteht aus einer Vielzahl von verschiedensten Dienstleistungen:

- Der Veranstalter kümmert sich um die Reiseplanung, -organisation und -abrechnung, Werbung durch Prospekte, Zeitschriften, Website und Internet, um Kontakte zu Reisebüros, Ausbildung der Reiseleiter.
- Die Reisebüros stellen den Kontakt zum Kunden her, vermitteln zwischen Kunde und Veranstalter, geben Detailerklärungen zu den Destinationen, senden die Reiseunterlagen zu.
- Die Leistungsträger erbringen im Auftrag des Veranstalters die Leistungen vor Ort: z.B. Hotels, Restaurants, Agenturen, Busunternehmen, Gästeführer.

Diese zum Teil sehr kostspieligen Einzelleistungen werden durch die Reiseleitung, in Zusammenarbeit mit den örtlichen Gästeführern, mit dem „letzten entscheidenden Schliff" bzw. bei einer führungs- und organisationsintensiven Rundreise mit einem wesentlichen Gestaltungselement versehen, strukturiert und zu einem einheitlichen Gesamtprodukt und -erlebnis verbunden.

Die Reiseleitung hat für das Unternehmen, den Reisekunden und das bereiste Land sehr große Bedeutung. Folgende Übersicht macht das deutlich:

Bedeutung der Reiseleitung für das Unternehmen
- in den meisten Fällen der einzige Repräsentant des Veranstalters, mit dem der Reisende zusammentrifft: Imagewirkung für das Unternehmen
- Kontrolle der Leistungsträger vor Ort, Qualitätskontrolle und -sicherung
- qualifizierte Erfüllung des ausgeschriebenen Programms
- qualifizierte und möglichst sofortige Bearbeitung und Erledigung von Kundenreklamationen
- flexible Umstellung bzw. alternative Gestaltung des Programms in Problemsituationen, so dass der Gast dennoch zufrieden ist

- Einkaufsunterstützung (z.B. Vorschläge für alternative Reiseunterkünfte, Programmpunkte)
- Wahrung der Interessen des Unternehmens gegenüber Leistungsträgern und Kunden

für den Reisegast
- perfekte/r Organisator/in und freundliche, gleichmäßige Betreuung aller Gäste
- Durchführung des ausgeschriebenen Programms und Sorge für die Erbringung der im Prospekt angekündigten Leistungen
- RL als Betreuer/in und kontinuierlicher Beistand bei Problemen (z.B. Berücksichtigung von Diabetikern, Vegetariern)
- Vermittler und Medium zum bereisten Land
- RL als kompetenter Ratgeber, der über das Programm hinaus auch Tipps für die Freizeitgestaltung gibt
- Hilfe bei Sprachschwierigkeiten
- RL als zumeist einziger Ansprechpartner (Vertreter) des Veranstalters, um Wünsche, Erwartungen, Fragen, Reklamationen zur Sprache zu bringen, sich vor Ort damit nicht alleingelassen zu fühlen.

für das bereiste Land
- optimaler Ausgleich zwischen den ökonomischen Interessen des Veranstalters, der Kunden und der örtlichen Leistungsträger
- Repräsentant seines Volkes, „Diplomat" seines Herkunftslandes
- Imagebildung für das bereiste Land, Abbau von Vorurteilen
- Vorbeugen und Grenzen setzen in Bezug auf Fehlverhalten der Gäste (Anpassung in der Kleidung und im Verhalten)
- Mittler in der Kommunikation zwischen Reisenden und Bereisten
- Sensibilisierung der Reisenden für die Besonderheiten des bereisten Landes in kultureller, historischer und ethnischer Hinsicht

3.3   Gäste- und Museumsführungen

Neben dem RL oder -begleiter begegnet der Tourist dem einheimischen Ortsführer, der für ein Objekt bzw. einen Ort zuständig ist. Während man früher dafür den Begriff „Fremdenführer/in" verwendet hat, spricht man heute von „Gästeführern/innen".

Der Europäische Normierungsausschuss CEN unterscheidet zwischen Gästeführer (Tourist Guide) und Reiseleiter (Tour Manager): [25]

Gästeführer:

> „Person, die Besucher in der Sprache ihrer Wahl führt und das kulturelle und natürliche Erbe eines Gebietes vermittelt, und die normalerweise über eine gebietsspezifische Qualifikation verfügt, die üblicherweise von den zuständigen Stellen ausgegeben und/oder anerkannt wird."

Reiseleiter:

> „Person die im Auftrag des Reiseveranstalters den Reiseablauf leitet und beaufsichtigt und dabei sicherstellt, dass das Programm so durchgeführt wird, wie die Beschreibung des Reiseveranstalters, die Grundlage des Reisevertrags ist, vorgibt, und die örtliche praktische Information gibt."

Als Gemeinsamkeit mit StandortRLn haben die Gästeführer (local guides) die Konzentration und Spezialisierung auf einen Ort, längere Reisetätigkeit entfällt im Allgemeinen, dafür wird jedoch eine sehr hohe Anpassungsfähigkeit (Zielgruppenorientierung) an unterschiedlichste, stets wechselnde Gruppen im Rahmen des Kultur- und Vergnügungstourismus erwartet.

Museumsführer und Kunstvermittler
Eine Sonderform der Gästeführer stellen Museumsführer dar, die sich aus dem wissenschaftlichen Personal eines Museums rekrutieren, dort eine feste Anstellung haben und nur turnusmäßig Führungen zu einem ihrer Spezialgebiete abhalten, sowie Hausmeister, die als Schlossführer (oft vorgefertigte) Manuskripte referieren.

„Seit einigen Jahren hat sich eine Struktur der Kunstvermittlung an Museen, Ausstellungshäusern und bei öffentlichen Bildungsträgern etabliert, die überwiegend von freien Mitarbeiterinnen und Mitarbeitern mit akademischer Ausbildung getragen wird."[26] Diese Museums- und Kunstführer arbeiten oft eng mit öffentlichen Institutionen zusammen und definieren sich in enger Nachbarschaft zur Museumspädagogik.

Tätigkeitsmerkmale von Gästeführern, Reiseleitern und Kunstvermittlern
Es gibt (mindestens) zehn professionelle Tätigkeitsmerkmale für Gästeführer und RL, von denen die ersten sechs trainierbar sind:

---

[25]   http://www.bvgd.de/Stand 30. Juli 2011.
[26]   Website „Beruf Kunstvermittlung e.V. München".

- Sachkompetenz (z.B. Geschichte und Kunstgeschichte, Orts- und Objektkennt-
  nisse, aktuelle Besonderheiten) und Zielgruppenkenntnisse, um die örtlichen
  Sehenswürdigkeiten in Relation zum Herkunftsland der Teilnehmer setzen zu
  können, Grundzüge der Tourismuskunde)
- methodisches Können (z.B. Gesprächstechniken; Didaktik)
- Fähigkeit zu Einfühlung und Kommunikation; sozial-integrativer Führungsstil;
  gruppendynamische Kenntnisse und Fähigkeiten
- organisatorische und planerische Kompetenz
- Rhetorik; ggf. Fremdsprachenkenntnisse
- Rechtliche und kaufmännische Grundkenntnisse
- Führungskompetenz, Selbstbewusstsein, Selbstvertrauen und Durchsetzungsfä-
  higkeit
- persönliche Einsatzbereitschaft, berufliches Engagement, eine hohe Motivation,
  positive Grundeinstellung
- Flexibilität, Fähigkeit zur Improvisation
- überdurchschnittliche psychische und physische Belastbarkeit

3.3.1   Zur Beurteilung der Qualität von Führungen

Im Folgenden sollen Maßstäbe zur Bewertung der Qualität von Führungen vorgestellt werden.

Äußeres Erscheinungsbild der Gästeführer/Reiseleiter

- gepflegte, dem Tagesprogramm und der Gruppe entsprechende Erscheinung
  (Kleidung, professionelle Ausstrahlung, äußere Formen des guten Benehmens,
  Ordnung der Unterlagen, Gästeführer-Ausweis als Qualitätszeugnis; nicht:
  „overdressed", zu sexy, zu feriengemäß, schmuddelig und schlampig, „verschla-
  fen", fettige Haare, Rauchen vor der Gruppe, Kaugummi, Gerüche, schmutzige
  Fingernägel). Der erste Eindruck ist oft prägend. Ein gepflegtes Äußeres signalisiert Achtung vor den Gästen. Insbesondere am Anfang einer Reise sollte die
  RL bedenken, dass das Publikum bei Gruppenreisen eher konventionell ist und
  häufig auf Äußerlichkeiten Wert legt. Nicht zuletzt ist die RL durch ihr Erscheinungsbild auch Repräsentanz ihrer Firma und hat – auch durch ihr äußeres Erscheinungsbild – Einfluss auf ihren „Stand" bei den Leistungsträgern.
- Haltung (ruhig, den Gästen zugewandt, Begrüßung im Bus und Kurzinformatio-
  nen im Stehen, bei Erklärungen vor der Sehenswürdigkeit seitliche Stellung
  wählen, da sonst „Beschallung" im 180-Grad-Winkel, Sicherheit signalisierend;
  nicht: arrogant, „militärisch", zu lässig – Hände ständig in den Hosentaschen –,
  zappeln, wippen und Ablenkung durch zu starke Bewegung erzeugen)

- Mimik (freundlich, kontrolliert, geduldig, sicher, positive Ausstrahlung)
- Gestik (kontrollierter Einsatz von Gesten, Signalisieren von Offenheit durch Gestik im oberen Bereich der Gürtellinie, Beachten der Körpersprache, unterstreichende Gestik, Zeigegestus, Selbstbeherrschung); nicht: nervös machen durch „fuchteln" und Hektik, Vermeiden von zu großer Distanz, wie z.b. durch Verschränken der Arme, zu große, vor dem Körper getragene Unterlagen, Umgang mit dem Manuskript
- Blickkontakt (gleichmäßig in die Runde); nicht: „Rechtsdrall", Blick ständig nach oben oder auf den Boden)

Sprache/Rhetorik
- angenehme Stimme
- Artikulation (Verständlichkeit, gemäßigter Dialekt)
- logischer Aufbau des Vortrags
- flüssiger Vortrag (sinnvolle Gliederungspausen, Variation im Sprechtempo, freie Sprache; nicht: häufiges Räuspern und Füllwörter wie äh, sozusagen, also, nicht wahr, ne, eigentlich, relativ, im Grunde genommen, und dann, im Prinzip, o.k.)
- deutliches, nicht zu schnelles Sprechen
- Satzbau (überschaubar, besser kurze Sätze statt komplizierter Schachtelsätze, Sätze beenden)
- Präsentation (möglichst aufgelockert, lebendig und spontan, dramaturgisch aufbereitet – beim Höhepunkt aufhören); nicht: zu monoton, geleiert, hörbar auswendig gelernt, tonbandartig, zu lang
- positive Argumentationen und Formulierungen (nicht: „leider nur ganz wenig Zeit", „ganz kurz", „leider nur wenig Spielraum" sowie ständiger Blick auf die Uhr)
- Einbezug des Publikums; z.b. interessante Fragen von Gästen bei der Führung oder im Bus für alle wiederholen und erst dann beantworten, Formulierungen wählen, die die Gäste mit einbeziehen (z.b. nicht: „man sieht", sondern „Sie" oder „wir sehen"; Wortwahl nicht nur auf die Sach-, sondern auch auf Gefühlsebene bezogen)
- Wortwahl und Plastizität der Erläuterungen
- ggf. Fremdsprachen bzw. Ausgewogenheit der Führung in zwei oder drei Sprachen
- Hörer- und Situationsbezug, Sprachniveau der Gäste treffen (aber dabei Echtheit bewahren!)
- Fremdwörter und Modewörter vermeiden
- Sprachschatz erweitern (einfache und ausdrucksstarke Wortwahl, bildhafte, abwechslungsreiche Sprache)

- Ironie und Sarkasmus mit Vorsicht
- Ungenauigkeiten im Ausdruck reduzieren (z.B. „ich glaube", „vielleicht", „ich würde sagen")
- „Regieanweisungen (z.B. „Jetzt habe ich den Faden verloren!" „Wie war das nochmal?") vermeiden
- Gliederung durch rhetorische Fragen und bewusst eingesetzte Wiederholungen des bereits Gesehenen
- Mikrophoneinstellung überprüfen (bei Privatgesprächen abschalten, günstigen Zeitpunkt für Ansagen wählen; nicht: ständiges Berieseln, Mikrophon als Machtmittel missbraucht, zu laut oder zu leise)

Inhaltliches
- Beginn der Führung: Das Interesse der Teilnehmer wird schnell geweckt
- Übersichtlichkeit der Darbietung
- Tempowahl in der Führung: GF hält Kontakt mit der Gruppe und stellt sich auf ihr Lerntempo, ihre Wünsche und Fragen ein
- Mitarbeit und Aufmerksamkeit der Teilnehmer
- Eindeutigkeit und Angemessenheit der Zielsetzungen („roter Faden") und Aufbau der Führung (Konzeption erkennbar, nicht nur Aneinanderreihung von Informationen ohne Zusammenhang)
- Auswahl der Führungsinhalte (nicht zu viele ortsgeschichtliche Details, Einbezug von Alltagsgeschichte, zielgruppenspezifische Auswahl und Aufbereitung)
- Auswahl des Anschauungsmaterials (Synchronisation, insbesondere bei Stadtrundfahrten, von Informationen und den passenden Anschauungsobjekten)
- dramaturgische Planung auf einen Höhepunkt zu (nicht darüber hinaus gehen)
- Abschluss der Führung mit einer bewussten Zusammenfassung und in Beziehung-Setzen als „Transfer" (z.B. mit folgenden Führungen im Kontext einer Reise)

Organisation (weitere Aspekte in Kap. 9)
- überlegte Standortwahl; Erklärung mit Blickkontakt zum Publikum, nicht zum Gebäude oder Gemälde
- rechtzeitige und klare Angabe gut zu findender Treffpunkte; eindeutige Absprachen
- Vorträge und Informationen zum richtigen Zeitpunkt und Einschätzung, welche Art von Vorträgen für den Bus, welche für die Führung vor Ort geeignet sind
- flexibler Umgang mit dem Standardprogramm (ggf. Straffung, Umstellung)
- ordentlicher und gewandter Umgang mit den eigenen Unterlagen

- bei Kreuzungen, Ampeln, überraschendem Einbiegen in Seitenstraßen auf alle Mitglieder der Gruppe warten
- Erzeugen von Ruhe trotz straffer Zeitplanung (nicht von Hetze, z.B. durch ständigen Blick auf die Uhr oder Erklärungen im Gehen, sehr schnellen Gang – lieber ein weniger wichtiges Objekt auslassen, Zeitpolster einplanen), gutes, durchdachtes Timing
- wenn möglich bei längeren Erklärungen Sitzgelegenheiten anbieten
- sinnvolle Überbrückung von Wartesituationen
- Überprüfen der Vollzähligkeit

3.3.2 Inhalte von Gästeführungen

Gästeführungen vermitteln in erster Linie einen Überblick über die verschiedenen Angebote des Fremdenverkehrsortes (Monumente, Freizeit-, Verkehrs- und Erholungseinrichtungen). Darüber hinaus ist der Ortsführer in seiner Funktion als Sympathieträger nicht zu unterschätzen: Eine gelungene, freundliche Führung vermittelt ein positives Verhältnis zum Urlaubsort und ermöglicht dem Gast die Identifikation mit „seinem" Ferienziel.

Nach einer Untersuchung des Deutschen Seminars für Fremdenverkehr in Berlin[27] sind Geschichte (86,7 %) und Kultur (69,1 %) sowie Landschaftskunde/Geologie (43,4 %) in den meisten der untersuchten Orte mit Gästeführungen die Schwerpunkte der Führungen. Aber auch das örtliche Handwerk und die Industrie (20,4 %), ortsspezifische Veranstaltungen, Verkehrseinrichtungen (7,1 %) und das Sportangebot des Ortes (6,3 %) werden in die Führungen mit einbezogen.

3.3.3 Regionaltypische Sonderführungen

Manche Fremdenverkehrsämter oder private Initiativen bieten Spezialführungen an, wie zum Thema:

- Botanik (z.B. Moor-Exkursion)
- Geologie (z.B. Versteinerungen im Altmühltal)
- Ornithologie (z.B. Flussläufe, Vogelstimmenwanderung)
- Forst- und Weidewirtschaft (z.B. Vorgebirge)
- Stadt-Sanierungsprojekte

---

[27] Bartl, Harald, Schöpp, Ulrich, Wittpohl, Andreas: Gästeführung in der Fremdenverkehrspraxis. München: Huss 1986, S. 43.
Vgl. dazu auch: Deutsches Seminar für Fremdenverkehr (DSF) Berlin e.V.: Gästeführungen in deutschen Städten und Gemeinden, 2000 pdf.

- literarische Rundgänge (z.b. „Auf den Spuren von Goethe in Weimar")
- „alternative" oder „antifaschistische" Stadtrundgänge
- Probiertouren (z.b. über den Viktualienmarkt oder „Bratapfel, Fatschnkindl und Geschichten" – Kulturhistorische und kulinarische Führung über den Münchner Christkindlmarkt)

Steigender Beliebtheit erfreuen sich **literarische Rundgänge** und Fahrten. Als Beispiel diene die Ausschreibung[28] zu einem halbtägigen Rundgang (mit Pause) in München:

„Vom Blauen Reiter bis zur Weißen Rose – Literarischer Spaziergang durch Schwabing
Der literarische Spaziergang durch Schwabing beginnt am Wedekindplatz und endet vor der Universität. Unterwegs werden Wohnhäuser bekannter Literaten und Künstler wie Thomas und Heinrich Mann, Stefan George, Rainer Maria Rilke, Alfred Kubin, Wassily Kandinsky und Gabriele Münter aufgesucht und die dort entstandenen Werke vorgestellt. Es geht dabei um Zusammenhänge wie z.b. zwischen den Zeitschriften der Jahrhundertwende („Jugend", „Simplicissimus", „Die Insel") und dem Kabarett von Frank Wedekind oder Joachim Ringelnatz. In Schwabing entstanden so gegensätzliche Romane wie Thomas Manns „Königliche Hoheit" (1909) und „Der Untertan" (1918) von Heinrich Mann. Weiter gibt es von den Schriftstellern der Münchener Räterepublik (Ernst Toller, Erich Mühsam, Gustav Landauer) aus Verbindungen zum jungen Bertolt Brecht und zu Ödön von Horváth. Nicht zuletzt gehören auch die Flugblätter der Weißen Rose (1942/43) zu den literarischen Zusammenhängen dieses Stadtteils."

3.3.4   Originelle, zielgruppenorientierte Führungsangebote

Eine Möglichkeit für den Fremdenverkehrsort, sich im touristischen Wettbewerb zu profilieren, besteht darin, durch phantasievolle, originelle und aus dem üblichen Rahmen fallende Angebote bestimmte Besuchergruppen anzuziehen, z.B.:

---

[28]   Aus dem Programm 1992 von Reisen und Bildung GmbH; Führung: Dr. Dirk Heißerer. Der Text des Rundgangs veröffentlicht in: Heißerer, Dirk: Wo die Geister wandern. Literarische Spaziergänge durch Schwabing. München: Beck 2008.

Differenzierung
- nach Hobbies und Medien (z.B. Fotoführung, Wanderung mit Zeichnen und Aquarellieren)
- nach der Art der Fortbewegung (z.B. Wander- und Bergführung, Radrundfahrt, geführte Dampferrundfahrten)
- nach Methoden der Erkundung (Stadterkundungsspiele, Erlebniswanderungen)
- nach Zielgruppen (Kinderführungen, Führungen für Familien mit Kindern, Frauenführungen, Führungen für bestimmte Berufsgruppen)
- nach Themen und besonderen Interessen (z.B. Mundartführungen)
- nach kommunikativen Gesichtspunkten (mit anschließendem gemeinsamen Weintrinken, z.B. Stadtführung unter dem Motto „Viertel(e) nach sechs" in Heilbronn.

Immer häufiger bieten auch Museen neben einer Standard-Überblicksführung Schwerpunktführungen zu verschiedenen Themen an. Ein positives Beispiel hierfür ist das Deutsche Museum in München, das im Jahr 2010/2011[29] – zudem **zielgruppenspezifische – Angebote** zu verschiedenen Themen unter dem Titel „Frauen führen Frauen" machte:

- Was ist eigentlich Elektrizität?
  Vom Bernstein über Frankenstein bis zur elektrischen Zahnbürste
- Energie aus der Sonne
  Energie der Zukunft?
- Forschen – Bauen – Fliegen
  Entwicklung der Luftfahrt
- You are Chemistry
  Die Ausstellung Pharmazie
- Gesundheit und Gentechnik
  Zentrum für Neue Technologien
  Mit praktischer Arbeit: Extraktion von eigener DNA
- Von schlechter Luft bis Stress am Steuer
  Technische Entwicklung und Gesundheitsrisiken im Verkehr
- Vom Fliegerhorst zum Luftfahrtmuseum
  Treffpunkt in der Flugwerft Schleißheim

---

[29] http://www.deutsches-museum.de/information/fuehrungen/fuer-frauen/201011/ aufgerufen am 9.8.2011

3.3.5   „Stattreisen" contra museale Stadtbesichtigungen

Versuche, eine „antiquarische" und „monumentalische" Geschichtsbetrachtung (Nietzsche) durch eine kritische und weniger museale Betrachtung zu ersetzen, gibt es in den letzten Jahrzehnten vielfach in der neuen Geschichtsbewegung. Stichworte dazu sind „Alltagsgeschichte", „Geschichtswerkstätten" und „Spurensicherung"[30]. Ganz anders als bei den Fremdenverkehrsämtern ist das Angebot der Sehenswürdigkeiten bei Anbietern aus der politischen Szene (z.B. „antifaschistische Stadtrundfahrten" in München durch den Deutschen Gewerkschaftsbund) und/oder aus dem alternativen Bereich.

Ein positives Beispiel für den Versuch, die touristische Musealisierung von Städten und ihre Reduzierung auf Highlights nach dem Baedecker Sternchen-Prinzip aufzuheben, ist die Gruppe „Stattreisen Berlin"[31]. Auch hier ist der konzeptionelle Leitgedanke der historische Aspekt. Es werden jedoch nicht, wie bei der traditionellen Studienreise, vorrangig die Vermittlung geschichtlicher Themen der Vergangenheit, die kunstgeschichtliche Betrachtung und Einordnung, angestrebt – im Vordergrund stehen vielmehr Sozial-, Gegenwarts- und Alltagsgeschichte. Anhand eines Stadtteils – dabei wird meist zu Fuß gegangen – werden folgende Themen angesprochen (nach Winfried Ripp, dem Initiator der „Stattreisen"):

• Sozialstruktur (Altersaufbau, Volksgruppen, Berufsstruktur, Verteilung der Bevölkerungsgruppen, Problemgruppen)
• Nutzungsstruktur (Wohnen, Arbeiten, Erholen, Verkehr)
• Wirtschaft (Industrie, Handwerk, Dienstleistungen und Handel, Landwirtschaft, Arbeitsmarkt)
• Verkehr und Infrastruktur (Straßen, öffentlicher Personennahverkehr, öffentliche Dienstleistungen)
• Erholung, Kultur, Sport (Grünflächen, Freizeitparks, Theater, Kinos, Diskotheken, Vereine, Galerien, Sportplätze)
• Umwelt (Zerstörung, Schutzmaßnahmen)
• Bildung (Schulen, Volkshochschulen, Projekte)
• Öffentliches Leben (Bürgerinitiativen, Religion, einflussreiche Persönlichkeiten, Politik)
• Geschichte und Architekturgeschichte (Denkmäler, Gedenktafeln, Mahnmale, Stadtsanierung, Denkmalschutz, Geschichte des 19. und 20. Jh.)

---

[30] Vgl. dazu die Veröffentlichungen von Wolfgang Isenberg, z.B.: Über das Lesen von Kulturlandschaften. Spurensuche im Urlaub als spontanes Verfahren der Auseinandersetzung mit fremden Alltagswelten. In: Freizeitpädagogik 8/1986/3–4, S. 109–116.

[31] http://www.stattreisenberlin.de/.

Die verschiedenen Stattreiseinitiativen, inzwischen 20 an der Zahl, haben sich zu einem „Forum Neue Städtetouren" zusammengeschlossen. „Diese Organisationen heißen meist **StattReisen**, benannt nach dem gleichnamigen Konzept, das Anfang der achtziger Jahre entwickelt wurde. Der Name StattReisen ist patentrechtlich geschützt."[32]

Folgende Städte haben Stattreise-Angebote: Aachen, Berlin, Bern, Bonn, Bremen, Dessau, Dresden, Freiburg, Halle (Saale), Hamburg, Hannover, Karlsruhe, Köln, Karlsruhe, Leipzig, Mainz, München, Münster, Nürnberg, Saarbrücken.

Zweitgrößte Gruppierung neben den Berliner Stattreisen ist der Nürnberger Verein „Geschichte für Alle e.V.", der in seinem Veranstaltungsprogramm Themen offeriert wie[33]:

- „Zwischen Grünkernbratling und Gartenguerilla
  Ein Rundgang zum Thema Nachhaltigkeit
  Rund um Themen der Nachhaltigkeit wie Nahrung, Spielzeug und Verkehr informiert dieser neue Stadtrundgang durch die Nürnberger Innenstadt.
- 17 Uhr in Bamberg
  Hörnla, Bier und Zwiebeltreter. Kulinarisches in und aus Bamberg
- Von Truden und dem Hexenbrenner
  Hexenverfolgung in Bamberg
- Vom Industriestadtteil zum Gewerbe- und Kunstquartier – Muggenhof im Wandel
  Der Stadtteilrundgang stellt den Wandel Muggenhofs vom kleinen Weiler zum bedeutenden Industriestandort vor und beleuchtet die aktuellen Veränderungen durch den Strukturwandel.
- Das ehemalige Reichsparteitagsgelände
  Geländebegehung
  ‚Reichsparteitage', ‚Nürnberger Gesetze' und ‚Nürnberger Prozesse' verbinden bis heute den Namen Nürnbergs mit der NS-Herrschaft. Der Rundgang zeigt die Reichsparteitage als gigantische Propagandashow und Kehrseite des Systems der Konzentrationslager, leistet aber auch einen Beitrag zur aktuellen Diskussion um die Nutzung des Geländes."
- „Jahrhundertelang eine Heimat
  Geschichte der Juden in Fürth
  Jahrhundertelang war die jüdische Gemeinde Fürths die bedeutendste in ganz Süddeutschland. Hebräische Druckereien und die Talmudhochschule machten den Namen der Stadt im 17. und 18. Jahrhundert in ganz Mitteleuropa bekannt. Bis heute existieren der alte jüdische Friedhof, die Realschule, das Waisenhaus

---

[32] http://www.stattreisen.org/forum-neue-staedtetouren.html, aufgerufen 8.8.2011.
[33] http://www.geschichte-fuer-alle.de/index.php?id=72, aufgerufen 8.8.2011.

und das Krankenhaus sowie zahlreiche ehemals jüdische Häuser mit ihren rituellen Einrichtungen als Relikte, die den Zerstörungswahn der Nationalsozialisten überstanden."[34]

3.3.6   Stadt, Museum und Exkursion

Zu wenig werden noch Exkursionsmöglichkeiten in Verbindung mit Stadtbesichtigungen und Museen genutzt. Z.B. könnte man, ausgehend von der Ausstellung „Blauer Reiter" im Münchner Lenbachhaus, eine Exkursion auf den Spuren dieser Maler (insbesondere Kandinsky, Marc und Münter) nach Murnau und Kochel anbieten. Auch die Verbindungen zwischen bestehenden Lehrpfaden und Geschichtsstraßen[35] und Museumsexponaten könnten noch stärker vernetzt werden, so dass die Tätigkeit der Stadt- und Museumsführung übergeht in die der Exkursions- und Reiseleitung. Sehr gut gelang z.B. die Verbindung zwischen der Sonderausstellung „Traum und Wirklichkeit" und der von der Stattwerkstatt Wien dazu angebotenen „Rundfahrt zu den Höhepunkten der Ausstellung" mit Otto-Wagner-Kirche am Steinhof und Karl-Marx-Hof.

3.3.7   Geschichtsausstellungen zur politischen Bildung

Ein Riesenerfolg sind die inzwischen regelmäßig stattfindenden dramaturgischen Inszenierungen von Teilen der eigenen Landesgeschichte an geschichtsträchtigen Ausstellungsorten, wie sie z.B. das „Haus der Bayerischen Geschichte" in Form der bayerischen Landesausstellungen bietet. Auch Österreich verfügt seit vielen Jahren über ein derartiges pädagogisches Forum für die Erwachsenenbildung. Hier geht der Trend zur länder- und nationenübergreifenden Darstellung („Bayern und Italien" in Augsburg und Füssen, „Bayern und Böhmen" in Zwiesel, „Bayern und Österreich" in Burghausen und Mattighofen. Bildungsreisen sollten solche Aspekte vermehrt aufgreifen und damit das gegenseitige Verständnis bei der Vereinigung von Europa fördern.

---

[34]   http://www.geschichte-fuer-alle.de/index.php?id=16&thema_id=8&rundgang=34, aufgerufen 8.8.2011.

[35]   Vgl. dazu auch Steinecke, Albrecht: Themenwelten im Tourismus. Marktstrukturen – Marketing – Management – Trends. München: Oldenbourg 2009.

3.4 Ausbildung von Gästeführern und Reiseleitern

3.4.1 Ausbildung von Ortsführern

Die Ausbildung der deutschen Gästeführer erfolgt zumeist über das Fremdenverkehrsamt in Zusammenarbeit mit Museen, Archiven u.a. Bildungseinrichtungen, zuweilen auch über Vereine oder, in den Großstädten, zusätzlich über Konkurrenzunternehmen zu den Verkehrsämtern.

Auch der Bundesverband der Gästeführer in Deutschland e.V. BVGD setzt sich für eine bessere Ausbildung, berufliche Anerkennung der Gästeführer und einen hohen Qualitätsstandard bei Führungen ein und hat 2008 sein Ausbildungsmodell als erstes in Europa nach DIN EN 15565 zertifizieren lassen. Dazu der BVGD:

„In vielen Ländern mit langer touristischer Tradition – z.B. Spanien, Italien, Griechenland – ist der Beruf des Gästeführers als anerkannter Ausbildungsberuf staatlich geregelt und geschützt. Da das in Deutschland nicht der Fall ist, müssen, wollen und können wir zurzeit nur durch Qualität überzeugen. Das Ziel, die sehr unterschiedlichen Ausbildungsmodelle innerhalb Europas auf einen gemeinsamen Nenner zu bringen, war kein leichtes Unterfangen. Die EN 15565, eine europäische Norm für Gästeführer-Schulungen, die im Januar 2008 von ca. 25 Ländern unterzeichnet wurde, ist ein gewaltiger Schritt vorwärts für die Gästeführer in ganz Europa. Selbstverständliches Ziel ist es, langfristig alle Gästeführer in Deutschland nach diesem Zertifizierungsprogramm nach EU-Standard auszubilden."[36]

Auch die IHKs bieten Lehrgänge für Gästeführer (in) IHK an.

Lehrgangsinhalte beim IHK-Lehrgang in Berlin mit 170 Unterrichtsstunden, verteilt auf 4 Monate donnerstags abends und samstags sind:

„Geschichtliche Entwicklung Berlin; Architekturgeschichte Berlins; Geografische, ökologische und ökonomische Grundlagen Berlins; Religiöses Leben in Berlin; Berliner Museumslandschaft; Methodik, Didaktik der Gästeführung; Kommunikationstraining; Sprechtraining; Rechtliche Grundlagen der Gästeführung; Themenspezifische Rundfahrten und Rundgänge."[37]

---

[36] http://www.bvgd.de/.

[37] http://www.ihk-berlin.de/aus_und_weiterbildung/Lehrgaenge_Seminare, aufgerufen 19.9.2011.

Ausbildung von Ortsführern und Reiseleitern am Beispiel Griechenland
Eine besonders lange und intensive Ausbildung für Reiseleiter gibt es schon lange in Griechenland, weshalb sie hier exemplarisch dargestellt werden soll[38]:

In Griechenland wird sehr wohl zwischen Ortsführern und Führern, die in ganz Griechenland führen dürfen, unterschieden: Die Ortsführer müssen in Griechenland eine einjährige Fremdenführerschule, die dem griechischen Fremdenverkehrsverein untersteht, besuchen. So erwirbt man, etwa nach dem einjährigen Besuch der Fremdenführerschule von Korfu, die Lizenz, um die Ionischen Inseln und die Epirotische Küste einschließlich der Meteoraklöster zu führen. Weitere Schulen existieren auf der Insel Rhodos (ein Jahr, Lizenz zur Führung aller Inseln des Dodekanes) und auf der Insel Kreta (ein Jahr, Berechtigung, die Inseln Kreta und Santorin zu führen). Die an diesen drei Schulen ausgebildeten Führer dürfen allerdings nur in dieser Region führen.

Abgesehen von den drei obengenannten Schulen, die Ortsführer ausbilden, existieren in Athen und Thessaloniki Fachhochschulen, die in einer zweijährigen Schulungszeit Reiseleiter für ganz Griechenland ausbilden. Schon bei der Ausbildung und der Vergabe von Lizenzen wird in Griechenland klar zwischen Ortsführern und Führern mit einer Lizenz für ganz Griechenland unterschieden. Diejenigen, die die Lizenz für ganz Griechenland besitzen, sind dann auch meist die Reiseleiter, die die großen Studienreisen durch ganz Griechenland führen. Will der Ortsführer die Führungslizenz für ganz Griechenland erwerben, so muss auch er die zweijährige Ausbildung der Athener Fremdenführerschule durchlaufen. Ein befragter griechischer Reiseleiter berichtet, dass er während seiner zweijährigen Ausbildungszeit mit zwei Kollegen auf der Schulbank saß, die beide schon auf eine langjährige Berufserfahrung auf Korfu bzw. auf Kreta zurückblicken konnten. Sie mussten sich jedoch den gleichen strengen Aufnahmeprüfungen unterziehen wie alle anderen Bewerber, um in die Athener Schule aufgenommen zu werden und sie mussten genau die gleiche Ausbildung durchlaufen wie alle anderen Schüler. Sie wurden lediglich von den Ausflügen bzw. Exkursionen nach Kreta bzw. Korfu befreit. Des Weiteren waren zwei Archäologinnen in seiner Klasse, von denen eine sogar schon promoviert hatte.

---

[38] Vgl. dazu die Veröffentlichungen der Verfasserin:
Blick über den Zaun: Reiseleiter im Ausland, Teil I und II. In: Reiseleiter live, Organ des Verbands der Studienreiseleiter/innen, Nr. 3 und 4, 1989; Der Reiseleiter: Beruf ohne Berufsbild. In: Steinecke, Albrecht (Hrsg.), Lernen. Auf Reisen?, Schriftenreihe IFKA Bd.9, Bielefeld 1990, S. 41–64; Berufsbild Reiseleitung und Gästeführung im europäischen Vergleich. In: Zeitschrift für Pädagogik, 25. Beiheft: Bilanz für die Zukunft. Aufgaben, Konzepte und Forschung in der Erziehungswissenschaft. Beiträge zum 12. Kongreß der DGfE 19.–21.3.1990, Hrsg. Benner, Dieter, Lenhard, Volker, Otto, Hans-Uwe. Weinheim und Basel 1990, S. 323–326; Berufsbild Reiseleitung und Gästeführung in Europa – Perspektiven für die Professionalisierung in der Bundesrepublik.In: Freizeitpädagogik 13 (1991), S. 163–169.

Dennoch mussten auch sie sich dem gleichen Zulassungswettbewerb und der gleichen zweijährigen Ausbildung unterstellen, um die Führungslizenz zu erlangen. Vor der Aufnahmeprüfung muss der Kandidat seine Fremdsprachenkenntnisse auf hohem Niveau, unabhängig von der Nationalität, in einem der in Athen vertretenen ausländischen Kulturinstitute nachweisen, etwa bei dem Goethe-Institut für die Kandidaten der deutschen Sprache, bei dem Institut Français für die Kandidaten der französischen Sprache, dem British Council für die Kandidaten der englischen Sprache usw.

Lehrplan

Der Lehrplan der örtlichen Schulen weist ähnliche Ausbildungsinhalte auf, wie der der Athener Fremdenführerschule, ist jedoch auf die betreffende Region ausgerichtet. Die zweijährige Reiseleiter-Ausbildung ist in einen praktischen und in einen theoretischen Teil gegliedert.

A)   Theoretischer Teil:

Jeweils ca. 90 Std. Klassische Archäologie und Gebäudetopographie; Byzantinische und Spätbyzantinische Kunstgeschichte, Gebäudetopographie;
ca. 60 Std. Vor- und Frühgeschichtliche Archäologie, Gebäudetopographie;
jeweils ca. 45–50 Std. Europäische Kunstgeschichte vom 10.–20. Jh.; Alte griechische Geschichte; Geschichte von Byzanz;
jeweils ca. 30 Std. Neugriechische Kunstgeschichte vom 19. Jh. bis heute; das griechische, römische und neugriechische Theater; griechische Volkskunde; Geschichte des neugriechischen Staates
Jeweils ca.20–25 Std. Neugriechische Literatur; Touristische Geographie Griechenlands;
Vorträge über Themen, die mit dem Beruf des Fremdenführers zu tun haben; Griechische Volkskunst; Methode und Technik der Fremdenführung;
ca. 15 Std. Tourismusgesetze Griechenlands.

B)   Praktischer Teil:

ca. 100 Std. Unterricht in den Museen der Region von Athen;
ca. 70 Tage Ausbildungsexkursionen in ganz Griechenland.

Wie sich aus dem Lehrplan ersehen lässt, ist die Ausbildung in Griechenland sehr umfangreich. Die Methoden nehmen allerdings im Vergleich zu den historischen und anderen Sachthemen einen vergleichsweise geringen Umfang ein. In deutschen, sehr viel kürzeren Ausbildungskonzepten setzt man eher auf die exemplarische Erarbeitung eines Gebietes und die Fähigkeit, sich die anderen Objekte eigentätig zu erschließen.

3.4.2   Ausbildung von Studienreiseleitern

Die Großunternehmen bilden ihre (Standort-) RL zum Teil in mehrwöchigen Seminaren aus. Bei vielen Rund- und StudienRLn wird die Kompetenz zur Reiseleitung mit der Bewerbung und Auswahl erwartet und entweder gar nicht oder nur in Kurzkursen geschult. Positive Beispiele sind Dr. Tigges-Studienreisen (ca 300 Studienreiseleiter) mit einem mehrtägigen Auswahlseminar, Einführungsseminar und Einweisungsreise sowie Studiosus Reisen München[39] (ca. 650 Studienreiseleiter), der einzige Studienreiseveranstalter in Europa, der sogar ein zertifiziertes Qualitätsmanagementsystem zur Auswahl, Aus- und Weiterbildung seiner Reiseleiter vorweisen kann (DIN EN ISO 9001). Die Firma Studiosus Reisen bietet ihren Anfängern nach einem ausführlichen Vorstellungsgespräch und einem ggf. darauf folgenden Auswahlseminar (Überprüfung der Führungskompetenz, der Fähigkeit zur lebendigen Vermittlung und der Belastbarkeit in Stresssituationen) ein mehrtägiges Einführungsseminar mit vielen praktischen Übungen: Probeführungen, spontanen Vorträgen, Rollenspielen und Einführung in Reiserecht, gruppendynamische Prozesse und Organisation. Danach folgt eine Einweisungsfahrt unter Aufsicht eines erfahrenen Reiseleiters und die Erstellung eines umfangreichen Fahrtberichtes.

Dazu kommen Fortbildungsveranstaltungen. Anbei einige Beispiele aus dem aktuellen Weiterbildungsangebot von Studiosus-Reisen[40]:

• „Methodik und Didaktik
• Medieneinsatz unterwegs
• Stimmbildung und Sprechtraining
• Interkulturelle Vermittlung auf Reisen
• Klimawandel und Reisen
• Die Entwicklung des Westens: auf den Spuren des Abendlandes in Rom."

Für RL, die nicht im eigenen Unternehmen geschult werden, gibt es verschiedene Seminarveranstalter, die entsprechende Kurse anbieten, z. B:

RDA-Akademie Kontakt: Claudia Schnackerz, Telefon: 0 221/91 27 72 16, Telefax: 0221/12 47 88, E-Mail: akademie@rda.de

Kurse der Verfasserin in der Sabel-Schule München, Kontakt: Sabel München, Schwanthalerstraße 51–57, 80336 München, Telefon: 089- 53 98 05 0, Telefax: 089 53 98 05 92, Telefax: 089 53 98 05 93, E-Mail: info@sabel.com

---

[39]   http://www.studiosus.com/Informationen/Reiseleiter, aufgerufen 8.8. 2011.
[40]   http://www.studiosus.com/Informationen/Reiseleiter, aufgerufen 8.8.2011.

3.5 Die rechtliche Stellung von Local Guide und Reiseleiter

Ein Problem, das der endgültigen Professionalisierung der RL entgegensteht, ist neben dem einer fehlenden anerkannten Ausbildung die bisher nicht befriedigend gelöste rechtliche Stellung. Diese Fragestellung betrifft einmal die zivilrechtlichen Aspekte des RLvertrages, die steuerrechtlichen und sozialversicherungsrechtlichen Konsequenzen. Eine der Hauptfragen ist dabei, ob RL versicherungspflichtig sind, was zwar in der Literatur weitgehend bejaht, in der Praxis jedoch nur bei den saisonal oder fest angestellten StandortRLn umgesetzt wird.

Die zweite Fragestellung betrifft die Lizensierung. Während in Deutschland vielerorts jeder führen darf – mit wenigen Ausnahmen (einige Gotteshäuser, Klöster und Schlösser, wo z.T. aus Sicherheitsgründen das eigene Personal führt) – wird das Führen in vielen europäischen Ländern von einer Lizenz abhängig gemacht. Es bestehen hierbei große Interessenskollisionen zwischen Reiseleitern und Gästeführern – nach außen hin geht es um die optimale Vermittlung des kulturellen Erbes, in Realität geht es vor allem um finanzielle Interessen von local guides, RLn und Veranstaltern. Das betrifft übrigens nicht nur deutsche Reiseleiter im Ausland, sondern z.B. auch italienische Reiseleiter, die nicht nur in ihrer Heimatstadt, wo sie eine Lizenz haben, sondern auch in der ganzen Region führen möchten. Vor Ort gibt es dann bisweilen Konflikte zwischen Gästeführern und Reiseleitern: Androhung von Verhaftung, Einschüchterung, Beschimpfungen vor der Gruppe, was sich als erheblicher Stressfaktor für die Reiseleiter darstellt.

Schon 1991 verurteilte der Europäische Gerichtshof in Sachen „Behinderung des freien Waren-, Kapital- und Dienstleistungsverkehrs in der EG" gemäß § 59 EWG-Vertrag zur Rücknahme von Restriktionen gegen ausländische RL und Fremdenführern, die mit einer Reisegruppe aus einem anderen Mitgliedsland mit einer Gruppe anreisen: Besonders in Frankreich, Italien und Griechenland hatten z.T. protektionistische Reglementierungen der touristischen Betreuung zugunsten der local guides zu einer großen Erschwernis deutscher RL im Ausland geführt. Zwar räumt das Gericht den örtlichen oder nationalen Denkmals- und Museumsverwaltungen durchaus das Recht ein, von den Führern, die an besonderen Objekten und in Museen tätig sind, einen angemessenen Qualifikationsnachweis zu verlangen. Allerdings könne man nicht den gesamten öffentlichen Raum (z.B. eine malerische Altstadt), wie bisher in Griechenland und Italien praktiziert, für eine Gruppe nur in Begleitung eines örtlich lizensierten Führers zugänglich machen. Nach Darstellung des Gerichtshofes dürfe der Freie Dienstleistungsverkehr nur durch Regelungen beschränkt werden, die durch das Allgemeininteresse gerechtfertigt seien und die für alle im Hoheitsgebiet des Bestimmungsstaates tätigen Personen gelten.

Seit Herbst 2007 gibt es eine neue Dienstleistungsrichtlinie (EU-Richtlinie 2005/36/EG) in der Europäischen Union, die Reiseleitern eine temporäre Ausübung ihrer Tätigkeit in allen Mitgliedsstaaten erlaubt, aber bisher noch nicht überall umgesetzt wurde.

„Bei vorübergehender Erbringung grenzüberschreitender Dienstleistungen müssen Reiseleiter/Fremdenführer keine Genehmigung oder Lizenz mehr erwerben. Staaten, in denen die Tätigkeit der Reiseleiter/Fremdenführer reglementiert ist, können jedoch zusätzliche Unterlagen zum Tätigkeitsnachweis fordern.

Da der Tätigkeitsbereich der Reiseleiter/Fremdenführer in Deutschland nicht reglementiert ist, kann im Gastland von deutschen Reiseleitern/Fremdenführern der Nachweis verlangt werden, dass sie diese Tätigkeit während der letzten zehn Jahre mindestens zwei Jahre lang ausgeübt haben (als ein Jahr wird eine touristische Saison gewertet). Weiterhin sieht die Richtlinie vor, dass vor Erbringung der ersten Dienstleistung eine Anzeige bei der zuständigen Meldebehörde im Gastland erfolgt.

Folgende Dokumente müssen dem Gastland grundsätzlich zur Verfügung gestellt werden:

Meldeformular für die vorübergehende Erbringung von Dienstleistungen

Bescheinigung gemäß Artikel 5 Absatz 1 Buchstabe b) und Artikel 7 Absatz 1 Buchstabe d) der EU-Richtlinie über die Anerkennung von Berufsqualifikationen vom 07.09.2005 (2005/36/EG)

Sollte es im europäischen Ausland zu Diskriminierungen der Reiseleitertätigkeit kommen, ist der nationale Koordinator, Herr Dr. Gunnar Zillmann, Bundesministerium für Wirtschaft und Technologie, Referat EB2 – EU-Binnenmarkt, Telefon: +49 (0) 30 18 615 76 94, E-Mail: Gunnar.Zillmann@bmwi.bund.de zu informieren."[41]

Der bdo (Bundesverband deutscher Omnibusunternehmer e.V.) oder die Landesverbände der Omnibusunternehmer stellen Vordrucke für die o.g. Bescheinigungen zur Verfügung.

Gleichzeitig empfiehlt es sich, Befähigungsnachweise zu erwerben, insbesondere das Reiseleiterzertifikat der Deutschen Touristikwirtschaft (siehe Anhang), um Schwierigkeiten vor Ort zu vermeiden.

---

[41]   http://www.rda.de/EU-Reiseleitertaetigkeit.259+M5f457b63de0.0.html, Stand 27.7.2011.

„In den meisten EU-Ländern gilt die Regelung, dass Reiseleitung im Sinne einer Reisebegleitung ohne Einschränkung ausgeübt werden kann, Reiseführung dagegen, die Erklärungen zu Kunstdenkmälern, Geschichte, auch Naturdenkmälern mit einbezieht, der Hoheit der jeweiligen Staaten unterliegt.

In folgend genannten EU-Ländern ist die Tätigkeit der Reiseleitung staatlich geregelt:

Belgien, Frankreich, Griechenland, Italien, Luxembourg (Stadt), Österreich, Portugal, Spanien.

In folgend genannten EU-Ländern unterliegt die Tätigkeit der Reiseleitung keiner oder einer lokalen Regelung (z.B. London): Dänemark, Deutschland, England, Finnland, Irland, Niederlande, Schweden."[42]

Wenn der RL mit gut ausgebildeten, sympathischen, ein verständliches Deutsch sprechenden Gästeführern zusammenarbeiten kann, so bedeutet dies für ihn eine gewaltige Entlastung und für alle Beteiligten eine Bereicherung der Reise. Problematisch ist aus der Sicht der Veranstalter und RL jedoch der Zwang zum Ortsführer, wenn der Reiseleiter, z.B. als Kunsthistoriker, selber in der Lage wäre, eine Gemäldegalerie oder eine Kirche professionell zu führen oder wenn vor Ort kein geeignetes Personal zur Verfügung steht: Im Ausland gibt es oft sprachliche Defizite oder es mangelt am kunsthistorischen Wissen. Ortsführungen sind manchmal zu sehr ins Detail gehend und Anbindungen an größere Zusammenhänge entfallen. Der Local Guide ist oft nur für einen Ort und seine Umgebung zuständig, muss also bei Rundreisen ständig gewechselt werden, was eine inhaltliche und formale Kontinuität erschwert. Dazu kommen organisatorische Schwierigkeiten (die Zeitplanung ist nicht immer genau möglich, man verpasst einen Führer, ein Führer erscheint nicht oder unpünktlich) und nicht zuletzt eine finanzielle Belastung für den Veranstalter, denn er muss einen RL/-begleiter für die Organisation und zusätzlich die örtlichen Führer bezahlen. Außerdem kennt ein Reiseleiter seine Gruppe schon länger, ist mit der „Unternehmensphilosophie" vertraut und hat es somit leichter, das angemessene Niveau zu finden – natürlich nur unter der Voraussetzung, dass er über das nötige Fachwissen verfügt.

Die Sicht der Gästeführer auf dieses Thema ist naturgemäß konträr und man ärgert sich über Reiseleiter, die nicht die örtliche, oft lange Ausbildungszeit und schwere Prüfungen mitgemacht haben, die Jobs wegnehmen, sich vor Ort arrogant-allwissend geben und dabei manch Fehlerhaftes von sich geben.

---

[42] http://www.reiseleiterverband.de/pages/reiseleiter.html, Stand Februar 2011.

Ein gesunder Mittelweg und gegenseitige Achtung und Rücksichtnahme erscheinen hier als der beste Weg. Bei den entsprechenden Verbänden und Interessensvertretungen kann man mehr dazu, auch über Qualifizierungsmaßnahmen, erfahren:

Bundesverband der Gästeführer in Deutschland e.V. (BVGD), Gustav-Adolf-Straße 33, 90439 Nürnberg, Fon: 0911/65 64 675, Fax: 0911/65 64 746, Mail: info@bvgd.org

Dachverband der Gästeführerorganisationen in Deutschland, Mitglied der Föderation (FEG) und der World Fede (WFTGA)

Der **Verband der StudienreiseleiterInnen e.V.**, Postfach 10 37 32, D-50 477 Köln, fon +49 (0)221/139 40 63, fax +49 (0)221/139 50 33 oder: reiseleitung@gmx.net, die Interessenvertretung der Reiseleiter von Studien- und Kulturreisen, wurde 1988 in München gegründet. Ziele sind die Wahrnehmung von Reiseleiterinteressen deutschsprachiger Reiseveranstalter, die Verbesserung der Kommunikation zwischen Reiseleitern und, in Zusammenarbeit mit Gästeführern und Animateuren, eine Qualifizierung und Zertifizierung als Grundlage für die berufliche Anerkennung von Gästebetreuern.

Weiterhin gibt es den **Bundesverband der Reiseleiter, Animateure und Gästeführer e.V. (BRAG)**, Nachtigallenweg 46, 14822 Borkheide, Tel. 033845/41212, Fax: 033845/41288, E-Mail: info@brag-ev.de, web: www.brag-ev.de

Verband der Kunstvermittler: kontakt@berufkunstvermittlung.de; www.berufkunstvermittlung.de

Besucherorientierte Kunstvermittlung – Weiterbildung mit Hochschulzertifikat an der Universität der Künste Berlin. Im Sept. 2011 beginnt die modulare Weiterbildung in 8 Wochenendseminaren zum Thema „Besucherorientierte Kunstvermittlung", in dem der kommunikative Umgang mit dem Besucher und eine dialogische Führung am Original erarbeitet wird.[43]

3.6   Psychohygiene

Der Gästeführer hat gegenüber dem RL den Vorteil, dass er im Allgemeinen abends wieder im eigenen Zuhause und gewohnten Umfeld ist mit der Möglichkeit, sich mit Freunden und Verwandten auszusprechen und zu erholen. Auch bekommt der Gästeführer von Gruppenspannungen und -problemen meist nicht so viel mit wie der RL.

---

[43]   http://www.landeskulturverband-sh.de/aktuelles/newsdetails/besucherorientierte-kunstvermittlung-weiterbildung-mit-hochschulzertifikat-an-der-universitaet-der-kuenste-berlin/?tx_ttnews[pointer]=1, aufgerufen am 15.8.2011.

Allerdings gibt es auch gute Ortsführer, die in vielbesuchten Zentren wie z.b. Barcelona die ganze Saison über bis zur Erschöpfung durcharbeiten, ohne freie Tage. Der Reiseleiter muss gesund und psychisch stabil bleiben: als Hauptverantwortlicher der Gruppe und natürlich auch im eigenen Interesse. Hier ist es wichtig, sich nicht überzustrapazieren und Grenzen zu ziehen. Zwar kennt man als RL viele Menschen, in vielen Ländern. Meistens sind diese Kontakte jedoch oberflächlich und die Fähigkeit, sich auf tiefere Beziehungen einzulassen, lässt nach. Auch die Kontakte nach Hause werden bei intensiver und längerer Reiseleitertätigkeit immer oberflächlicher.[44] Es geht also einerseits darum, diese stabilisierenden Beziehungen aufrechtzuerhalten und, im Interesse der eigenen Gesundheit, Grenzen zu ziehen und sich bewusst Pausen zu gönnen. Weniger geeignet ist Entspannung durch Alkohol oder häufig wechselnden Sex. Born schreibt dazu:

„Manche RL, die es als Pfründe ansehen, sich in Verfolgung ihrer erotischen Entspannungsabsichten an der Kunden-Weiblichkeit schadlos zu halten, rechtfertigten dies mit ihrer Erfahrung, dass die Bereitschaft dort immer sehr ausgeprägt sei ... Es gibt Berichte über Kollegen, die sich in der Geneigtheit gleich mehrerer Damen sonnen konnten und darüber so begeistert waren, dass ihnen ihr eigentlicher Arbeitsauftrag allmählich entglitt."[45]

Man sollte immer die ganze Gruppe im Auge haben und niemanden bevorzugen. Oft entstehen tatsächlich auf Reisen langjährige Freundschaften, vielleicht sogar eine Liebesbeziehung, aber diese sollte dann auf die Zeit nach der Reise in ungestörte Privatheit verlegt werden. Auch das Sich-Aussprechen mit sympathischen Reisegästen über Probleme mit der Gruppe, sollte unterbleiben. Es ist unprofessionell. Besser sollte man die Probleme mit Freunden zu Hause besprechen oder sich mit einheimischen Bekannten unterhalten und abschalten von der Gruppe.

Wie kann der Reiseleiter einem **Burn-out** vorbeugen?

Der RL dient den Gästen nicht selten als Projektionsfläche für die eigene Enttäuschung, als **Sündenbock**. Es ist schwierig, Angriffe nicht persönlich zu nehmen, Distanz zur Situation einzunehmen und in der Dienstleistungsrolle zu bleiben. Da hilft eine bewusste Kommunikation über Differenzen in Form von Ich-Botschaften, z.B.: „Durch Ihre Äußerung fühle ich mich verletzt" und das Herausgehen aus dem unmittelbaren Konflikt in die Metakommunikation, indem man über das Gesagte

---

44 Vgl. zu diesem Kapitel Ude, Gudrun: Das Selbstverständnis des Reiseleiters, in: Schmeer-Sturm, Marie-Louise u.a.: Reiseleitung, München Wien: Oldenbourg 2001, S. 90–100.
45 Born, Volker: Praktischer Leitfaden, in: Kirstges, Torsten; Schröder, Christian; Born, Volker: Destination Reiseleitung. München Wien: Oldenbourg 2001, S. 137.

redet. Auch muss der RL lernen, sich abzugrenzen sowie bewusste Pausen und Entspannung einzuplanen:

• Eigene körperliche Grenzen beachten
• Nicht zu viele Termine ohne Pause dazwischen annehmen
• In Kontakt mit den eigenen Gefühlen sein, um die Kräfte optimal einzuteilen
  und emotional adäquat zu reagieren
• Negative Gefühle, z.B. bei Beschwerden, nicht zu nah an sich herankommen
  lassen, professionelle Fassade aufrechterhalten
• Abends nicht zu lang mit der Gruppe bleiben
• Phasen der Erholung und Entspannung einbauen und nutzen
• Entspannungstechniken und Sport wie z.B. autogenes Training, Yoga, Joggen,
  Meditation üben
• Sich seelisch wieder ins Lot bringen: z.B. Musik hören, entspannendes Bad
  nehmen, Massage (z.B. Ayurveda in Indien), Lieblingsplätze aufsuchen, Zeit
  ganz für sich haben, Tagebuch schreiben
• Kontakte zur Familie, zu Freunden per mail und Telefonaten/Skype halten und
  pflegen, damit sie nicht durch das viele Unterwegs-Sein verloren gehen
• Kontakte zu Einheimischen
• Kontakte mit Kollegen pflegen (gegenseitiges Verständnis und sich so entlasten)
• Fortbildungsangebote nutzen zur Steigerung des Selbstwertgefühls und der
  beruflichen Identität.

3.7   Verdienst und „Nebenverdienst" von Reiseleitern und Local Guides

„Die wenigsten Reiseleiter arbeiten in einem Angestelltenverhältnis für einen
Reiseveranstalter, sondern auf Honorarbasis. Das Honorar ist versteuert die
Reiseleitung selbst.

Das Honorar berechnet sich in der Regel nach pauschalen Tagessätzen, die
zum Beispiel zwischen 85 und 250 Euro liegen können. Es sind aber auch
deutlich niedrigere Tagesätze möglich, vor allem im Jugendreisebereich. Zusätzlich können natürlich bestimmte Sonderzahlungen durch Spesen, Prämien
oder Gewinnbeteiligungen erfolgen.

Sollte ein Beschäftigungsverhältnis im Angestelltenbereich vorliegen, welches im Tarifvertrag-Geltungsbereich des Deutschen Reisebüro-Verbandes
liegt, dann ist ein tariflicher Verdienst von 1700,– bis 2400,– EUR brutto im

Monat möglich. Außertarifliche Bezahlung liegt deutlich unter diesem Bereich."[46]

Bei sehr gefragten, langjährigen Studienreiseleitern können die Tagessätze aber auch zwischen 250 und 350 Euro liegen. In den meisten Unternehmen gibt es einen gestaffelten Tagessatz, der von der Ausbildung, der Firmenzugehörigkeit und insbesondere von der Zahl der geleiteten Reisen abhängig gemacht wird.

Als Beispiele für die Sätze von Gästeführungen in deutschen Großstädten hier die **Tarife 2012 des Tourismusamtes München**, von denen noch eine Vermittlungspauschale (ca. 24 Euro) abgeht:

„Für zusammenhängende Stunden ohne Eintritte oder Buskosten

Honorarsätze Deutsch	Fremdsprache	Zweisprachig
Bis 2 Stunden ab 109 Euro	115 Euro	140 Euro
Bis 3 Stunden ab 125 Euro	135 Euro	160 Euro
Bis 4 Stunden ab 140 Euro	155 Euro	180 Euro
Bis 5 Stunden ab 160 Euro	180 Euro	205 Euro
Bis 6 Stunden ab 175 Euro	200 Euro	225 Euro
Bis 7 Stunden ab 195 Euro	225 Euro	255 Euro
Bis 8 Stunden ab 210 Euro	245 Euro	275 Euro
Jede weitere angef. Std. plus 20 Euro	25 Euro	25 Euro
Ganztägiger Ausflug 250 Euro	290 Euro	320 Euro
bis 11 Stunden, inkl. Mittagessen		
Jede weitere angef. Std. plus 20 Euro	25 Euro	25 Euro

Im Honorar ist keine Mehrwertsteuer (z.Zt. 19 %) enthalten. In der Regel gelten die Guides nach §19 Umsatzsteuergesetz als Kleinunternehmer und sind von der MwSt. befreit. Im Einzelfall kann der/die Gästeführer/in die MwSt. dem Auftraggeber zuzüglich zum Honorar in Rechnung stellen ... Bei Treffpunkten außerhalb Münchens fallen zusätzliche Kosten an."[47]

Diese Tarife variieren von Stadt zu Stadt und sind z.T. abhängig von der Gruppenstärke. Für Spezialführungen können bisweilen auch sehr viel höhere Gebühren anfallen. Es gibt aber auch viele GästeführerInnen, speziell in kleinen Gemeinden, die von solchen Sätzen nur träumen können und die für eine niedrige Unkostenpauschale arbeiten. Ebenfalls zum Teil auf ehrenamtlicher Basis oder für ein geringes Taschengeld arbeiten die JugendRL.

Möglicherweise wird die Vergütung von manchen Unternehmen auch aus dem Grunde niedrig angesetzt, weil man a priori annimmt, der RL mache Nebengeschäfte mit Sou-

---

46   http://www.ulmato.de/reiseleiter.asp, eingesehen 11.9.2011.
47   Landeshauptstadt München, Tourismusamt, Tarife für Gästeführer/innen 2012

venirläden, Restaurants und Ausflügen. Tatsächlich sind die Machenschaften mancher RL – insbesondere solcher, die im Incoming-Geschäft tätig sind, (einige von ihnen sind eher als Kaufleute und Verkaufsförderer für die örtlichen Firmen denn als RL zu bezeichnen, einige unter ihnen schädigen in extremen Fällen mit krimineller Energie den Ruf des ganzen Berufsstandes) inzwischen kein Geheimnis mehr, und nicht wenige Kunden führen schon lange Klage darüber:

> „Es gibt Ausflüge zu kunsthistorischen Zentren, von denen der Urlauber den Eindruck gewinnt, es sei eigentlich eine Shopping-Tour gewesen. Offensichtlich gibt es RL, die auf Ausflügen oder auch an Urlaubsorten einen privaten Zubringerdienst zu Souvenirläden eingerichtet haben. Der Urlauber befindet sich sehr häufig in einer psychologischen Zwangssituation und kauft ‚anstandshalber‘ etwas ein. ... Wiederholt wurde auch über die Art und Weise, wie am Urlaubsort Ausflüge durch RL verkauft werden, Beschwerde geführt. Schon bei der Ankunft sind Urlauber wiederholt deswegen belästigt worden. Auch hier wird häufig versucht, den Urlauber in eine psychologische Situation zu manövrieren, in der er sich dann entschließt, an einem kostspieligen Ausflug teilzunehmen."[48]

Solche Erfahrungen kann man als Gast z.B. in der Türkei, in Ägypten oder in Indien machen, wo die Provisionen sehr üppig sind und an den Verkaufstouren nicht nur Reiseleiter und Fahrer, sondern auch noch die vermittelnde Agentur zu festen Prozentsätzen mitverdienen. Es ist deshalb vom Reiseleiter darauf zu achten, dass der örtliche Führer oder der Fahrer nicht die Besichtigung zugunsten von Einkäufen unangemessen kürzt.

Manche Kunden allerdings sind auch übermisstrauisch: Sie vermuten Nebenverdienste des RLs, wo gar keine sind, was durch die relativ hohen Preise in vielen Urlaubsländern verstärkt wird.

Wenn die oben beschriebene übertriebene Geschäftemacherei auch abzulehnen ist, so sollte der RL sich doch über übliche Mengenrabatte bei Einkäufen in der Gruppe informieren. Weiterhin ist abzuklären, ob Fahrer und RL einen Freiplatz bei den Restaurantessen erhalten. Dies sollte vorher abgesprochen werden. Im Allgemeinen kann man ab 20 Teilnehmern von einem Freiplatz ausgehen, ab 30–40 Teilnehmern zwei Freiplätze erwarten. Falls nur ein Essensfreiplatz vom Restaurant gewährt wird, ist mit dem Fahrer, evtl. dem Veranstalter zu vereinbaren, wer diesen erhält. In den meisten Fällen wird es sich empfehlen, Kosten, aber auch evtl. „Zubrot" mit dem Fahrer zu teilen.

---

[48]   Zitiert nach: Schwarzbuch für Urlaubsreisen, Verbraucherzentrale Baden-Württemberg, Okt.1971.

3.8 Der Standortreiseleiter

Anders als der Rund- und Studienreiseleiter ist der Standortreiseleiter[49] als Außendienstmitarbeiter eines großen Touristikunternehmens wie TUI oder Thomas Cook über eine ganze Saison oder ganzjährig angestellt, ist sozialversichert, hat einen freien Tag pro Woche und bezahlten Urlaub (gemäß den Bestimmungen des DRV-Manteltarifs), der außerhalb der Saison genommen werden muss, und es gibt auch eine stärkere Hierarchie innerhalb der Reiseleiterorganisation: RL, ChefRL und Verantwortliche RL. Die StandortRL sind während des Dienstes im Allgemeinen verpflichtet, eine einheitliche Uniform mit Firmenemblem zu tragen.

Sehr stark ausgeprägt ist bei StandortRLn der Verwaltungs- und Büroanteil, das Erstellen schriftlicher Unterlagen (z.B. Informationsmappen, Reiseinformationen, Transferlisten, Abrechnungen, Umgang mit Vouchern, verschiedensten Listen, Berichten, Stellungnahmen usw.) sowie die kaufmännischen Anforderungen (Abrechnungen, Ausflugsverkauf, Leistungskontrolle, Abwicklung von Reklamationen).

Bei der Abholung vom Flughafen und ggf. beim **Transfer** erhalten die Gäste einen ersten Eindruck vom StandortRL und dies ist auch seine erste Bewährungssituation:

- Wachsame Ausschau nach Teilnehmern, die zu Gruppe gehören könnten, Kenntlichmachen der eigenen Person durch Uniform/Schild des Veranstalters, deutliche Positionierung
- Freundliche Begrüßung in der Abfertigungshalle
- Verteilung der Gäste je nach Hotel auf verschiedene Busse anhand von Transferlisten
- Erste Informationen im Bus wie: Begrüßung, auch im Namen des Veranstalters, Uhrzeit (mit evtl. Verschiebungen), voraussichtliche Fahrtzeit zum Hotel, Hinweis auf im Preis enthaltene Mahlzeiten (Abendessen zwischen 20 und 22 Uhr), Informationsveranstaltung im Hotel, Ansprechpartner, Einsammeln der Hotelgutscheine und gute Wünsche für einen gelungenen Urlaub. Bei einem unbegleiteten Transfer sind diese Informationen möglichst knapp zu halten und können bei einem begleiteten Transfer ergänzt werden durch fahrtbegleitende Kommentare zu Land und Leuten, Hinweise zu Besonderheiten des Urlaubsortes, zum Geldumtausch, zu besonderen Veranstaltungen am Urlaubsort, kulinarischen Spezialitäten, Unverträglichkeiten, Warnungen …

---

[49] Vgl. dazu ausführlicher: Albert, Carsten, Boy-Helmchen, Anita, Schmeer-Sturm, Marie-Louise: Der Standortreiseleiter, in: Schmeer-Sturm, Marie-Louise u.a.: Reiseleitung, 4. Auflage München: Oldenbourg 2001, S. 23–27 und diverse Artikel in Gauf, Dieter (Hrsg.): RLT Reiseleitertraining. Aktueller Leitfaden für Ausbildung und Praxis. 3. Auflage Köln: RDA 2006.

Beim **Einführungsvortrag** („Empfangscocktail"), meist am Tag nach der Ankunft mit einem landestypischen Getränk, werden die Sprechzeiten der Reiseleitung, weitere Informationsmöglichkeiten für den Gast (z.b. Mappe, Tafel), Einrichtungen des Hotels bzw. der Ferienanlage und des Urlaubsortes (z.b. Sehenswürdigkeiten, Sportstätten, Wanderwege, Einkaufsmöglichkeiten) und nicht zuletzt die vom Veranstalter angebotenen Ausflüge vorgestellt. Weitere Hinweise dazu finden sich im Kap. 4.3 „Die Kommunikation mit dem Reisegast".

Zum Ende des Begrüßungscocktail könnte eine Sprechstunde in der Hotelhalle folgen, in der sich erste Einzelprobleme (Glühbirne oder Kühlschrank defekt, etc.) im persönlichen Gespräch behandeln lassen.

Die **Informationsmappe** zur selbständigen Information des Gastes enthält Angaben über den „Begrüßungscocktail", die Sprechstunde des RL, Informationen für Flug-, Bahn- und Busgäste sowie Selbstfahrer und die Transfersituation (Abholzeiten, Räumung der Zimmer), Informationen von A-Z, Informationen zum Hotel und zum Urlaubsort mit Gebietskarte/Stadtplan und Fahrplänen öffentlicher Verkehrsmittel, Ausflugsprogramm, Reisebedingungen.

Die **Informationstafel** (notfalls ein gut sichtbar angebrachter Plastikanhänger) im Hotel enthält eine Kurzfassung der Mappe: Termine für das Informationsgespräch, Sprechzeiten, Tipps, Ausflugswerbung, Prospektausschreibung des jeweiligen Hotels und Abflug-Informationen

Die Chef- oder Verantwortlichen RL arbeiten Wochenarbeitspläne aus, nach denen die Sprechstunden stattfinden. In der Sprechstunde, z.T. mehrmals wöchentlich pro Hotel, nimmt der RL alle Wünsche (z.B. Flugumbuchung) und Reklamationen der Gäste auf, verkauft Ausflüge, vermittelt Mietwagen, Fahrräder usw. und bearbeitet Sonderwünsche.

3.9   Rund- und Studienreiseleiter

Kultur- und Studienreisen sowie allgemeine Rundreisen

Unter Kulturtourismus versteht man Reisen, während derer man die Kunst und Kultur fremder Länder (oder auch des eigenen Landes) kennenlernt und/oder kulturelle Veranstaltungen, wie Konzerte und Opern, besucht.[50] Der Übergang zum Eventtourismus ist hierbei fließend.

---

[50]   Vgl. dazu ausführlich: Dreyer, Axel (Hrsg): Kulturtourismus. 3. Auflage, München: Oldenbourg 2011 und Steinecke, Albrecht: Kulturtourismus. Marktstrukturen, Fallstudien, Perspektiven. München: Oldenbourg 2007

Kultur- und Studienreisen sprechen zu einem großen Teil ein gut situiertes Stammpublikum mit überdurchschnittlichem Bildungsstand an. Während der Bade- und Erholungsurlauber viele Destinationsmöglichkeiten hat, bietet sich dem typischen Käufer der Studienreise keine Urlaubsalternative – schließlich gibt es die Pyramiden nur in Ägypten und nicht an jedem anderen beliebigen Ort. Die Zahl der Zielgebiete, die von Studienreisen angefahren wird, ist sehr groß; innerhalb der Hauptzielländer ist darüber hinaus eine immer weitergehende Differenzierung des Angebots zu beobachten.

Bei Studienreisen dachte man in den siebziger Jahren an eine Art „rollendes Seminar", an eine „wissenschaftliche" oder „akademische" Reiseleitung, „an den Erwerb und die Erweiterung von Kenntnissen, an eine gründliche Beschäftigung mit dem Land, den Kulturstätten und den Bewohnern" mit Besichtigungen und Fahrten zu historisch interessanten Orten. „Man stellt sich darunter eine Gruppenreise vor, deren Leiter als eine Art Lehrer erscheint".[51]

Mit „Studienreise" war und ist in der Vorstellung der Befragten planmäßiges Vorgehen, ein fest programmierter Verlauf und Lernen verbunden. Heute spielt allerdings auch bei der Studienreise der **Erlebnisaspekt** eine große Rolle und der stundenlang referierende Oberstudienrat als Reiseleiter ist beim Gros der Reisenden nicht mehr gefragt. Diese Betonung des Emotionalen, des Erlebnisses zeigt sich bereits in der Gestaltung des Angebotes, z.B. durch folgende Merkmale:

„Spannung erzeugender Katalogaufbau: Einführung mit großformatigen Fotos und emotionalisierenden Texten ... spannungsreiches Layout (z.B. aufgerissene, ineinanderlaufende Abbildungen und exotische Bildmotive), Spannung erzeugende Katalogsprache ... Storytelling: Vorstellung einer Reiseregion im Erzählstil durch den Reiseleiter, Reiseleiter werden als ‚Geschichtenerzähler‘ vorgestellt, Programmbeschreibung als Geschichte durch ‚Ich-Erzähler‘ ... Darstellung des Reiseleiters als zentrale Persönlichkeit und wichtigster Leistungsfaktor, ... als Reiseregisseur, ... Fährtenleser, Weggefährte, Entertainer, Impulsgeber; landeskundliche Texte durch Reiseleiter persönlich geschrieben, Fotos mit Gruppe und Reiseleiter, persönliche Vorstellung ausgewählter Reiseleiter".[52]

Die „Arbeitsgemeinschaft Studienreisen" beschrieb 1983 ihr Qualitätsverständnis mit folgenden Aspekten: „Eine Studienreise ist eine Gruppenreise mit begrenzter

---

[51]   Nach Hartmann, Klaus D.: Der moderne Bildungstourismus: Formen, Merkmale und Teilnehmerkreise. In: Günter, Wolfgang (Hrsg.): Handbuch für Studienreiseleiter. Starnberg: StfT 1982, S. 36.

[52]   Rudolphi, Paul: Studienreisen in der Erlebnisgesellschaft. Eine Untersuchung zu den Implikationen der Erlebnisorientierung in der Touristik. In: Paderborner geographische Studien zu Tourismusforschund und Destinationsmanagement, Bd. 20. Paderborn: Universität Selbstverlag 2007, S. 163.

Teilnehmerzahl, festgelegtem Reisethema und Reiseverlauf sowie deutschsprachiger, fachlich qualifizierter Reiseleitung."[53] Im Folgenden soll diese Definition noch etwas präzisiert werden:

- Gruppenreise mit begrenzter Teilnehmerzahl (zw. 10 und 30)
- Festgelegter Reiseverlauf
- Fachlich qualifizierte Reiseleitung mit fachbezogenem Studium oder auf das Reisethema bezogenen Wissensstand
- Der RL betreut die Gruppe während der ganzen Fahrt und bei allen Besichtigungen. Falls einheimische Führer hinzugezogen werden, wird er deren Erläuterungen vorbereiten, gegebenenfalls ergänzen und/oder nachbereiten, um so den thematischen Zusammenhang zur Reise herzustellen.
- Die Organisation erfolgt durch darauf spezialisierte (kommerzielle und nicht-kommerzielle) Reiseveranstalter.
- Das meistbenutzte Verkehrsmittel bei Studienreisen ist der Bus, auch wenn die Anreise bei weiten Reisen mit der Bahn oder mit dem Flugzeug erfolgt.
- Besichtigungen, Eintritte und Ausflüge sind zum Großteil inklusive
- bei Studienreisen z.T. Beigabe zusätzlichen Informationsmaterials (z.B. Bücher, Fahrtbeschreibungen, Literaturhinweise usw.)

In Unkenntnis dessen, was eine Busrundreise von einer Studienreise unterscheidet, werden gelegentlich von Busunternehmen, aber auch von Volkshochschulen u. a. Veranstaltern, Reisen nicht korrekt ausgeschrieben:

- Gruppengröße nach Zahl der Bussitzplätze contra limitierte Gruppenstärke (maximal 25 bis 30 Teilnehmer)
- Programmausschreibung in groben Zügen, größerer Anteil an Unterhaltungs-programmpunkten contra detaillierte Programmausschreibung, Nennung nicht nur der Orte, sondern auch der zu besichtigenden Denkmäler
- stärkere Gewichtung der „Hardware": häufig detaillierte Beschreibung der Hotels, des Buskomforts und ggf. des Bord-Services contra stärkere Gewichtung des Programms
- statt Reiseleitung z.T. „Reisebegleitung" oder „Hostess" für Busservice und Erklärungen, z.T. Fahrer als RL; im Allgemeinen Führungen durch Local Guides contra starker Anteil der RL, die z.T. sogar namentlich genannt werden; höhere Anforderung an wissensmäßige Qualifikation; Führungen wo möglich durch RL

---

[53]   Vgl. Schäfer K. H.(1995): Reisen um zu lernen. (Hrsg.): Paderborner Geographische Studien, Band 9, S. 22.

Im Vergleich zum Standort- und ZugRL, dessen Aufgaben weitgehend organisatorisch-technischer Natur sind, sind die Anforderungen an den RundRL komplexer: Neben der organisatorischen Betreuung der Gruppe hat er die Aufgabe, durch Erläuterungen und Führungen während der Fahrt Sehenswürdigkeiten zu erklären und zu interpretieren. Er hat mit der Gruppe engeren Kontakt als ein StandortRL, der nur eine kurze Sprechstunde pro Tag oder an einigen Wochentagen bietet. Dadurch sind auch seine Möglichkeiten, bei den Reisegästen Verständnis für das Reiseland und seine Bewohner zu wecken, größer. Die Anforderungen an den RundRL sind ähnlich wie die an den StudienRL, nur bei letzterem auf höherem Niveau (bei Studiosus wird im Bewerberprofil ein Hochschulstudium – mindestens abgeschlossenes Grundstudium – oder Berufserfahrung als RL gefordert). Die Grenzen zwischen Rund- und Studienreiseleiter sind oft fließend.

Bewährte Reiseleiter haben in den großen Unternehmen attraktive Weiterentwicklungschancen z.B. bei der Entwicklung neuer Routen und Destinationen, als Mitarbeiter in der Reiseleiterabteilung oder als Verantwortliche für bestimmte Länder in der Organisation bis hin zu Mitgliedern der Unternehmensleitung. Für die meisten jedoch hat sich nach durchschnittlich fünf Jahren der Traumjob erledigt.

„Viele Studienreiseleiter sind Akademiker in der Warteschleife – unter ihnen Skandinavisten, Sinologen, Komparatisten, Kunsthistoriker, Geografen und Ethnologen. Sie finanzieren sich so ihre Doktorarbeit oder eine langwierige Stellensuche nach Studienende. Trotzdem gibt es nach Schätzungen des Verbandes der Studienreiseleiter ... derzeit rund 700 bis 800 Studienreiseleiter in Deutschland, die diesen Job zumindest vorübergehend als ihren Hauptberuf ansehen. Die meisten sind um die 40; sie arbeiten für rund 60 Veranstalter, darunter große Anbieter wie Studiosus, Wikinger, Gebeco, Hirsch, Ikarus oder Windrose."[54]

Bei Reisen in die Dritte Welt wird der Reiseleiter noch mehr als im europäischen Raum zur Schlüsselfigur des interkulturellen Lernens; auf diese Aufgabe ist er zumeist schlecht vorbereitet, selbst wenn er als Studienreiseleiter z.B. ein Studium der Kunstgeschichte, Ägyptologie, Sinologie, Geographie oder Soziologie absolviert hat. Seit 1979 haben der Studienkreis für Tourismus (StfT) und das Stuttgarter Zentrum für Entwicklungsbezogene Bildung (ZEB) der Evangelischen Kirche in Deutschland Motivationsseminare für Dritte-Welt-Reiseleiter konzipiert (vgl. dazu auch das Kapitel 5.1 Interkulturelles Lernen).

---

[54] Schürmann, Marc: Die Leitwölfe, in: DIE ZEIT 27 (26.06.2003).

Der Reiseleiter soll

- „sich seiner Schlüsselrolle als interkultureller Lehrer bewusst werden;
- sich darüber klar werden, inwieweit er offen ist für andere Menschen und insbesondere für Menschen aus anderen Kulturen;
- seine eigene Kommunikationsweise und -fähigkeit überprüfen;
- die Schwierigkeiten interkultureller Wahrnehmung kennenlernen (was bedeutet, dass er sich mit den Wahrnehmungsmustern und Wertesystemen der eigenen Kultur ebenso auseinandersetzen muss wie mit denen der fremden, um seine eigenen Vorurteile und jene der Reisenden besser zu verstehen);
- sich des Spannungsfeldes bewusst zu werden, in dem er handelt: Als selbst nicht neutraler Vertreter einer der beiden Kulturen soll er zwischen Reisenden aus Industrieländern und Bereisten aus Entwicklungsländern vermitteln und das Gastland sympathisch ‚aufschließen‘;
- entwicklungspolitische Zusammenhänge begreifen und in überzeugender Form den Touristen vermitteln.“[55]

Thematische Schwerpunkte sind: interkulturelle Wahrnehmung, internationale Abhängigkeit, Tourismus und Entwicklung. Der Reiseleiter wird darauf vorbereitet, besondere Situationen bei den Gästen zu antizipieren und anhand von eigenen Erlebnissen und Filmen Fehlverhalten und Missverständnisse wahrzunehmen und mögliche Reaktionen darauf zu erproben.

Infos zum „Entwicklungspolitischen und interkulturellen Motivationstraining für Dritte-Welt-Reiseleiter“ gibt es beim **Studienkreis für Tourismus und Entwicklung e.V.**, Bahnhofstraße 8 , D-82229 Seefeld-Hechendorf, Tel.: +49 (0)8152/999 01-0, Fax: +49 (0)8152/999 01-66.

Dort kann man auch die SympathieMagazine beziehen.

Website www.sympathiemagazin.de

Infos zu interkulturellen Motivationsseminaren für RL, die deutsch- oder englischsprachige Urlauber in Entwicklungs-, Schwellen- und Transformationsländern betreuen, gibt es auf der Website www.tourguide-qualification.org.

---

[55] Klostermeier, Inge: Entwicklungspolitische und interkulturelle Motivationsseminare für Dritte-Welt-Reiseleiter, in: Tourismus in Entwicklungsländer, Hrsg.: Bundesministerium für wirtschaftliche Zusammenarbeit und Entwicklung (Materialien Nr. 88), Bonn: BWZ 1993, S. 73.

3.10 Schiffsreiseleiter

Unter dem Oberbegriff „SchiffsRL"[56] sind auf einem großen Schiff verschiedene RLarten zu verstehen, wie etwa der Cruise Director, der dem ChefRL entspricht (Zuständigkeit für gesamten Programmablauf, Entscheidung über ggf. notwendige Routenänderung), Animateure, Bürokräfte, Hostessen, der Entertainment Officer (Organisation der Shows, Zuständigkeit für die Künstler und den Ablauf der Darbietungen) sowie der Show Exkursion Manager (Zuständigkeit für das Ausflugsprogramm), wobei einzelne Berufsbezeichnungen je nach Veranstalter abweichen können und bei kleineren Schiffen mehrere Funktionen von einer Person erfüllt werden müssen. Bei Studienkreuzfahrten ist es zum Teil üblich, dass der RL während der Schifffahrt die Landausflüge in Form von Powerpoint-Vorträgen vorbereitet, während bei den Ausflügen selbst zumeist auf örtliche Führer zurückgegriffen wird.

3.11 Jugendreiseleiter

Werner Müller

Im Laufe der letzten 60 Jahre sind in der Bundesrepublik viele gemeinnützige und kommerzielle Jugendreiseorganisationen gegründet worden, die pädagogisch betreute Ferienaufenthalte veranstalten. Bei Schätzungen der erreichten Teilnehmerzahlen ist derzeit von circa vier Millionen Kindern und Jugendlichen die Rede. Neben finanziellen, organisatorischen und pädagogischen Problemen sowie der Notwendigkeit, sich auch auf dem Fremdenverkehrsmarkt behaupten zu müssen, stehen diese Spezialorganisationen jedes Jahr aufs Neue vor der Aufgabe, Tausende von Jugend-Reiseleiter/innen (JRL) zu werben, auszubilden und in ihre Tätigkeit einzuführen.

An diese JRL werden, wie an andere RL auch, sehr viele und hohe Ansprüche gestellt: sie sollen Sprachkenntnisse, Auslands- und Länderkenntnisse besitzen, über Reiseerfahrungen verfügen, Organisationstalent und besondere Kontaktfähigkeit sowie Zuverlässigkeit, Verantwortungsbewusstsein, sicheres Auftreten besitzen, mit jungen Leuten umgehen können, gesellige und sportliche Veranstaltungen arrangieren können usw.. Freilich können sie (nach Heinz Hahn – dem Gründer des ehemaligen Studienkreis Tourismus e.V), da sie es großenteils mit jungen Erwachsenen zu

---

[56]   Nach Schlosser, Monika: Aufbau und Führung von Reiseleiter-Organisationen, unveröffentlichte Diplomarbeit an der Fachhochschule München, Studiengang Betriebswirtschaft. München: 1988, S. 11 f.

tun haben, die in ihrem Urlaub ihr eigener Herr sein wollen, „Aktivitäten, Ordnungs-
regeln, Tugenden nur vormachen und anbieten, nicht erzwingen".

Als die Jugendreise-Organisationen sich ab Beginn der 50er Jahre formierten, waren
die angestrebten **Ziele der Fahrten** bei Inlandsreisen die gesundheitliche Förderung
der Teilnehmer/innen, bei Auslandsreisen die Völkerverständigung. Mitte der 60er
Jahre kam als weiteres pädagogisches Ziel dazu, den Umgang mit der Freizeit, mit
dem Reisen zu lernen.

> „Danach setzte eine Zuwendung zu den eigenen Belangen ein: Soziales Ler-
> nen, der Umgang mit sich und der Gruppe wurde wichtiger als das Lernen
> der Verhältnisse der anderen. Der internationale Aspekt trat in den Hinter-
> grund, die Person des einzelnen, die eigene Gruppe bekam pädagogisches
> Gewicht."[57]

Wie nun schlagen sich diese Ziele in den heutigen Ausbildungsprogrammen der
Jugendreiseorganisationen nieder?

Wer meint, im Jugendreisebereich einen lukrativen „Job" für die Semesterferien zu
finden, der ist zumindest bei den nichtkommerziellen Veranstaltern meistens am
falschen Platz. In vielen Fällen müssen die JRL sogar finanziell zu den Ausbil-
dungskursen beitragen, während der Reise arbeiten sie in den meisten Fällen ehrenamtlich und erhalten keine Bezahlung bzw. nur ein Taschengeld; einige wenige
Mitarbeiter/innen müssen sogar die Hälfte des Reisepreises bezahlen.

Es ist höchst bedauerlich, dass unter den ehrenamtlichen Mitarbeiter/innen der
nichtkommerziellen Jugendreiseveranstalter mit zunehmender Tendenz eine hohe
Fluktuation herrscht und dadurch viele wertvolle Erfahrungen für die Jugendarbeit
verlorengehen. Eine Ursache dafür sind die veränderten Studien- und Alltagsbedin-
gungen, die einerseits nicht mehr die nötigen Zeiträume für derartige Tätigkeiten
ermöglichen wie noch vor ca. 15 Jahren. Andererseits ist die Jugendmobilität derzeit
für die hiesigen (Fach-) Hochschulen kein Arbeitsfeld, in dem sie vorrangig ihre
studienbegleitenden Praxispartner suchen. (Aktuell gibt es allerdings eine bundes-
weite Initiative von transfer e.V. und IJAB e.V., um eine neue Kooperationsstruktur
aufzubauen.)

Das Qualitätssiegel QMJ-"Sicher Gut!" des Dachverbands BundesForum Kinder-
und Jugendreisen bescheinigt seit einigen Jahren kommerziellen wie nichtkommerziellen Jugendreiseveranstaltern gute Qualität bei den Rahmenbedingungen für die
pädagogische Begleitung (vgl. www.sichergut.net).

---

[57]   Gayler, Brigitte: Organisierte Jugendreisen durch gemeinnützige Veranstalter. In: Jahrbuch für
       Jugendreisen und Internationalen Austausch. Starnberg: StfT 1983, S. 9.

Einen soliden verbandspezifischen Qualitätsrahmen bietet auch der Deutsche Fachverband für Kinder- und Jugendreisen „Reisenetz" (www.reisenetz.org → Qualität). Für die kommerziellen Veranstalter ist sicherlich unter anderem **RUF Jugendreisen** aus Bielefeld zu nennen, wenn es um die professionelle Umsetzung von Konzepten für die Jugendreiseleitertätigkeit geht (www.ruf-jugendreisen.de/jobs/jobs-in-der-sonne.asp). Junge Leute können über RUF sogar ein Zertifikat der Industrie- und Handelskammer (IHK) erwerben.

Nur durch die Bereitschaft vieler junger Menschen, sich ehrenamtlich oder für wenig Geld zu engagieren, sind gut betreute Reisen in kleinen Gruppen umsetzbar. Der Einsatz ist meist ab 18 bzw. 21 Jahren möglich. Vorbedingung ist in der Regel die Teilnahme an einer Grundschulung (Dauer: von einem Wochenende bis zu einer Woche). Einsätze gibt es fast ausschließlich in den Schulferien (Ostern und Sommer). Reise- und Unterkunftskosten bei der Schulung und im Einsatz werden fast überall vom Veranstalter übernommen. Für die Ausbildung wird zuweilen eine Kursgebühr erhoben. Tageshonorare während des Einsatzes sind selten mehr als ein „Taschengeld".

Aus- und Fortbildung (Stichworte)

Organisationsinterne Ausbildung u.a. zu den Themenbereichen: Jugendreisepädagogik, Reiseorganisation, Recht, Länderkunde, Medizin und Hygiene (Erste Hilfe), Programmgestaltung, Gesundheit und Umgang mit Sexualität bzw. sexuellen Übergriffen, Spiele.

Große Organisationen oder Jugendverbände bieten zudem themenspezifische Fortbildungen an.

Trägerübergreifende Fortbildung, Information, Fachliteratur und Beratung für Multiplikatoren/innen:

transfer e.V., Grethenstr. 30, 50739 Köln, Tel.: 0221/9592-190, www.transfer-ev.de (bei transfer gibt es auch den „Jugend & Reisen Informationsdienst – JID" mit vielen nützlichen Hinweisen zum Arbeitsfeld, sowie einen kostenlosen Newsletter und das umfangreichste Jugendreisearchiv im Land – in Zusammenarbeit mit dem BundesForum Kinder- und Jugendreisen (www.jugendreisearchiv.net).

Zentrale Fachtagungen und Veranstaltungen

Die „**Offene Fachtagung für Kinder- und Jugendreisen**" findet an einem November-Wochenende (in jedem zweiten Jahr in Berlin) statt. Veranstalter ist der Fachverband „Reisenetz" (www.reisenetz.org).

Das **BundesForum Kinder- und Jugendreisen** (www.bundesforum.de) koordiniert diverse Fachgremien, z.b. den „Runden Tisch der Unterkünfte", sowie mehrere Fachveranstaltungen pro Jahr.

Die Fachstelle **transfer e.V.** (www.transfer-ev.de) koordiniert

*   das Fachgremium „Plattform Personal" für Verantwortliche des pädagogischen Personals
*   die „TeamerTage" als bundesweiten Workshop- und Fortbildungstreff von erfahrenen Reiseleitungen und ihren Personalveranwortlichen (derzeit immer am letzten Februar-Wochenende in Naumburg)
*   dreimal im Jahr einen regionalen „Info-Beratungstag" an wechselnden Orten, der kompakt über das gesamte Arbeitsfeld informiert
*   das „JahresForum Kinder- und Jugendreisen & Internationale Begegnung", bei dem neue Projekte und Themen zunächst vorgestellt und anschließend zu geförderten und bundesweiten Vorhaben weiter entwickelt werden (Zeitpunkt: September, Orte wechselnd).

3.12   Animateure und Animation

Unter „Animation" versteht man zum einen die Anregung zu Urlaubsaktivitäten und zum anderen die Organisation und Durchführung verschiedener Angebote. Zu den Prinzipien der Animation gehört, dass sie offen, zwanglos, freiwillig und eigenbestimmt (vom Urlauber) abläuft – im Gegensatz zur Manipulation, die versteckt und fremdbestimmt ist.

Wenn es so etwas wie einen hippokratischen Eid für Animateure gäbe, würde er nach Opaschowski[58] so lauten:

*   Handle nie gegen die Interessen Deines Gegenübers.
*   Sieh in jedem Menschen Deinen Partner.
*   Gib zu erkennen, dass für Dich Ängste und Hemmungen menschlich sind.
*   Nimm jeden Teilnehmer so, wie er ist. Fördere seine Stärken und fordere nicht, dass er seine Schwächen kaschieren muss.
*   Hole jeden Teilnehmer bei seinen Neigungen, Interessen und Fähigkeiten ab.
*   Trau im unbedingt Können, Wissen und eigene Entscheidungen zu.

---

[58] Opaschowski, Horst: Freizeit im Ruhestand. BAT-Schriftenreihe zur Freizeitforschung. 5. Auflage Hamburg: BAT 1984, S. 54; vgl dazu auch Opaschowski, Horst, Stubenvoll, Rainer: Touristikassistent. Psychologie und Soziologie des Reisens. Hrsg. Wirtschaftsakademie für Lehrer e.V. Bad Harzburg 1987.

• Hilf ihm, seine Bedürfnisse und Interessen zu erkennen und dazu, dass er sie später allein verwirklichen kann.

Finger/Gayler[59] unterscheiden drei qualitativ unterschiedliche „Stufen" der Animation:

• den Vorgang (Anregung, Initiative, Aufforderung)
• den Inhalt (Geselligkeit, Bewegung, Aktivität)
• die Wirkung (Spaß, Genuss, Kontakt, Erlebnisse)

Für sie hat Animation die Funktion – je nach Örtlichkeiten ausgefüllt von einer oder mehreren Personen, direkt in den Hotels oder indirekt in den Urlaubsorten – die Rolle des „verlorenen Gastgebers" wieder bewusst auszuüben und könnte somit auch vom Reiseleiter z.T. ausgefüllt werden:

• „Empfangen, begrüßen
• Informieren
• Mit anderen bekanntmachen
• Präsent sein, ansprechbar, erreichbar sein
• Bewirten, bedienen
• Sich kümmern, fürsorglich sein
• Interesse haben und zeigen
• Etwas mit den Gästen gemeinsam unternehmen
• Etwas „Besonderes" organisieren
• Sich verabschieden"[60]

Inhalte der Animation sind folgende Bereiche:
• Bewegung und Sport
• Geselligkeit und Kommunikation
• Bildung, Entdecken und Erleben
• kreative musische Tätigkeiten, Hobby
• Abenteuer, Naturverbundenheit, ungewöhnliche und elementare Erlebnisse
• Ruhe, Besinnung, Meditation.

Zentrale Elemente der Animation, jedem Bereich zu eigen, sind Spiel und Erlebnis, wobei alle Sinne (nicht nur wie bei der traditionellen Besichtigungsreise Augen und Ohren) mit einbezogen werden können.

Bei der Planung animativer Angebote müssen neben dem geeigneten Zeitpunkt, einer passenden Situation auch Kommunikationsmittel und Medien, Materialien und

---

[59]   Finger, Claus, Gayler, Brigitte: Animation im Urlaub. Studie für Planer und Praktiker. 2. Auflage. Starnberg: Studienkreis für Tourismus 1990, S. 12.
[60]   A.a.O., S. 15.

Personalaufwand der jeweiligen Aktion organisiert werden. Zu berücksichtigen ist, dass Spiele möglichst niedrig organisiert sein sollten, d.h. einfache Spielregeln haben sollten, solche Spiele und Tätigkeiten bevorzugt werden, die keine Einzelpersonen als Verlierer ausschließen, die Angebote klar und zielgruppenspezifisch formuliert werden und trotz ihres Charakters des Improvisierten jedes Risiko ausschließen.

Die Clubidee

Die Clubidee geht zurück auf den Club Méditerranée, der 1950 von dem Belgier Gerard Blitz auf Mallorca gegründet wurde und inzwischen über mehr als 100 Clubdörfer und ca. 18.500 Mitarbeiter in der ganzen Welt verfügt. Während der Komfort am Anfang sehr einfach war – man schlief in Zelten, es gab zentrale Waschstellen, einfache Kost – entwickelte sich diese Idee inzwischen zu einem weltweiten Unternehmen. Ab 2004 positionierte sich der Club Med neu im Sinne eines multikulturellen Urlaubs im gehobenen Marktsegment. Die AG besitzt Feriendörfer, Clubhotels und Bungalows in 50 Ländern, verteilt auf 5 Kontinenten. Die Animateure heißen G.O.s („gentil organisateurs"), der Gast G.M. („gentil membre"). Neu an diesem Urlaubskonzept war, dass „alles inklusive" war und der Urlauber zudem noch unterhalten wurde. Ab 1957 wurde die Perlenkette in allen Club-Resorts als bargeldloses Zahlungsmittel eingeführt, 1967 für kindgerechte Betreuung der jüngsten G.M.s der Mini Club Med gegründet.

Die Cluborganisation der TUI ist der Robinson Club (4.500 Mitarbeiter weltweit), von NUR Club Aldiana. Auch Hotels suchen oft nach Animateuren, z.B. für die Kinderbetreuung.

Die Animateure kommen im Allgemeinen aus den Berufssparten, in denen sie dann im Club tätig sind, z.B.: Sport, Gymnastik, Musik, Tanz, Kunstgewerbe, Photographie, Video, andere Medien, Malerei, Bildhauerei, Schauspiel, Theater, EDV, Sozialpädagogik und Kinderbetreuung.

Die jeweiligen Fächer sollen spielerisch, feriengemäß und unter Berücksichtigung der Geselligkeit im Club vermittelt werden. In dreiwöchigen Schulungslehrgängen werden die Anfänger bei Robinson auf ihre spätere Tätigkeit vorbereitet. Die Robinson-Animateure haben keine RLaufgaben – jene werden allein vom TUI-Service wahrgenommen. Die „Robinsonaden" allerdings, ein „Land-und-Leute-Programm", sind eine Ausnahme und bestehen aus alternativen Abenteuerfahrten, z.B. Jeeptouren, Fahrten mit dem Boot oder dem Fahrrad in kleinen Gruppen, Piratenfahrt und Lagerfeuer, Kamelritten in der Wüste, Übernachtung in Zelten, Wildwasserfahrten usw. Weitere vier Teile des Basisprogramms bei „Robinson" sind:

- Geselligkeit und Unterhaltung (z.B. Feste aller Art, Wettbewerbe, Wanderungen, Vorträge)

- Hobbies (z.B. Kunstatelier zum Malen und Batiken, Sprachkurse)
- Wassersport (z.B. Tauchen, Schnorcheln, Windsurfen, Segeln)
- Kinderclub (Miniclub, Kinderfeste, Märchenstunden)

Zur Auswahl veranstaltet die TUI im Herbst eintägige „JobDays", während derer sich die Bewerber vorstellen und eine eingeübte Einlage, z.b. ein Gesangsstück, einen Tanz oder einen Sketch, aufführen.[61] Bei Bestehen folgt ein einwöchiger Workshop mit Schulungen im Bereich Sport, Aerobic, Moderation, Musik, Tanz, Show und Kinderanimation. Im darauf folgenden „Training on the Job" mit Unterstützung von erfahrenen Animateuren in der Urlaubsregion, wird die Ausbildung abgeschlossen.

Zumeist erfolgt die Ausbildung von Seiten der Reiseanbieter, es gibt unter dem Titel „Tourguide International – Animateur IHK" auch einen IHK-Zertifikatslehrgang.

„Der Verdienst liegt bei der TUI zwischen 600 und 800 Euro netto, je nach Arbeitserfahrung und Position, was in der Branche in etwa als Richtwert für eine angemessene Bezahlung gilt. Die Internetseite www.animateure.de, auf der Job-Angebote und Casting-Termine für verschiedene Reiseveranstalter eingestellt sind, bietet eine Checkliste für seriöse Angebote an. Zum Beispiel sollten Hin- und Rückflug sowie Kost und Unterkunft vor Ort vom Arbeitgeber übernommen werden."[62]

Die Rationalisierung in den Zielgebieten schlägt sich unter anderem in der Zusammenarbeit mit großen Firmen nieder. Dadurch entstehen den Clubs weder Material- noch Wartungskosten oder besondere Investitionen, sondern nur die Kosten für die entsprechend ausgebildeten Animateure. Die Firmen wiederum hoffen, dass im Club das Interesse für ein entsprechendes Markengerät bei einer im Übrigen recht interessanten Zielgruppe geweckt wird.

---

[61]   Judith Jenner, Palmen, Pool und Party? Animateure arbeiten härter als viele glauben, in:
       www.tagesspiegel.de, 18.7.2010, S. 1.
[62]   A.a.O.

4 Zusammenarbeit mit Kunden, Veranstaltern und Leistungsträgern

Im folgenden Kapitel soll auf die Personen eingegangen werden, mit denen es der RL zu tun hat, insbesondere auf den Reisegast, den Veranstalter, die Leistungsträger und den Fahrer.

4.1 Der Reisende

Altersstruktur

Für den Teilnehmerkreis von organisierten Studienreisen ist ein vergleichsweise hohes Durchschnittsalter typisch, wenn auch die Veranstalter in ihren Reisegruppen – insbesondere bei Fern-, Wander- oder Radstudienreisen – eine leichte Verjüngung bemerken.

Gründe für die starke Beteiligung der höheren Altersgruppen an Bildungs- und Studienreisen, aber auch an einfachen Busreisen, liegen einerseits im Freisein von beruflichen und familiären Pflichten (Kinder sind bereits erwachsen), im Ausmaß der zur Verfügung stehenden Freizeit, der relativen materiellen Sicherheit (Rente, Pension), andererseits in Interessen, die im Gegensatz zu denen der Jugendlichen stehen: Die älteren Menschen wollen im Urlaub nicht in erster Linie schlafen, abschalten und Nichtstun, sondern eher etwas unternehmen oder besichtigen.

Vom Jahr 2000 an stieg „die Anzahl der über 65 Jahre alten Männer und Frauen aufgrund der wachsenden Lebenserwartung sprunghaft an. Ihr Anteil an der Gesamtbevölkerung wird sich von 9,7 Prozent im Jahr 1950 bis 2030 auf 25,7 Prozent erhöhen. Das entspricht prozentual annähernd einer Verdreifachung der älteren Bevölkerung."[63]

In der Reiseintensität liegen die **Senioren** schon heute Kopf an Kopf im Rennen mit der jüngeren Generation. Folglich ist es nicht verwunderlich, dass die Tourismusindustrie diese Zielgruppe besonders umwirbt, die z.T. über gute Renten und Pen-

---

[63] Hofmann, Axel: Bevölkerungsentwicklung. Senioren-Vormarsch. Fokus Magazin Nr. 1 (1994).

sionen verfügt und viel Zeit hat. Sonderprogramme für Senioren sind jedoch wenig erfolgreich. Das Etikett „Seniorenurlaub" wirkt eher abschreckend. Man befürchtet, dann nur mit wirklich alten Menschen zu reisen und den Urlaub im „Ghetto" einer Altersgruppe zu verbringen.

Die ältere Generation ist auffällig stark an Reisen im Normalprogramm wie Städte-, Rund-, Wander[64]-, Rad-[65] oder Hobbyreisen, bei Langzeiturlauben und Kreuzfahrten vertreten. Der RL sollte mit den Problemen älterer Menschen vertraut sein, Kenntnisse über den Prozess des Alterns besitzen und die soziale Situation dieser Menschen einschätzen können:

• Beeinträchtigungen im Kurzzeitgedächtnis sind möglich, d.h. Treffpunkte usw. sind klar und deutlich anzugeben und ggf. auch mehrfach zu wiederholen.

• Das mechanische Gedächtnis und die Fähigkeit, eine größere Menge an Einzeldaten aufzunehmen, lässt nach. D.h.: Sinnbezüge herstellen, Jahreszahlen reduzieren, Querverbindungen herstellen, bewusste Wiederholungen, große Zusammenhänge sichtbar machen.

• Einbußen in der körperlichen Leistungsfähigkeit können dazu führen, dass bestimmte Tätigkeiten mehr Zeit in Anspruch nehmen. D.h. keine zu enge Zeitplanung, Helfen beim Gepäck, beim Aussteigen aus dem Bus, beim Mittagessen rechtzeitig auf Fortsetzung der Besichtigung hinweisen, Geduld und eine perfekte Organisation, um die Teilnehmer nicht durch unnötiges Warten, Herumstehen bzw. Hetze zu sehr zu belasten.

• Das gleiche gilt für die Gesundheit. Hör- und Sehleiden sowie Kreislaufschwierigkeiten können sich häufen, d.h.: auf kleine Hindernisse wie Stufen hinweisen, genügend Pausen, Sitzgelegenheiten bei Besichtigungen, klare langsame Sprache, deutliche Hinweise.

• Oft konservative Einstellung zu Politik, Religion, Konventionen, d.h. für den Reiseleiter: gute Umgangsformen, gewissen Themen aussparen oder mit Bedacht und Respekt behandeln.

• Spazierengehen, Wandern, Kontakte mit anderen Urlaubern sowie geistige Aktivitäten treten in den Vordergrund. Spaziergänge und kleine Wanderungen können in die Besichtigung mit einbezogen werden, aber körperliche Überforderung sollte vermieden werden. Sozialkontakte sind zum Teil für Senioren, die nicht mehr im Berufsleben stehen und deren Kinder aus dem Haus sind, sehr wichtig und können vom RL gefördert werden.

---

[64] Vgl. dazu: Dreyer, Axel, Menzel, Anne, Endreß, Martin: Wandertourismus. Kundengruppen, Destinationsmarketing, Gesundheitsaspekte. München, Wien: Oldenbourg 2009.

[65] Vgl. dazu: Dreyer, Axel, Mühlnickel, Rainer, Miglbauer, Ernst: Radtourismus. München, Wien: Oldenbourg 2011.

- Bedürfnis nach Kommunikation: Da viele ältere Menschen alleine leben und zu Hause keine Ansprache haben, kennzeichnet sie im Urlaub oft ein großes Bedürfnis nach Austausch, was sich bei manchen auch in Vielsprechen („Logorrhoe") ausdrückt, im häufigen Wiederholen alter Geschichten. Hier ist vom RL darauf zu achten, dass die Vielredner nicht immer in der gleichen Konstellation am Tisch sitzen, da in ihrer Anwesenheit ein Gespräch oft schwierig wird, die anderen zu reinen Zuhörern degradiert werden.
- Ältere Menschen benötigen oft häufige Toilettenbesuche (sollten alle 1 ½ bis 2 Std. angeboten werden, bei Bedarf auch öfter).
- Senioren haben einen geringeren Kalorienbedarf als junge Menschen. Sie ziehen oft mehrere kleine Mahlzeiten einem großen Essen am Abend vor, d.h.: Wenn möglich Seniorenportionen bei Gaststätten anfragen, wenn möglich auch statt Abendessen auch mal gemeinsames Mittagessen in die Halbpension einplanen.
- Senioren haben manchmal wenig Reiseerfahrung und kennen z.B. Computerkartenschlüssel, die dann auch für Lift und Licht im Zimmer genutzt werden nicht oder ihnen sind englische Fachbegriffe wie „e-Ticket" oder „Voucher" nicht bekannt.
- Während jüngere Reisegäste individuelle Freiräume für eigene Entdeckungen schätzen, möchten viele Senioren, v.a. Einzelreisende, rundum versorgt werden und haben Ängste, die freie Zeit allein zu verbringen. Hier kann der Reiseleiter Anregung zur Bildung von Kleingruppen geben und die öffentlichen Verkehrsmittel gut erklären, auch mal an einem Abend gemeinsam ausprobieren, um diese Ängste abzubauen.

Wenn allerdings ein Gast auf einer „normalen" Reise so gebrechlich ist, dass er sehr viel Hilfe braucht, muss der RL auch darauf achten, dass er nicht zu viel Rücksicht nimmt und das Programm dadurch für die anderen Gäste nicht mehr erfüllt werden kann. Hier muss der Gast, der z.B. bei einem anstrengenden Stadtrundgang bei heißem Wetter mit Steigungen auf holprigem Pflaster kaum noch voran kommt, auch mal in seine Grenzen gewiesen werden und z.B. auf einer Bank oder in einem netten Café abgesetzt und wieder abgeholt werden, auch um einen Kreislaufkollaps oder eine Überanstrengung zu vermeiden.

Unter den Einzelreisenden hat es die Frau manchmal schwer, denn noch immer gilt in weiten Kreisen das gesellschaftliche Diktat, dass sie warten müsse, bis sie angesprochen wird. Und noch immer herrscht vielerorts der Brauch, Einzelreisende an einen Einzeltisch zu setzen, wodurch Alleinreisende in der Anonymität großer Hotels und dicht belebter Ferienorte besonders benachteiligt sind.

Mit dem Anschluss an eine Reisegruppe hat die alleinreisende Frau viele Möglichkeiten, Gleichgesinnte kennen zu lernen. Durch eine geschickte Sitzordnung, die Förderung offener Kommunikationssituationen, das bewusste Ansprechen der einzelnen Teilnehmer mit ihrem Namen, durch die Förderung eines kommunikativen Führungsstils, an dem die TeilnehmerInnen ihr Wissen, ihre Fragen mit einbringen können, ermöglicht es der RL gerade den Einzelreisenden, bald Anschluss in einer Gruppe zu finden.

Erwartungen der Reisenden an das Produkt
Für den RL ist es sehr wichtig, die Motivationen und Erwartungen der Teilnehmer zu kennen, um sich entsprechend in seinem Führungsstil, seinen Erläuterungen und der Programmgestaltung darauf einstellen zu können.

Die Erwartungen der Reisekunden sind zum einen auf die gebuchte Leistung und die damit verbundenen materiellen Grundlagen zum Gelingen ihres Urlaubes gerichtet:

*   Angebot geeigneter Transportmittel (bei der Anreise, Transfers und vor Ort)
*   Angebot geeigneter Hotels (Zimmerkomfort und –ausstattung, Frühstück und weitere Mahlzeiten, Lage zum Strand oder zum Stadtzentrum, innerhalb des Routings bei Rundreise)
*   professionelle Organisation (qualifizierte Beratung bei der Buchung, Durchführung nach Programm und ggf. geschickte Improvisation, ggf. dazu passendes Exklusivprogramm)
*   Optimale Streckenführung (geeignete Zeitplanung, repräsentative Auswahl von landschaftlichen und kunsthistorischen Höhepunkten)
*   qualifizierte Reiseleitung (perfekte Organisation, Betreuung, guter Umgang mit den Reisegästen, Sach- und Vermittlungskompetenz)

Kundenerwartungen, die nicht den gebuchten Leistungen entsprechen, können nach Block[66] auf folgende Gründe zurückgeführt werden:

*   „unklare oder übertriebene Prospektwerbemittel
*   ungenügende Informationen des Kunden durch die zuständige Reisebürofachkraft
*   Differenz zwischen Prospektangebotsleistungen und tatsächlich gebuchten Leistungen
*   Nichtlesen bzw. ungenaues Durchlesen der Buchungsunterlagen durch den Kunden
*   Unfähigkeit des Kunden, den Informationsgehalt der Buchungsunterlagen zu verstehen
*   der Kunde will sich einen Vorteil verschaffen."

---

[66]   Block, Eckhard: Sachbuch für professionelle Reiseleitung. Essen: Nordis 1985, S. 19.

Motivationen und allgemeine Erwartungen der Reisenden
Von Robert Datzer wurden die über das spezielle Reiseprodukt hinausgehenden Motivationen und Erwartungen von Reisekunden ausführlich untersucht. Erwartungsgemäß dominiert bei den Erholungsreisenden das Motiv Regeneration und Rekreation. Bei Studien- und Erlebnisreisenden sind unterhaltungsbetonte, regenerative und kommunikative Motive weniger ausgeprägt. Für den StudienRL ist vor allem eine Erkenntnis wichtig:

„Die Studienreisenden verbinden mit ihrem Urlaub sehr stark den Wunsch nach neuen Eindrücken und Erlebnissen. Ihnen kommt es nicht alleine darauf an, sich weiterzubilden, sondern mit dem Besuch kultureller Sehenswürdigkeiten ein Bedürfnis nach Abwechslung und Erlebnis zu befriedigen".[67]

Für die Programmplanung des RLs bedeutet dies, dass er sich nicht einseitig auf Wissensvermittlung konzentrieren, sondern auch Erlebnisse mit einbeziehen sollte.

Datzer untersuchte die unterschiedlichen Motivationen von Studien- und Busreisenden und stellte dabei fest, dass von den Busreisenden dem Unterhaltungs- und Geselligkeitsaspekt („mit netten Leuten zusammen sein" und „viel Spaß und Unterhaltung haben") überdurchschnittlich große Bedeutung beigemessen wird. Das Publikum der einzelnen Reiseformen unterscheidet sich also deutlich hinsichtlich seiner Erwartungshaltung. Der RL kann sich folglich je nach Veranstalterart schon vorher ein wenig auf sein Publikum einstellen.

Wenn auch alle Verallgemeinerungen auf der Kennzeichnung von Extremen basieren, so möchte ich doch zur Orientierung die von Heinz Hahn entwickelte **Urlaubertypologie**[68] vorstellen:

- S-Typ = „Sonne, Sand, See" = Erholungsurlauber, bei dem ein passives Verhalten und der Wunsch nach Geborgenheit und Geruhsamkeit im Vordergrund steht.
- F-Typ = „Ferne und Flirt" = Erlebnis-Urlauber, für den neben Entspannung und Erholung Unternehmungen, Vergnügungen und Abwechslung, fröhliche elegante Geselligkeit und Ausflüge wichtig sind.
- W 1-Typ = „Wald und Wandern" – Bewegungsurlauber, dem gesundheitsbewusst körperliche Bewegung Spaß macht und der z.T. auch Kureinrichtungen benutzt.

---

[67] Datzer, Robert: Erwartungen und Motivationen der Studienreisenden, in: Handbuch für Studienreiseleiter, Hrsg. Wolfgang Günter. Starnberg: StfT 1982, S. 93.

[68] Hahn, Heinz: Urlaub '74, Wissen Sie eigentlich, was für ein Urlaubstyp Sie sind? „Für Sie", 25.1.74, zitiert nach Finger, Klaus, Gayler, Brigitte, Hahn, Heinz, Hartmann, Klaus: Animation im Urlaub. Starnberg: StfT 1975, S. 114 ff.

- W 2-Typ = „Wald und Wettkampf" = Sporturlauber, der sich selbst als „zäh" einschätzt und gerne Anstrengungen für sein sportliches Hobby, das in der Urlaubsentscheidung an erster Stelle steht, in Kauf nimmt (z.b. passionierte Alpinisten, Segler und Flieger)
- A-Typ = „Abenteuer und Aufregung" – Abenteuerurlauber, sucht den Reiz, die Erregung und die Gefahr, vor allem die Überraschung und persönliche Bewährung
- B-Typ = „Besichtigung und Bildung" – Bildungsurlauber; seine „Neugier" ist so stark, dass andere Urlaubsgenüsse wie Ausschlafen und Baden in den Hintergrund treten. Z.T. wird auch das Ausprobieren landesüblicher Gerichte und Weine zum Gegenstand seines Interesses. Es bilden sich hier drei Untertypen:
- B 1 = der „Sammler"-Typ, eher quantitativ ausgerichtet, der Sight-Seeing-Experte
- B 2 = der „Stimmungs"-Typ, etwas schwärmerisch veranlagt, der sich den Gefühlen, die die Natur, die fremde Welt und alles Unbekannte in ihm erwecken, überläßt
- B 3 = „Interessen"-Typ geht mit festen natur-, kultur- und sozialwissenschaftlichen Interessen hinaus und richtet seinen Urlaub gezielt darauf ein, z.B. auch seine Fremdsprachenkenntnisse zu verwerten.

Opaschowski[69] wiederum stellt acht verschiedene **Bedürfnistypen** und die ihnen entsprechenden Urlaubsformen heraus:

- Rekreationsbedürfnis (nach Erholung, Entspannung, Wohlbefinden, Kräfte-Sammeln, gesundheitsbetonter Erholung, Intensivierung des Körpergefühls, Freimachen von Alltagsbelastungen): Erholungsurlaub, Kururlaub, Badekur, Aktiv- und Sporturlaub
- Kompensationsbedürfnis (nach Ausgleich, Ablenkung und Zerstreuung, Abschalten, Freisetzen von fixierten Vorschriften und Zielen, Wunsch nach Zwanglosigkeit, Unbeschwertheit, Freizügigkeit, Abwechslung, bewusster Lebensgenuss): Erlebnisurlaub, Abenteuerreisen, Tagesausflüge
- Edukationsbedürfnis (nach Kennenlernen, Weiter- und Umlernen, Anregungsorientierung und Erlebnisdrang, Neugierverhalten und Probehandeln, Rollenwechsel, Bedürfnis nach Selbstbehauptung und Selbstbestätigung, Entwicklung von Ich-Stärke und Persönlichkeitsveränderung): Bildungsurlaub, Informations- und Studienreise

---

[69] Opaschowski, Horst, Stubenvoll, Rainer: Touristikassistent. Psychologie und Soziologie des Reisens. Hrsg. Wirtschaftsakademie für Lehrer e.V. Bad Harzburg: 1987, S. 38 ff.

- Kontemplationsbedürfnis (nach Selbstbesinnung, Selbsterfahrung und Selbst-
  findung, Wunsch nach möglichst weiter räumlicher und innerer Distanzierung,
  Identitätsfindung): ruhige Form von Freizeit, Psychotherapiekurse
- Kommunikationsbedürfnis (nach Mitteilung, Sozialkontakt und Geselligkeit,
  Mitteilungsbedürfnis, Kontaktsuche, Wunsch nach vielfältigen sozialen Bezie-
  hungen): Verwandtenbesuche, Bekanntentreffen, Tagungsreisen
- Integrationsbedürfnis (nach Sozialorientierung, Gruppenbezug und gemeinsa-
  mer Lebenserfahrung, nach emotionaler Zuwendung und Zugehörigkeit, Gebor-
  genheit, Gemeinschaftsbewusstsein, Familienbezug, soziales Lernen): Fami-
  lienurlaub, Gruppenurlaub, Vereinsreisen
- Partizipationsbedürfnis (nach Beteiligung, Mitbestimmung und Engagement,
  Möglichkeiten für Eigeninitiative und Selbstdarstellung, gemeinsame Ziele und
  Vorhaben anstreben und durchführen, Mitsprache und Mitverantwortung, Ko-
  operations- und Solidaritätsbereitschaft, Umweltgestaltung durch soziale Aktion): Internationale Begegnungen, Gemeinschaftsdienste und Work Camps
- Enkulturation (Bedürfnis nach kultureller Beteiligung, kreativer Erlebnisentfal-
  tung und Produktivität, nach freier Entfaltung persönlicher Fähigkeiten, nach
  eigenschöpferischer und nachschöpferischer Betätigung, ästhetisches Empfinden und Einfallsreichtum entwickeln und erweitern, eigenmotiviertes und
  selbstbestimmtes Leistungserlebnis, kulturelle Aktivitäten und Initiativen,
  Durchsetzung eigener Ideen und neuer Problemlösungen, Persönlichkeitsberei-
  cherung): Hobbyurlaub, Ferienkurs, Teilnahme an Sommerschule

Heute bindet man gerne auch **Lebensstil-Konzepte**[70] in das touristische Marketing
ein, um Kundengruppen präziser zu identifizieren. Nach dem Freizeitforscher Horst
Opaschowski umfasst die Typologie der Reisepioniere folgende 13 Urlaubstypen:
die Kurzurlauber, Globetrotter, Ökotouristen, Intervaller, Prestigetouristen, Kom-
forturlauber, Spontis, Nomaden, Abenteurer, Studienreisende, Interrailer, Reiseprofis
und Solisten. Felizitas Romeiß-Stracke hingegen unterscheidet vier Lebensprioritäten und demnach vier Typen: die aktiven Genießer, die Trendsensiblen, die Familiären, die Nur – Erholer. Jene Lebensprioritäten bestimmen in hohem Maße das
Urlaubsverhalten und die bevorzugten Freizeitaktivitäten der Menschen mit und sind
für die Marktsegmentierung nach Lebensstilen bedeutsam.

Erwartungen an den Reiseleiter

Als Kunden zu Beginn der Reise nach der Bedeutung einzelner Programminhalte
befragt wurden, entschieden sie sich für folgende Rangfolge:

---

[70] Reinersmann, Susanne: Lebensstil-Konzepte im Tourismus-Marketing. FVW 4(1996), S. 54 ff.

„Besichtigungsprogramm, RL, Unterbringung, Verkehrsmittel, Verpflegung, Reisen in der Gruppe."[71]

Als dieselbe Frage am Ende der Reise nochmals gestellt wurde, war die Rangfolge die gleiche, nur dass der RL an erster Stelle, das Besichtigungsprogramm an zweiter Stelle genannt wurde.

RL unterschätzen häufig diejenigen Fähigkeiten, die die Reisegäste an ihnen besonders wichtig finden: Für viele Kunden, vor allem für die Altersgruppe über 50 Jahre, steht der Aspekt der Betreuung und eine perfekte organisatorische Durchführung der Reise an erster Stelle, während „rein fachliche Qualifikationen für wesentlich weniger wichtig gehalten werden".[72] Bei den 31–50jährigen stehen die verständlichen Erklärungen, bei den 15–30jährigen die freundliche Betreuung an erster Stelle.

Die Anforderungen an den RL beschränken sich also nicht auf eine gute fachliche Ausbildung in Geschichte, Kunstgeschichte, Geographie usw., sondern erstrecken sich auch auf pädagogische und organisatorische Qualifikationen, die daher in RLausbildungen mehr berücksichtigt werden müssen.

Kontaktbedürfnis

Wichtiges Motiv, eine Reise zu unternehmen, ist die Möglichkeit, Kontakte mit Gleichgesinnten zu knüpfen. Man wählt z. B. eine Studienreise, um ein ganz bestimmtes Publikum zu treffen und hofft, dort wegen des geistigen Anspruchs aber auch höheren Preises „standesgemäße Gesellschaft" zu finden.

Bei jüngeren (meist ledigen) und älteren (meist alleinstehenden) Reisenden ist das Bedürfnis nach Kontakten groß, oft der Wunsch nach Kontakt aber größer als die Kontaktfähigkeit. Durch Institutionalisierung von Formen der Begegnung und Geselligkeit hat der Reiseveranstalter hier eine wichtige Funktion; der RL kann durch gemeinschaftsbezogene Aktivitätsformen und Animation die Kommunikation unter den Gästen fördern.

Das Kontaktbedürfnis einer großen Anzahl von Reisenden wird auch in der Werbung ausgenutzt, die eine Erotisierung des Urlaubs suggeriert. Bei Clubreisen und Jugendfreizeiten ist das Reisemotiv Flirt und Liebe relativ stark. Ein JugendRL muss sich deshalb auf den pädagogischen und juristischen Umgang mit sexuellen Wünschen und Handlungen seiner Teilnehmer/innen vorbereiten.

---

[71] Datzer, Robert, Lohmann, Martin: Der Beruf des Reiseleiters. Eine soziologische Untersuchung. Starnberg: StfT 1981, S. 97.
[72] Datzer/Lohmann a.a.O., S. 101.

Prestigebedürfnis

Das für die Reisenden sehr wichtige Erfolgs- und Prestige-Moment spielt bei der Gruppenbildung ebenso eine Rolle wie in dem Leistungsstreben, möglichst viele Objekte zu besichtigen. Das Prestigebedürfnis ist in der Forschung schwer zu erfassen, da es von den Urlaubern nur selten als Motiv genannt wird.

Welche Elemente einer Studien- und Busrundreise wirken prestigefördernd? Neben der „illustren Reisegruppe" spielen bei den meisten Menschen Quantitäten eine große Rolle – die Zahl der zurückgelegten Kilometer, die Entfernungskilometer vom Heimatort, die Zahl der besichtigten Kirchen und Museen, die Preise für Reise und Unterkunft, die Zahl der Erlebnisse.

Irrationale Glücksvorstellungen

Neben den statistisch greifbaren und psychologischen Reisemotiven gibt es noch einige schwerer fassbare Erwartungen: die Sehnsucht nach dem Schönen, das oft im Gegensatz zu den „hässlichen" persönlichen Konflikten zu Hause steht; der Hang zum Idealen, Meisterhaften; die Nostalgie; das Sich-weg-Träumen, das Schwärmen; das Über-die-eigene-Form-hinaus-wachsen-Wollen; das Sich-Erweitern auch ins Archaische, Frühe, Vergangene; die Kunstwerke als Medium zur Harmonisierung des eigenen Selbst.

Wieweit sich solche irrationalen Erwartungen erfüllen, wird weitgehend von der Persönlichkeit des RLs abhängen, nämlich wieweit er selbst für Geistiges, Symbolisches, Religiöses und Transzendentes offen und durchlässig ist. Da er durch die Auswahl und die Dauer des Verweilens bei gewissen Objekten Akzente setzt, da er selbst in der Art seines Schauens und Erklärens zum Sprachrohr der Dinge wird, kann er bei den Reisenden durchaus den Sinn für Spirituelles wecken und sie damit geistig öffnen. Geistige Weite wird als Glück erlebt.

4.2   Das Zusammenleben in der Reisegruppe

Gudrun Ude

Nach Datzer/Lohmann besteht bei RLn ein großer Bedarf nach Fortbildung mit psychologischen Inhalten. Informationen über die „Psychologie des Reisegastes" werden gewünscht, da RL häufig als Blitzableiter benutzt werden. RL empfinden ihre Gäste als „borniert, unverschämt und gedankenlos, ... intolerant und passiv".[73]

---

[73]   Datzer/Lohmann, a.a.O., S. 13–18.

Außerdem fühlen sich RL stark belastet im zwischenmenschlichen Bereich[74], wenn sie Situationen nicht vorhersehen können, sich in ihnen jedoch spontan verhalten und sie bewältigen müssen.

Reisen kann Spaß machen, Reisen in Gruppen erst recht. Reisen kann neue Erkenntnisse ermöglichen, den eigenen Horizont erweitern, Einblicke in andere Kulturen und Mentalitäten und damit andere Denk- und Verhaltensweisen geben. Kann. Häufig ist jedoch die Offenheit und Aufnahmebereitschaft blockiert durch Störungen des menschlichen Klimas in der Gruppe und zwischen einzelnen Gruppenmitgliedern oder der ganzen Gruppe und dem RL. Diese Störungen sind kein Wunder, sondern unter diesen Umständen ganz normal, treffen doch Menschen recht unterschiedlicher beruflicher und sozialer Herkunft aufeinander, die – oft gehetzt noch von der Arbeit und den letzten Erledigungen – häufig nicht viel Zeit haben, sich gegenseitig in entspannter Atmosphäre kennenzulernen und sich aufeinander einzustellen. Dichte Programme, die den einzelnen Gruppenmitgliedern nicht viel Zeit für sich persönlich zum Entspannen, Verarbeiten und Ausruhen lassen, verringern den individuellen Freiraum und stellen einen weiteren Stressfaktor dar. Die neuen Eindrücke im jeweiligen Reiseland, das andere Klima, die andere Mentalität der Menschen, Armut und Elend der Menschen in Dritte-Welt-Ländern tun ihr übriges, um Spannung in Gruppen entstehen zu lassen.

Was kann ein RL tun, um mit diesen Störungen und Spannungen in Gruppen umzugehen? Wie kann er Gruppen sowohl füreinander als auch für die Menschen im jeweiligen Gastland öffnen? Aufgabe dieses Kapitels soll es sein, RLn einen Einblick in die Möglichkeiten der Analyse und Gestaltung seiner Beziehung zur Gruppe oder zu einzelnen Gruppenmitgliedern zu geben.

Zunächst jedoch sollen kurz typische Phasen beschrieben werden, die alle Gruppen so oder ähnlich durchlaufen. Diese Phasen zu erkennen und zu verstehen, ist Voraussetzung für ein adäquates Umgehen damit.

In Reisegruppen – wie auch in allen anderen Gruppen – geht es nicht nur um das Gewinnen von Informationen auf und durch Reisen (sachliche Ebene), sondern auch um das Miteinander (soziale Ebene). Während die sachliche Ebene in den meisten

---

[74] Weiterführende Literatur zum Thema: Brocher, Tobias: Gruppendynamik und Erwachsenenbildung. 14. Aufl. Braunschweig: Westermann 1979; Lerner, Goldhor, Harriet: Wohin mit meiner Wut? 6. Aufl. Frankfurt: Fischer 2008; Schulz von Thun, Friedemann: Miteinander reden. Störungen und Klärungen. Reinbek: Rowohlt 1981; Schulz von Thun: Miteinander reden 2 – Stile, Werte und Persönlichkeitsentwicklung. Reinbek: Rowohlt 1989 – inzwischen gibt es viele Neuauflagen von diesem Klassiker; Becker, Henning, Hugo-Becker, Annegret: Psychologisches Konfliktmanagement – Menschenkenntnis, Konfliktfähigkeit, Kooperation. 4. Aufl. München: Beck im dtv 2004; Birkenbihl, Vera F.: Psycho-logisch richtig verhandeln. 17. Aufl. München: Mvg 2007; Bach, George R., Wyden, Peter: Streiten verbindet. Frankfurt am Main 1995.

Fällen sehr stark berücksichtigt wird – durch das Zusammenstellen des Programms und damit der Inhalte – wird die soziale Ebene sowohl bei der Planung wie auch bei der Durchführung der Reise zu sehr vernachlässigt. Werden individuelle psychosoziale Bedürfnisse (nach Wertschätzung, Anerkennung, Nähe, Distanz, Zugehörigkeit, …) vernachlässigt, entstehen in absehbarer Zeit Frustration und Ärger, die ein Ventil brauchen. Häufig werden diese Gefühle jedoch nicht auf der sozialen Ebene angesprochen, sondern es entsteht ein Konflikt auf der sachlichen Ebene. So werden Auseinandersetzungen über die Qualität von Hotels, Bus, Mahlzeiten usw. geführt, die aber das eigentliche Problem nicht lösen. Das eigentliche, oft maskierte Problem zu erkennen, ist aber die Voraussetzung für ein wirkliches Lösen.

1. Orientierungsphase

Meistens kennen sich die Teilnehmer untereinander nicht. Sie treffen das erste Mal am Abfahrts- bzw. Abflugort zusammen. Bis zu diesem Zeitpunkt haben sie eine Reihe von Erfahrungen aus früheren Gruppen und Reisen gesammelt, die ihre Erwartungen an die Gruppenmitglieder und den RL prägen. Außerdem ist jeder Reiseteilnehmer eine einzigartige Persönlichkeit mit einer individuellen Entwicklungsgeschichte. Wie die einzelnen Teilnehmer die Gruppe und den RL sehen, hängt von genau diesen Faktoren ab. Eine neue Situation stellt immer eine gewisse Verunsicherung für den Menschen dar, mit der jeder unterschiedlich umgeht. Das Bedürfnis, sich zu schützen, steht bei vielen im Vordergrund. Die meisten verhalten sich abwartend, zurückhaltend, vorsichtig, beobachten aber genau und versuchen, sich zu orientieren, ohne allzu viel von sich selbst preiszugeben. Eine gewisse Spannung hinsichtlich der anderen Teilnehmer ist ebenfalls häufig zu spüren: Wie werden wohl die anderen Teilnehmer sein? Kann ich mit ihnen in den nächsten, sehr intensiven Tagen und Wochen gut auskommen? Werde ich Anschluss an die Gruppe finden? Welche Regeln werden gelten? Wie wird der RL sein? Allmählich erst werden sich diese Spannungen reduzieren und lösen.

Ein RL, der sich dieser Unsicherheiten seiner Reiseteilnehmer gerade zu Beginn einer Reise bewusst ist, sollte jedem Teilnehmer gerade am Anfang ein Gefühl von Sicherheit und Wertschätzung vermitteln. Die allererste Gelegenheit dazu ist das persönliche Begrüßen beim Kennenlernen. Durch das Bekanntmachen der Teilnehmer miteinander erleichtert er diesen, sich gegenseitig anzusprechen und ein Gespräch zu beginnen. Oft ist am Abfahrtsort nicht viel Zeit für längere Unterhaltungen. Diese sollten dann im Flugzeug oder Bus in jedem Fall nachgeholt werden, denn die ersten Kontakte geben dem RL die Möglichkeit, sich einen intensiven ersten Eindruck von den Teilnehmern, ihrer Art, ihren Erwartungen und Wünschen zu machen, sich auf sie einzustellen und ihnen das Gefühl einer individuellen Betreuung zu vermitteln.

Unerlässlich ist auch ein Gespräch mit der gesamten Gruppe, welches so früh wie möglich geführt werden sollte. Das Offerieren eines Begrüßungs-Cocktails als atmosphärische Einstimmung kann dabei vorteilhaft sein. Der Inhalt dieses Gesprächs sollte sowohl die sachliche (vgl. Kap. StandortRL: „Informationsmappe, -tafel und -gespräch") als auch die soziale Ebene berücksichtigen:

Sachliche Ebene

Der RL sollte einen Überblick über die gesamte Reise geben, die nächsten Termine klar und deutlich ansagen, Änderungen bekanntgeben, die Prozedur der An- und Abreise bei den Hotels eindeutig erläutern, die Platzverteilung im Bus, all das verdeutlichen, was für einen reibungslosen Ablauf der Reise notwendig ist. Dazu gehört auch das Eingehen auf Landes-Standards hinsichtlich der Hotels, der Verkehrsmittel und Mahlzeiten und auf die Sitten und Gebräuche der Menschen im jeweiligen Kulturbereich.

Soziale Ebene

Unerlässlich ist es auch, in dieser offenen, verunsichernden Anfangsphase die Teilnehmer darauf aufmerksam zu machen, wie sehr ein glücklicher, bereichernder Verlauf der gesamten Reise auch von ihnen und ihrer Bereitschaft zur Kooperation untereinander und mit dem RL abhängig ist. Toleranz und Offenheit füreinander sind ebenfalls notwendig, um in dieser einengenden Gruppenreisesituation miteinander auszukommen. Allerdings sollten die Teilnehmer auch ermuntert werden, den zur Verfügung stehenden Freiraum (freie Abende, freie halbe oder ganze Tage), soweit es ihren Bedürfnissen entspricht, für sich persönlich auszunutzen, um sich zu entspannen, Abstand von der Gruppe zu bekommen. Älteren Teilnehmern oder Teilnehmern, denen ihre Kondition, das Klima oder das Reisetempo zu schaffen machen, sollte einfühlsam die Möglichkeit eröffnet werden, einzelne Programmpunkte auszulassen, um sich im Hotel zu erholen und „fit" für die Programmpunkte zu bleiben, die für sie am wichtigsten sind.

Um die Kontaktaufnahme untereinander zu erleichtern und die Bedeutung der Kooperation zu betonen, bieten sich gemeinsam zu lösende Rätsel, Puzzles usw. an (der Phantasie sind keine Grenzen gesetzt). So bekommt der ernste Inhalt eine spielerische Note.

2. Konflikt-Phase

Während in der Orientierungsphase die Unsicherheit der Teilnehmer und ihr gegenseitiges Abtasten im Vordergrund stand, gewinnen sie jetzt an Sicherheit, je deutlicher die sozialen Normen in der Gruppe werden und je besser die Teilnehmer sich untereinander kennenlernen. An die Stelle der Zurückhaltung tritt das Alltagsverhalten und das Experimentieren mit bestimmten Verhaltensweisen in der Gruppe. Nach der anfänglichen Vorsicht kritisieren sich die Teilnehmer in dieser Phase gegenseitig und äußern ihren Ärger offen – auch dem RL gegenüber. Die Suche nach ihrer Rolle und ihrem Platz in der sozialen Struktur der Gruppe steht im Vordergrund. Die Teilnehmer klären ihre Beziehungen untereinander, grenzen sich gegeneinander ab. Dieses offenere Verhalten vieler Teilnehmer schafft neue Unsicherheiten, die zur Bildung von kleinen Gruppen führen, in denen die Teilnehmer Sicherheit und Unterstützung suchen. Weiß ein RL um diese Entwicklungsphase in einer Gruppe, kann er persönlich wesentlich gelassener darauf reagieren. Eigene Panik ist fehl am Platz, da sie ein überlegtes und gezieltes Agieren und Reagieren behindert. Wer von Beginn an mögliche Konflikte einkalkuliert, sich darauf einstellt, kann sie schon in den Anfängen erkennen und klärend einschreiten. Dies heißt jedoch nicht, dass der RL der einzige ist, der die Konflikte lösen kann und sollte! Die Verantwortlichkeit für ein konstruktives Umgehen mit Problemen liegt auch bei den Teilnehmern, die ihre eigenen Anteile an einem Konflikt erkennen und Wege finden müssen, um miteinander zufriedenstellend weiterhin auszukommen. Aufgabe des RLs ist es hier also eher, den Teilnehmern ihre eigene Verantwortlichkeit zu verdeutlichen und ihnen bei der Klärung des Konfliktes zu helfen, als über- und alleinverantwortlich nach Lösungen zu suchen.

Da es bei aggressiven Reaktionen in dieser Phase häufig um das Ausdrücken von Individualität und das Verteidigen des eigenen Reviers geht, kann ein RL von Anfang an persönliche Stärken der einzelnen Teilnehmer hervorheben und die Teilnehmer ermuntern, diese in die Gruppe einzubringen. So ermöglicht er den Reisegästen, auf positivem Wege sich einerseits mit ihrer Stärke von der Gruppe abzugrenzen und andererseits, sich mit eben jener auch für das Gruppenleben nützlich zu machen. Auf diese Weise können die Bedürfnisse nach Individualität und Gruppenzugehörigkeit befriedigt werden. RL können also unnötige Konflikte in einer Gruppe vermeiden, indem sie einen Blick für die Fähigkeiten und Qualitäten der Teilnehmer entwickeln und diese fördern und integrieren lernen.

In dieser Phase kann der RL die Gäste auch darin unterstützen, kleine Gruppen zu bilden und den zur Verfügung stehenden Freiraum mit dieser Gruppe oder aber auch ganz alleine zu nutzen, um auf Entdeckungsreise zu gehen oder die freie Zeit jeweils individuell zu gestalten.

3. Zusammengehörigkeits-Phase

Nach den Macht- und Positionskämpfen entspannt sich die Lage allmählich. Die Teilnehmer haben ihre Position gefunden und können einander mehr schätzen und akzeptieren. Sie erleben die Zugehörigkeit zur Gruppe jetzt als angenehm, stützend und bereichernd. Das Gruppenleben macht Spaß, die Toleranz für abweichendes Verhalten wird größer. Freundschaften werden geschlossen, die Teilnehmer drücken ihre Sympathie und Wertschätzung aus. Die meisten bemühen sich, die erlangte Harmonie in der Gruppe nicht zu gefährden. Deshalb wird auf subtile Weise das Ausdrücken feindseliger Gefühle verhindert, werden „positive" Gefühle verstärkt. Allerdings entstehen so neue Spannungen, da eine immer größere Lücke zwischen dem tolerierten Harmoniebestreben in der Gruppe und den eigentlichen Gefühlen der einzelnen Teilnehmer zu klaffen beginnt. Das Bemühen um die Harmonie verhindert mehr und mehr die Spontaneität und Nähe untereinander. Das Konfliktpotential steigert sich allmählich wieder.

Zunächst ist diese Phase unproblematisch. Das Gruppenleben funktioniert reibungslos, der RL kann sich auf die Vermittlung von Informationen konzentrieren, die Teilnehmer sind offen dafür.

Wächst später das Konfliktpotential wieder – oft kommt der von den RLn gefürchtete „**Gruppenkoller**" gegen Ende der Reise – kann der RL ein angenehmes Klima begünstigen, indem er Freiräume außerhalb der Gruppensituation zulässt und fördert, dabei das Gemeinsame betont, aber auch aufkeimende Konflikte nicht unterdrückt, sondern klärend zur Verfügung steht.

So wichtig das Wissen um diese drei Hauptphasen in Gruppen ist, sollten RL doch folgende Punkte bedenken:

- Jede Gruppe, jeder Mensch ist anders! Schubladendenken hilft deshalb nicht. Es heißt also, immer wieder neu anzufangen und möglichst offen, klar und unbelastet auf Menschen in neuen Gruppen zuzugehen, ihnen Wertschätzung entgegenzubringen.
- Sobald Menschen sich zu einer Gruppe zusammenschließen, tendieren sie dazu, Verantwortung abzugeben. Der RL sollte sich dessen bewusst sein und seinerseits klar und deutlich sagen, wofür er die Verantwortung übernimmt. Auch RL sind keine Übermenschen. Sie werden jedoch häufig in ihrer Rolle dazu gemacht. Hier ist es also wichtig, sich abzugrenzen.
- Wut und Nörgeln auf der Seite der Teilnehmer kann ein Versuch der Kontaktaufnahme sein. Aufmerksamkeit und Zuwendung und das Verstärken angenehmerer Kontaktaufnahmeversuche können hier weiterhelfen.
- Der RL als Repräsentant des Reiseveranstalters ist zugleich Gastgeber und Regisseur. In dieser schwierigen Doppelrolle ist es wichtig, zu jedem einzelnen Teilnehmer wohlwollend Kontakt aufzunehmen und die Rahmenbedingungen der Kontaktgestaltung zum RL in der Gruppe zu definieren.

Wenn auch das Vermitteln von sachlichen Inhalten sehr wichtig ist, sollte ein RL Störungen des zwischenmenschlichen Klimas in der Gruppe auf keinen Fall ignorieren, sondern von Fall zu Fall entscheiden, wie er damit umgeht. Dabei kann er sich folgender Methoden[75] bedienen:

• Starten und Steuern („Ich möchte jetzt, dass Sie ..."; „Ich schlage vor, ...")
• Unterbrechen und Abbremsen („Ich möchte mal unterbrechen ...")
• Abschließen und Stoppen („Ist das so okay?")

Probleme können oft nicht endgültig geklärt werden, sollten jedoch für die Situation und die beteiligten Personen zufriedenstellend abgeschlossen werden. – Wichtig bei solchen Klärungen ist, dass der RL die Situation strukturiert und die Macht, die er durch seine Rolle hat, für das Herstellen von Kontakt, Austausch und Verständnis einsetzt.

Klare Regeln können das Leben in der Gruppe erleichtern. Drei sollen hier erwähnt werden. Der RL muss immer wieder auf diese Regeln[76] aufmerksam machen:

• Jeder Teilnehmer gehört zur Gruppe; dies schafft ein Zugehörigkeitsgefühl, verhindert ein vorschnelles Schubladendenken.
• Ich spreche nicht über andere Teilnehmer, sondern ich rede sie direkt an; dadurch entstehen Offenheit und Vertrauen.
• Ich sage von mir aus, was ich mir wünsche oder was mich stört; dies verhindert das Aufstauen von Ärger.

Diese ganzen Ausführungen ersetzen in keinem Fall eine psychologische Schulung von RLn, sondern sollten einen Überblick über mögliche Aspekte eines vertiefenden und sensibilisierenden Trainings geben.

4.3   Die Kommunikation mit dem Reisegast

Werner Müller

Mit diesem Beitrag möchte ich ganz konkret einige Standardsituationen beschreiben und Hinweise zum Verhalten der RL geben: Durch professionelles Handeln kann sich die RL besser vor unliebsamen Überraschungen und persönlichen Enttäuschungen schützen.

---

[75] Schulz von Thun, Friedemann, Thomann, Christoph: Klärungshilfe. Reinbek: Rowohlt 1988.

[76] Vopel, Klaus W. Handbuch für Gruppenleiter/innen – Zur Theorie und Praxis der Interaktionsspiele. 7. Aufl. Hamburg: iskopress 2006.

Grundhaltung der Reiseleitung gegenüber ihren Gästen

Kein Mensch kann ohne Gefühle von Sympathie und Abneigung durch das Leben gehen! Auch Reiseleitungen nicht … Während allerdings in anderen Lebensbereichen persönliche Abneigungen häufig dazu führen, dass man sich aus dem Wege geht, ist dies in einem Rahmen, in dem die Reiseleitung zur vertraglich festgelegten Leistung gehört, nicht möglich. Der Kunde hat einen Anspruch auf einen gleichbleibend guten Service.

Regel: Freundlicher und zuverlässiger Service für alle Gäste! Private Kontakte darüber hinaus zu einzelnen Reiseteilnehmer/innen sollten dennoch nicht unterdrückt werden, sonst geht das zu Lasten der eigenen Ausgeglichenheit und führt damit auch zu einer unpersönlichen Ausstrahlung gegenüber den Reisenden. Wichtig ist das Fingerspitzengefühl dafür, was eine Reisegruppe von sich aus ihrer RL an individuellen Freiheiten lässt, ohne das Gefühl zu haben, ihr werde etwas weggenommen.

Zur Rolle der Reiseleitung

Das bringt uns ohne Umschweife zur Rolle der RL innerhalb der Reisegruppe, immer unter der Voraussetzung, dass er oder sie grundsätzlich als angenehme Begleitung empfunden wird. (Wenn dem nicht so ist, dürfte die Eignung für diesen Beruf anzuzweifeln sein!) Bei einer Teilnehmergruppe, die relativ häufigen Kontakt mit der Reiseleitung hat (z.B. bei Studienreisen, Jugendreisen und im Cluburlaub), spielt – neben einer guten Organisation – die persönliche Betreuung die größte Rolle.

Ein kleiner Exkurs: Für die meisten Menschen ist eine Reise, die nicht aus beruflichen Motiven unternommen wird, einer der Höhepunkte des Jahres und von hohen Vorerwartungen geprägt. Deshalb ist es entscheidend, dass sie unter dem Strich nicht enttäuscht davon zurückkehren, sondern zufrieden. Für die tatsächliche Zufriedenheit reichen jedoch eine schöne Unterkunft und eine reibungslose Organisation nicht aus, sondern es bedarf zusätzlich einiger besonderer Erlebnisse. Oftmals sind solche Wünsche auf das Kennenlernen von anderen Menschen gerichtet, wenn sich die „Lieben von daheim" (Lebenspartner/in, Freunde, Familie …) nicht mit auf Reisen befinden – vorausgesetzt, es gibt sie! Gelingt es nicht, diese Wünsche nach Kontakten abzudecken, dann ist es zunehmend von Bedeutung, dass eine gelungene Gesamtatmosphäre der Reise und die Möglichkeit, dennoch interessante Gespräche zu führen, letztendlich Zufriedenheit schafft. Dass dabei die RL, besonders für einsame Menschen, eine zentrale Person ist, müsste einleuchten.

Es ließen sich lange Abhandlungen über die besondere Attraktivität von Leiter/innen – in welchen Gruppierungen auch immer – schreiben. Auch in jeder Reisegruppe gibt es Mitglieder, die es für anstrebenswert halten, engen Kontakt zur RL zu haben. Die denkbare Palette reicht dabei vom „Aufreißen" eines Surflehrers im Ferienclub über die Teilnahme beim „Kapitänsdinner" auf der Kreuzfahrt bis hin zum langen Fachgespräch im Cafe mit dem reiseleitenden Professor der Studienreise. In Reiseleiterkreisen gibt es darüber unzählige Anekdoten, in denen sich Klischee und Wirklichkeit vermischen. Auffällig ist dabei, dass sehr oft männliche RL oder Animateure im Mittelpunkt dieser Prozesse stehen. Aus Gesprächen im Rahmen von Fortbildungen ziehe ich den Schluss, dass Frauen sich in diesem Tätigkeitsfeld offensichtlich dezenter verhalten bzw. ihnen eine zu enge Beziehung zu Mitreisenden weniger nachgesehen wird. Daher ist es an dieser Stelle durchaus angebracht, sich über Rollenzuschreibungen Gedanken zu machen. Das gilt gleichermaßen für RL wie für Reiseteilnehmer/innen!

Auf weniger an der Person orientierte Erwartungen treffen RL, die als Ansprechpartner für Einzelreisende in Hotels, Bungalowanlagen usw. zur Verfügung stehen. Ihr Kontakt mit dem Publikum ist regulierter: Nach der Anreise laden sie oftmals zu einer kurzen Einführungsveranstaltung ein, bei der alle wesentlichen Informationen, oft gekoppelt mit zusätzlichen Programmangeboten des Veranstalters, vermittelt werden.

Ansonsten gibt es meist regelmäßige Sprechstunden, zu denen Gäste entweder kommen, um beraten zu werden (Tipps für Unternehmungen, Hilfen für den Urlaubsalltag) oder um sich zu beschweren. Für die RL bietet diese Kontaktform die Rahmenbedingung für individuelle Gespräche, die es zu führen gilt. Erschwerend wirkt hier, dass eine RL, die nicht ständig mit ihren Gästen zusammen ist, nicht mitbekommt, wie sich die „Spannungsbögen" ihrer Anvertrauten aufbauen, bevor sie sich z.B. zu einer Reklamation entschließen. Da sie aber als einzige offizielle Vertretung des Veranstalters vor Ort greifbar ist, richten sich auch alle damit verbundenen Gefühle – positiv wie negativ – ausschließlich auf sie. Oftmals wird eine Kritik am Reiseveranstalter oder an den örtlichen Gegebenheiten überhaupt nichts mit dem Verhalten der RL zu tun haben, obwohl sich die Äußerungen der Gäste so deuten ließen. Diese Verquickung der Rolle des „verlängerten Veranstalterarms" mit dem persönlichen Arbeitsstil vor Ort muss von der RL differenziert und, wann immer möglich, auch den Gästen verdeutlicht werden, um „richtig" reagieren zu können.

Regeln: Sich besonders am Anfang der Tätigkeit Zeit zum Nachdenken über die eigene Rolle und das eigene Verhalten nehmen! Sich immer wieder in die Blickwinkel der Kunden versetzen und dabei, so gut es geht, den einzelnen Gast berücksichtigen! Sich klar darüber werden, wie man selbst von der RL betreut werden möchte und danach handeln!

Standardsituation: Anreise, Zimmerbelegung und erste Information

Diese Situation wird in der Regel von der Erwartung des Gastes geprägt, reibungslos und ohne Wartezeit sein Zimmer beziehen zu können. Alle weiteren Interessen sind zu diesem Zeitpunkt, zumal oft eine ermüdende Anreise vorausging, weniger wichtig. Besonders in touristischen Ballungszentren, in denen Überbelegungen bekanntermaßen an der Tagesordnung sind, kommt schnell Unruhe auf, wenn Verzögerungen entstehen.

Die routinierte, gut vorbereitete RL informiert sich rechtzeitig beim Ansprechpartner für die Unterkunft über die aktuelle Lage und weiß beim „Check-In" genau, welcher Gast auf welches Zimmer kommt und welcher Standard ihm zusteht. Diese Informationen lassen sich auch telefonisch erfragen, wenn die RL – wie zum Beispiel bei Rundreisen – unmittelbar mit ihren Gästen anreist und nicht vor Ort stationiert ist.

Hat alles seine Richtigkeit und sind die Zimmer sofort belegbar, dann ist es einfach: Die RL bittet ihre Teilnehmer/innen in eine ruhige Ecke, stellt sich bei Bedarf noch einmal vor und berichtet sofort, dass die Unterkunft umgehend zur Verfügung steht. Dann informiert sie noch über alles, was die Reisegruppe unmittelbar interessiert: wo und wann es die erste Mahlzeit gibt, wo sie selbst zu finden ist und wann und wo es das Informationstreffen gibt (spätestens am 2. Tag des Aufenthalts). Anschließend regelt sie selbst die Zimmervergabe oder ist zumindest an der Rezeption präsent und steht für individuelle Fragen zur Verfügung. Außerdem besorgt sie sich eine Zimmerliste, um ihre Gäste ständig erreichen zu können. Geschieht dies alles gelassen und ohne Hektik, dann wird diese Situation angemessen bewältigt.

Allerdings ist es keineswegs die Ausnahme, dass die Anreisenden auf ihre Zimmer warten müssen, weil sie noch gereinigt werden. Das ist besonders an sogenannten „Wechseltagen" der Fall, an denen die neue Belegung anreist und die alte noch im Haus ist, weil sie (z.B.) mit demselben Bus in die Heimat zurückfährt. Es kommt zu Überschneidungen im Hotelalltag, die zu vielen Nervositäten führen können. Da die Primärbedürfnisse der Kunden in dieser Lage nicht befriedigt werden, gibt es weiterführende Ansprüche an den Service durch die Reiseleitung:

- Sichere Unterstellung des Gepäcks gewährleisten
- Klare Informationen darüber geben, wann die Zimmer bereit stehen und warum sie nicht sofort belegbar sind
- Einen „atmosphärischen Trost", z.B. durch ein Freigetränk, signalisieren (fast alle Reiseveranstalter haben einen Spezialfonds für solche Anlässe). – Sorge für eine unproblematische, zwischenzeitliche Verpflegung
- Tipps für ortserkundende Spaziergänge in der Zwischenzeit

Vor allem ist eine möglichst freundliche Ausstrahlung wichtig, die nicht die Routine dieser Situation für die RL widerspiegelt, sondern Verständnis dafür, dass jeder einzelne Gast seinen Urlaub problemlos beginnen möchte.

Einführendes Informationstreffen
Nicht eingehen werde ich an dieser Stelle auf organisatorische Belange und Interessen des Veranstalters, über dieses anfängliche Treffen der RL mit ihrer Gruppe zusätzliche Programme – z.b. Tagesausflüge – zu verkaufen. In diesen Komplex werden neue RL bei Vorgesprächen und Schulungen individuell eingewiesen.

Mir liegt daran, diesen Punkt am Anfang – und damit in einer noch nicht eingefahrenen Situation – als Chance für die RL darzustellen: Sie kann durch ihre persönliche Note und ein passendes Ambiente für eine Atmosphäre sorgen, die der Reisegast positiv registriert. Da er eine „durchschnittliche" RL erwartet, die ihre organisatorischen Aufgaben zuverlässig erledigt und nicht unangenehm in Erscheinung tritt, geht es hier um das gewisse Quäntchen an „Mehr". Ein sorgsam ausgesuchter Raum, ein gut schmeckendes ortsübliches Getränk (wichtig: auch nicht-alkoholische Getränke anbieten) und vielleicht sogar, wenn es das Budget zulässt, ein paar typische Snacks (z.B. „Tapas" in Spanien, Schafskäse in Griechenland etc.) schaffen eine animierende, einstimmende Atmosphäre. Außerdem ist die Rollenverteilung eindeutig: Die RL hat etwas zu erzählen; die Gäste werden ihr zumindest zu Beginn aufmerksam zuhören und später vielleicht den Wunsch haben, etwas nachzufragen. Somit ist der Ablauf und Aufbau dieser Veranstaltung ganz in der Hand der RL.

Das gesprochene Wort unterstützt die geschilderte Atmosphäre dann, wenn

• zunächst die angenehmen Möglichkeiten, die dieser Aufenthalt bietet, anschaulich dargestellt werden und eventuelle „Minuspunkte" („Das Wasser hat nur 16 Grad!") später kommen

• es der RL durch plastische Beschreibungen gelingt, etwas von ihrer eigenen Begeisterung für diesen Ort zu vermitteln (wenn dies nicht gelingt, muss sie sich erneut fragen, ob sie dort richtig eingesetzt ist)

• die erwarteten Standardinformationen (wichtige Örtlichkeiten, Spezialitäten der Gegend usw.) eindeutig vermittelt und mit schriftlichem Material angereichert werden.

Da eine Urlaubergruppe nur selten gewillt ist, einem längeren Vortrag gut gelaunt zuzuhören, empfiehlt sich unbedingt der Einsatz von Medien: Dias über die möglichen Ausflüge, Anschauungsmaterial über bevorzugte Souvenirs, gegebenenfalls Münzen und Geldscheine, einheimische Lebensmittel – hier verbindet sich die touristische Professionalität nahtlos mit den alle Sinne ansprechenden Prinzipien des interkulturellen Leitgedankens (vgl. Kap. 5.1.).

Regel: Für die „Dynamik" der Reisegruppe ist dieser erste längere Eindruck von der RL bedeutsam, da er wesentliche Eckpfeiler für den weiteren Verlauf des Aufenthalts setzt, die später nur schwer wieder zu korrigieren sind. Wenn es gelingt, sowohl Interesse und Lust an Unternehmungen und kleinen Abenteuern zu wecken als auch Vertrauen für den Reiseveranstalter einzuflößen, dann ist viel erreicht: „Je weniger die Einstiegsinformation gelingt, desto mehr Reklamationen treten auf!" Dieser Zusammenhang besteht zumindest in der Tendenz.

Ansagen und Informationsvermittlung

Viele RL erledigen ihre Aufgabe der Informationsweitergabe ausschließlich unter technischen Aspekten: Eine Notiz am „Schwarzen Brett" dient als Alibi dafür, dass man seine Neuigkeiten veröffentlicht hat. Die Gäste sehen auch häufig nur dann aufs „Schwarze Brett", wenn sie dort für sie wichtige Mitteilungen erwarten: die Abfahrtszeit des Busses bei einem Tagesausflug, die Platzzuweisung beim Tenniskurs, den genauen Abreisetermin usw..

Weitere Hinweise, die vielleicht die Tür zu individuellen Erlebnissen öffnen könnten, werden zwar bisweilen von der RL liebevoll am Brett gestaltet, stauben aber dort nicht selten ein. Wenn der tägliche Kontakt mit den Gästen nicht gewährleistet ist, dann könnten spezielle Programmangebote und Tipps auch einmal als „RL-Post" bei den Mahlzeiten (per Kopie) auf dem Tisch liegen oder unter die Zimmertür geschoben werden. Zur Gewissheit, über diese Wege direkter ansprechen zu können, kommt wieder die Möglichkeit, sich mit einer persönlichen Note darzustellen, die – vielleicht unterschwellig – positiv vermerkt wird.

Ein guter Maßstab für die Gestaltung einer Informationstafel sind in größeren Hotels und Anlagen die Aushänge der Kolleg/innen von anderen Reiseveranstaltern. Der Ehrgeiz, sich mit den eigenen Informationen optisch wie inhaltlich besser darzustellen, könnte an dieser Stelle ein gesunder sein: Auch derartige Ergebnisse werden von den Reisenden wohlwollend als Pluspunkt für „ihre" Organisation gesehen. – Objektive Einschätzungen der Qualität der eigenen Info-Bretter sind z.B. von Gästen zu bekommen, die schon länger am Ort sind und mit denen bereits ein persönliches Verhältnis besteht.

Gute **Ansagen** zu machen, die präzise sind und motivierend wirken, ist keineswegs eine Sache, die „mit links" zu erledigen wäre. Zu einem gelungenen Ansageverhalten von RL gehört sicherlich auch eine gewisse Übung, die in der Praxis trainiert werden muss. Hier auf dem Papier kann festgehalten werden:

• Eine Ansage muss so kurz wie möglich sein (möglichst nur max. 1–2 Minuten) und dennoch alle gewünschten Informationen eindeutig enthalten.

- Sie muss laut und deutlich genug gesprochen werden, so dass jeder sie mitbekommt.
- In internationalen Gruppen werden Übersetzungen benötigt. Dabei ist es ratsam, lieber kürzere Passagen zu sprechen und sie erst zu übersetzen, bevor weiter informiert wird; sonst sinkt die Aufmerksamkeit der Teilnehmer schnell.
- Vor einer Ansage sollten sich auch routinierte RL immer wieder Zeit nehmen, um sich präzise zu überlegen, was sie sagen wollen, damit die Genauigkeit und eine logische Folge der Informationen gewährleistet ist. Auch „Spickzettel" tun dabei ihre Dienste.
- Wenn ich als RL durchgängig mit einer Gruppe zusammen bin, dann ist es empfehlenswert, in der Ansage immer nur die Informationen zusammenzufassen, die wichtig sind, bevor ich die gesamte Teilnehmerschaft das nächste Mal treffe (und dann die nächste Ansage machen kann).
- Den richtigen Ort und den richtigen Zeitpunkt für eine Ansage beachten: Ein stiller Park ist besser als eine viel befahrene Straße, und bei den Mahlzeiten stört eine Ansage beim Dessert – nachdem alles serviert wurde – weniger als bei der Vorsuppe. Oft sind Ansagen vor der ganzen Gruppe nicht möglich (z.B. bei Mahlzeiten in Hotels, in denen auch andere Gäste wohnen). Dann bleibt nur ein kurzes Informationsgespräch an jedem Tisch, an dem eigene Teilnehmer sitzen.
- Im Reisebus sollte auf jeden Fall das Mikrophon ausgenutzt werden, obwohl anfänglich viele RL die „Unnatürlichkeit" ihrer Stimme ablehnen. Ohne die Stimmbänder stark zu strapazieren, ist es mit dem Mikrofon möglich, gut dosiert jede Ecke des Busses zu erreichen.
- Wenn der Blick der RL bei der Ansage zum Publikum gerichtet ist, kann sie auch visuell deren Reaktion mitbekommen.

Konfliktsituationen

Der häufigste im Tourismusfeld auftretende Konflikt ist die Reklamation, die aufgrund einer mehr oder minder gravierenden Unzufriedenheit des Reisegastes an die RL herangetragen wird. Die formelle Bearbeitung einer Beschwerde wird im Kap. „Reiserecht und Techniken der Reklamationsbearbeitung" beschrieben, so dass wir uns hier auf das kommunikative Verhalten der RL konzentrieren können.

Eine möglichst häufige und direkte Kommunikation mit dem Reisegast schafft – zumindest bei freundlichen RLn – eine gute Atmosphäre und verhindert zudem, dass aus Mücken Elefanten werden: Kleinere Mängel können schon im Vorfeld bearbeitet werden, bevor sie als „offizielle" Reklamation auftreten. Auch hier spielen psychologische Aspekte eine große Rolle, denn mit Freiräumen für Spekulationen – z.B. durch einen nicht erreichbaren RL – steigt die Bereitschaft, sich zu beschweren, auch wenn der Kunde sonst zufrieden ist.

Folgende Elemente der Kommunikation der RL vor Ort können die Reklamationen minimieren (von gesellig-animativen Programmangeboten einmal abgesehen):

- Abhalten einer regelmäßigen Sprechstunde
- Ansagen/Mitteilungen über neue Informationen
- ein attraktives Informationsbrett oder/und eine Hausmappe
- die telefonische Erreichbarkeit
- die Möglichkeit zum Hinterlassen von Nachrichten
- regelmäßige Kontakte mit dem Veranstalter und den vor Ort befindlichen Leistungsträgern
- immer einen Schritt voraus sein mit Informationen über die örtlichen Verhältnisse und Programmöglichkeiten durch Gespräche mit örtlichen Insidern, Hotelpersonal, Kontakte zu anderen RL, touristische Informationsstellen oder Anbietern (das erhöht die Fachkompetenz, auch in den Augen der Kunden)
- freundlicher Service für alle Gäste, keine Bevorzugungen
- negativen Gruppenstimmungen entgegenwirken, indem die RL sich selbst in Gesprächen als „Blitzableiter" anbietet, das mindert den Frustabbau über den Weg der Beschwerde.

Gerade bei einer Reklamation, die letztlich zur beidseitigen Zufriedenheit bereinigt werden soll, kommt es darauf an, dass die RL die eingangs erwähnte Differenzierung ihrer Rolle beachtet. Es kann durchaus sein, dass reklamierende Gäste sich so in ihre Unzufriedenheit hineinsteigern, dass sie die RL als „personifizierten Mangel" erst einmal in einen Topf mit der Reklamationsursache und den dafür Verantwortlichen (Hotelpersonal, Reiseveranstalter usw.) werfen. Es fehlte ihnen in diesem Fall die Gelegenheit, rechtzeitig „Dampf abzulassen", um sachlich an der Nachbesserung des Mangels mitzuarbeiten.

Diesen Zustand der Sachlichkeit – somit ein offener Ausgangspunkt für ein Klärungsgespräch – muss die RL aber unbedingt herstellen, sonst wird sie den Konflikt nicht lösen können bzw. nur eine brüchige Lösung auf Zeit erreichen. Folgende Hinweise können ihr helfen, diesem Ziel näher zu kommen:

- Bei aggressiven Äußerungen der Gäste ruhig bleiben und durch Nachfragen den Kunden Gelegenheit geben, ihren Ärger zu verdeutlichen.
- Nicht vor der Überprüfung gegen die Beschwerde argumentieren. Gegebenenfalls den Reisenden in die Überprüfung mit einbeziehen.
- Durch entsprechende Äußerungen konsequent die Absicht vermitteln, dass eine berechtigte Reklamation nicht abgeblockt wird, sondern die RL sich 100 %ig dafür einsetzt, dass sie behoben wird.
- Im Gespräch herausfiltern, ob der Kunde ansonsten zufrieden ist oder ob er anderweitige Frustrationen über diesen Weg abbauen will. Dann hilft oft schon

die Bereitschaft für ein längeres Gespräch, damit er das Gefühl bekommt, dass sich jemand um ihn kümmert.

- Setzen lassen (das beruhigt) bzw. selbst aufstehen, um auf gleicher Ebene das Reklamationsgespräch zu führen.
- Ausreden lassen und nicht unterbrechen.
- Positives in Aussicht stellen.
- Eventuell als Argument mit einbeziehen: „Das ist sehr bedauerlich, wenn Sie mir das gleich gesagt hätten ..."
- Für Vertrauen bedanken.

Wenn irgendwann im Laufe des Reklamationsgesprächs ein Satz fällt wie: „Mit Ihnen kann man wenigstens reden!", dann ist schon viel gewonnen, denn der Gast hat auch vom Gefühl her realisiert, dass ein (vielleicht) berechtigter Beschwerdezustand nicht automatisch zur Folge hat, dass auch die RL beschwerdewürdig ist. An so einem Punkt – aber nicht davor – kann das „richtige" Klärungsgespräch beginnen.

Weitere Tipps für das richtige „Fingerspitzengefühl" bei der Reklamationsbearbeitung:

- Beschwerden ernst nehmen und ihnen gewissenhaft nachgehen (Ergebnisse notieren!). Das Kriterium für den Erfolg dieser Regel ist eine positive Reaktion der Reisenden.
- Sich bei unklaren Situationen zeitliche Freiräume verschaffen und mit dem Gast einen neuen Termin vereinbaren.
- Bei nicht lösbaren Problemen „Bonbons" (z.B. Freiausflüge, Einladung zum Essen) anbieten.
- Die Kumpanei mit Kunden gegen den Veranstalter gilt als Vertragsverstoß. Wenn letztlich keine Loyalität mehr möglich ist, sollte die RL im Rahmen der Vereinbarungen – trotz aller sonstigen Nachteile – kündigen, weil es sonst unangenehm für sie werden kann.

Über all dem steht natürlich das Interesse des Veranstalters, Rückzahlungsforderungen von Kunden aufgrund von berechtigten Beschwerden zu vermeiden, da sie in der Regel finanzielle Einbußen in respektabler Höhe nach sich ziehen. Logischerweise wird die Leistung der RL von Seiten des Veranstalters nicht unwesentlich daran gemessen, ob es gelingt, Programme „reklamationsfrei" zu halten oder nicht. Vorschnell getätigte Vereinbarungen, die der Gast bei näherem Überlegen doch nicht akzeptiert, oder bereitwillig angebotene schriftliche Zustandsbestätigungen mögen dazu beitragen, dass die RL die Sache zunächst schnell vom Tisch hat – doch kurze Zeit später muss sie damit rechnen, dass sie die Reklamation erneut – vom unzufriedenen Reisegast oder Reiseveranstalter – präsentiert bekommt ... meist allerdings dann mit sehr viel unangenehmerem Unterton.

Regel: Die Erledigung einer Reklamationssache muss einerseits von der eigenen Sicherheit über die korrekte Bearbeitung abhängig gemacht werden, aber andererseits auch von der zuverlässigen Einschätzung, dass sowohl der Gast als auch der Veranstalter mit der Lösung einverstanden sind.

Die obigen Überlegungen kommen vom Grundsatz her bei allen Konfliktgesprächen zum Tragen. Natürlich gibt es auch Situationen, wo Gäste sich so unverschämt verhalten, dass selbst bei einer gutwilligen RL die Grenze erreicht wird und sie nicht mehr freundlich bleiben kann. In so einem Fall sind andere Reisende ein gutes Barometer: Wenn die RL spürt, dass auch sie mit dem Verhalten eines Gastes nicht einverstanden sind und sie hinter ihr stehen, dann hat ihre „menschliche Antenne" funktioniert. Ich warne jedoch davor, eigene Probleme mit Gästen von sich aus bei Mitreisenden zu thematisieren. Außerdem ist in einer solchen Situation eine Rückversicherung beim Veranstalter angebracht.

Der Kontakt mit Kolleg/innen

Gerade unerfahrene RL machen oft den Fehler, dass sie ihre Unsicherheit zu verdecken versuchen und nach außen viel Erfahrung vorgaukeln, um Eindruck zu schinden. Dieses Bild wird in der Regel nach kurzer Zeit zusammenbrechen, da niemand die eigene Unsicherheit über Wochen verbergen kann. Routinierte RL spüren es, wenn jemand noch nicht so lange dabei ist. Meiner Erfahrung nach ist es allemal besser, mit Ehrlichkeit an die Sache heranzugehen und zuzugeben, wie viel Hintergrund tatsächlich vorhanden ist, sonst nimmt man sich die Möglichkeit der Unterstützung; „Angebern" wird nicht geholfen!

Es ist sicherlich so, dass im Tourismus vielerorts mit harten Bandagen gearbeitet wird und Anfänger damit rechnen müssen, übervorteilt zu werden. Nur: das werden sie so oder so, wenn sie an die falschen Leute kommen, die Bitte um Hilfe bei erfahrenen Kolleg/innen kann aber die Zeit des „Lehrgeldzahlens" verkürzen.

Regel: Wer bei seinem Einstieg in touristische (RL-) Gefilde durch Worte eine hohe Messlatte an sich selbst legt, muss sie durch spätere Taten belegen. Wenn das nicht gelingt, ist man leicht „unten durch".

4.4   Der Veranstalter

Die Ausschreibung einer Reise ist das Ergebnis mehrerer unternehmerischer Überlegungen: Am Anfang steht die Reise-Idee, die aufgrund von Anregungen der RL, der Reisegäste, Sachbearbeiter, aus Publikationen und durch Analyse touristischer Möglichkeiten und Marktbeobachtungen geboren wird.

Im nächsten Schritt wird die Reisedauer und die zeitliche Terminierung festgelegt: Für eine Rundreise wird nun eine Auswahl der Sehenswürdigkeiten getroffen, aufgrund der zurückzulegenden Strecken, Öffnungszeiten, Sonderveranstaltungen und der Ferien- und Feiertagsordnung im eigenen und besuchten Land, Beginn und Ende festgesetzt. Dabei ist womöglich eine saisonal bedingte Überfüllung der besuchten Stätten zu vermeiden, wenn auch auf der anderen Seite wirtschaftliche Gesichtspunkte mit berücksichtigt werden müssen: Der Kunde bucht lieber, wenn er möglichst wenig Arbeitstage für die Reise braucht, d. h. Reisen um die Feiertage sind besonders beliebt; dies gilt insbesondere für Kurzreisen.

Der Kunde wird bei der Buchung einer Rundreise weitgehend von Gesichtspunkten der Quantität, d.h. der Anzahl der Programmpunkte geleitet und vergleicht diesbezüglich mit anderen Veranstaltern. Dadurch entsteht die Gefahr, dass bei der Reiseplanung des Veranstalters zu viele Sehenswürdigkeiten ausgeschrieben werden, deren Besichtigung für den RL schließlich verpflichtend ist: Lässt er Programmpunkte aus, so kann dies eine Mängelrüge der Kunden und entsprechende Ersatzansprüche an den Veranstalter nach sich ziehen. Das bedeutet, dass der RL sich unter Druck gesetzt fühlt und ihm kaum Freiraum für bedeutendere Besichtigungsobjekte, für Erholungspausen und für Experimentierformen, die über reines Sightseeing hinausgehen, bleibt.

Probleme im Routing
Hier liegt auch einer der Hauptkonfliktpunkte zwischen dem Veranstalter und Reiseplaner auf der einen und dem RL auf der anderen Seite. Häufig werden neue Reiserouten aufgrund der Erfahrungen festgelegt, die ein Beauftragter des Veranstalters mit einem Pkw gemacht hat; ein Bus jedoch ist viel engeren Geschwindigkeitsbegrenzungen unterworfen. Bei der Testfahrt entfallen Verspätungen und Verzögerungen durch Gruppenmitglieder. In der Reisegruppe nehmen Besorgungen, Abfertigungen bei den Mahlzeiten, beim Geldwechseln, viel mehr Zeit in Anspruch als bei einer Einzelperson.

Bisweilen kann es dem RL passieren, dass der Veranstalter eine Reise ins Programm aufnimmt, die bisher weder im Bus noch im Pkw getestet worden ist, sondern nur nach der Landkarte und aufgrund von evtl. überholten Informationen aus Reiseführern festgelegt worden ist. So gibt es Straßen, die wegen ihrer mangelnden Befestigung für Busse gesperrt, die für das Befahren durch einen Bus zu schmal (enge Haarnadelkurven) oder durch eine zu niedrige Tor- oder Brückendurchfahrt nicht passierbar sind. Gerade in touristisch interessanten Städten mit mittelalterlichen Stadtkernen sind solch Hindernisse häufig anzutreffen. In manchen Fällen ist das Programm auch so übervoll, dass es nur unter größter Anstrengung oder gar nicht absolvierbar ist. Wenn es sich z.B. um eine Wanderreise handelt und ihm keine getesteten Wege angegeben werden, muss der RL mit Hilfe meist veralteter Karten in Anwesenheit der Gruppe versuchen, geeignete Wege zu finden.

Das gleiche gilt auch für das Eintragen von Programmpunkten, die aufgrund von Öffnungszeiten nicht erfüllt werden können. Hier muss der RL flexibel sein und das Programm umstellen. Wenn dies nicht möglich ist, hat der RL, positiv argumentierend, Ersatzlösungen zu suchen und dem Publikum anzubieten, um mögliche Schadenersatzansprüche zu verhindern.

Kalkulation

Nach der Terminierung erfolgt von Seiten des Veranstalters die Kalkulation, wobei drei verschiedene Kosten-Kategorien zu berücksichtigen sind:

Kosten pro Teilnehmer (Hotel, Essen, ggf. Flug oder Bahn, Eintrittsgelder, Reiserücktrittskostenversicherung)

Allgemeinkosten: Bus, Reiseleitung, örtliche Führer, Freiplätze Fahrer und Reiseleiter, Vorbereitungs- und Einweisungsspesen

Bürokosten, Werbungskosten, Versicherungen, Provisionen für Reisebüros, Gewinnerwartung

Für den RL ist es hilfreich, wenn ihm in Bezug auf Trinkgelder und kleinere Einladungen der Gruppe nicht zu enge Grenzen gesetzt werden, so dass er z. B. Kunden, die wegen eines schlechten Hotelzimmers missgestimmt sind, ein Getränk oder eine andere Aufmerksamkeit zukommen lassen kann.

Fahrtenbuch

Lässt ein Veranstalter eine Fahrt zum ersten Mal durchführen, so ist zu empfehlen, dass der RL ein Fahrtenbuch anlegt und darin die Strecken, Abfahrtszeiten, Eintrittszeiten und -gebühren, Hinweise auf Parkgelegenheiten und auf gute Ortsführer (Name, Telefon, e-mail, Adresse) und Restaurants (Hinweis auf Mittags- oder Gruppenmenüs, Spezialitäten, Öffnungszeiten und genaue Adresse und Telefon), evtl. auch Picknickplätze, empfehlenswerte Spaziergänge oder Wanderungen, notiert.

Dieses Fahrtenbuch sollte so angelegt sein, dass es jederzeit um neue Mitteilungen und Hinweise erweitert werden kann: es sollte jedem RL zur Überarbeitung auf die Fahrt mitgegeben werden. In diesem Fahrtenbuch können auch Hinweise auf passende Referate und Literaturstellen vermerkt werden. Für kleinere Städte, für die ein Stadtplan oft schwer zugänglich ist, sollte ein fotokopierter Stadtplan beigelegt werden, bei Wander- und Radreisen ein Messtischblatt, in das ein geeigneter Weg mit etwaiger Dauer, Hinweisen auf besondere Sehenswürdigkeiten, Hinweisen zu geeigneten Picknickplätzen bzw. Besonderheiten zur Orientierung eingetragen sind.

Problematisch, aber nicht ganz unverständlich ist es, dass manche RL sich weigern, für ihre weniger „erfahrenen" Kollegen ein Fahrtenbuch anzulegen: Ein Konflikt mit anderen RLn sowie mit dem Veranstalter kann vor allem dann entstehen, wenn der RL keine Gratis-Einweisungsfahrt in ein bestimmtes Gebiet erhalten hat, sich das Know-how selbst, möglicherweise unter hohen Kosten, erarbeitet hat und dann von ihm nach Absolvierung der Reise die Neuerstellung eines Fahrtenbuches verlangt wird, dafür jedoch keine gesonderte Honorierung erfolgt. Um die RL zu motivieren, an einer Verbesserung des Produkts über die eigene Reiseleitung hinaus mitzuwirken, könnte die Extraleistung durch einen Pauschalbetrag vom Veranstalter honoriert werden.

4.5   Der Busfahrer

Die Sitzordnung und das optische Bild im Reisebus weisen auf eine gruppenspezifische Situation hin, die für die Rundreise typisch ist: Zwei Personen, der Fahrer und der RL, sitzen vorne. Die Gruppe ordnet sich dahinter an. Da die Gruppe während der Fahrt stundenlang zwei Leitpersonen vor sich sieht, ist es wichtig, dass jene ihre Kompetenzen genau kennen und sich da, wo sich die jeweiligen Bereiche überschneiden, gegenseitig respektieren. In jedem Fall hat die Art und Weise, in der sie miteinander umgehen, Vor-Bild-Wirkung auf die Gruppe und sollte deshalb sehr bewusst gehandhabt werden.

Der Kompetenzbereich des Fahrers liegt im Bus und im Geographischen. Er ist zuständig für die Routen- und Wegfindung sowie für alle verkehrstechnischen Angelegenheiten. Durch Navigationsgeräte, über die heute jeder bessere Bus verfügt, ist das Abschätzen von Wegzeiten und die Routenfindung enorm erleichtert worden gegenüber früheren Fahrten. Im Idealfall besitzt der Fahrer Orts- und Landeskenntnisse, kann dem RL die Namen von Berggipfeln und Burgen, gute Lokale und schöne Strände nennen, hat eine ruhige und ausgeglichene Fahrweise, ist einsatzbereit und selbst an einem guten Gelingen der Reise interessiert. Er hat sich mit Navigationsgerät, eigenem Kartenmaterial und Ausdrucken aus dem Internet vorbereitet, verfügt über gewisse Sprachkenntnisse, kann auch selber Straßen und Busparkplätze erfragen und legt ein sympathisches, offenes Wesen an den Tag.

Der Fahrer bringt zumeist eine gewisse „Weltläufigkeit" mit, die ihn mit dem RL verbindet und Bildungsunterschiede überbrückt. Zu dieser Gemeinsamkeit kommt, dass der Fahrer oft die einzige Person ist, mit der der RL keine höflich formale Konversation betreiben muss, sondern auch über aktuelle Probleme in der Gruppe oder im Fahrtverlauf sprechen kann.

Voraussetzung für ein kollegiales Verhältnis zwischen RL und Fahrer ist beidseitige Offenheit. Mit dem Duzen, das häufig unter Fahrer und RL üblich ist, wird eine Gleichberechtigung angedeutet, die wesentlich für das Verhältnis RL/Fahrer und eine gute Gruppenatmosphäre ist. Diese Kollegialität drückt sich aus in Absprachen und Diskussionen über das Programm (beim Essen oder in Pausen, wobei die Teilnehmer nicht zuhören sollten; von ihnen muss das Pro und Contra von Entscheidungen ferngehalten werden, da es sie verunsichern oder zu unsachgemäßer Einmischung anregen kann.).

Wird der Grundsatz der Kollegialität verletzt, so wird mancher Fahrer mit Desinteresse, schlechter Laune und dem Versuch, innerhalb der Gruppe eine Gegengruppe zu bilden, antworten.

Rücksichtnahme auf die Bedürfnisse des Fahrers

Der RL hat die Bedürfnisse des Fahrers ernst zu nehmen und zu berücksichtigen:

- Lange Fahrtstrecken werden unter Berücksichtigung der Lenkzeiten und der individuellen Bedürfnisse des Fahrers durch Pausen unterbrochen und mit ihm abgestimmt.
- Mittagspausen werden rechtzeitig und genügend lang angesetzt, insbesondere bei längeren Fahrtstrecken.
- Der Fahrer wird eigens über Abfahrtszeiten, Programmpunkte und -änderungen, Essenszeiten im Hotel informiert.
- Allabendlich wird die Route des nächsten Tages mit ihm besprochen, besonders ausführlich bei unerfahrenen oder ortsunkundigen Fahrern.
- Ist der Fahrer ortsunkundig, so bereitet sich der RL selbst eingehend auf die Route vor und weist dem Fahrer, namentlich bei einer Stadtrundfahrt oder auf Hotelsuche in einer Stadt, den Weg.
- Bei Stadtrundgängen ist die genaue Uhrzeit und der Ort des Einsteigens anzugeben, um dem Fahrer zu ermöglichen, in seiner Arbeitspause etwas anderes zu unternehmen oder sich auszuruhen: sofern der Fahrer nicht ortskundig ist, sollte der RL den Weg zum Einstiegsort im Stadtplan kennzeichnen.
- Unnötige Reinigungsarbeiten können dem Fahrer erspart werden, wenn die Kunden darauf hingewiesen werden, Papier nicht in Aschenbecher zu stopfen, verschmutzte Schuhe vor dem Einsteigen in den Bus abzustreifen, Abfälle in den entsprechenden Behälter zu werfen und wenn sie auf öffentliche Toiletten aufmerksam gemacht werden (ohne hier manchen Fahrern soweit entgegenzukommen, die das Benutzen der Bustoilette am liebsten ganz untersagen würden: schließlich ist die Bustoilette zumeist in den Leistungskatalogen der Veranstalter aufgezählt und somit hat der Kunde Anspruch darauf). Diese Rücksichtnahme

ist vor allem bei Reisen, während derer der Fahrer durch lange Fahrtstrecken ohnehin in hohem Maße beansprucht ist, wichtig.

- Das Bedürfnis des Busfahrers nach Anerkennung wird berücksichtigt, indem der RL z. B. nach einer langen Fahrt am Mikrophon dem Fahrer einen Dank ausspricht, ein Entgegenkommen des Fahrers (z. B.: eine landschaftlich besonders reizvolle, aber schwierigere Routenwahl; bei Regen der Gruppe entgegenfahren; so weit wie möglich zum Objekt anfahren und ggf. dort abholen anstatt die Gäste am Busparkplatz abzusetzen) vor der Gruppe anerkennend lobt und seinen Respekt vor ihm ausdrückt.
- Sofern der RL Nebengeschäfte tätigt, wird der Fahrer daran beteiligt
- Der RL versucht, den Fahrer in die Gruppe zu integrieren, sofern dieser es wünscht. Dies geschieht bei deutschen Fahrern z. B. durch entsprechende Gestaltung der Sitzordnung am Gruppentisch oder – bei ausländischen Fahrern – durch Verweisen auf Teilnehmer, die der Landessprache mächtig sind. Der RL kümmert sich darum, dass der Fahrer nicht abseits sitzt (außer er will es so) und sich ausgeschlossen vorkommt. Bei gemeinsamen abendlichen Unternehmungen lädt ihn der RL ein, sich zu beteiligen.

Fehler des RLs in der Zusammenarbeit mit dem Fahrer
Der Fahrer wird menschlich nicht berücksichtigt und soll sich in allem dem Reiseleiter unterordnen, fungiert nur als „Kutscher". Ein solches Verhalten kann durch Unsicherheit des RLs bedingt sein, durch Neid, durch Angst vor einer zweiten Autorität im Bus und möglicherweise durch die Überlegung, dass – wenn er alleine „glänzt" – er mehr Trinkgeld erhält.

Eine solche Einstellung gegenüber einem mitteleuropäischen Fahrer, der vielleicht sonst selbst Reiseleiteraufgaben für seine Busfirma übernimmt, wird sich in aller Regel rächen. Schlimmstenfalls kann sich die Spannung so steigern, dass der Fahrer mit seiner schlechten Laune die gute Stimmung in Bus verdirbt, absichtlich falsch fährt, dadurch das ganze Programm durcheinander bringt und die Gruppe gegen den RL aufhetzt.

Oder umgekehrt: Der RL unterschätzt seine Entscheidungsfähigkeit und Erfahrung und vernachlässigt das eigene Konzept, um den Wünschen des Fahrers zu entsprechen. Die mögliche Folge: Der Charakter der Reise ist gefährdet, weil die Führungszeiten gekürzt werden, damit man eher im Hotel ist oder weil dem RL Souvenirgeschäfte mit den Reisenden aufgenötigt werden.

Ist der Fahrer zudem sehr durchsetzungsfähig und sprachgewandt, kann es dazu kommen, dass die Organisation langsam auf den Fahrer übergeht und der RL bei der Gruppe an Ansehen und Autorität verliert.

Typische Probleme zwischen Fahrer und Reiseleiter: Wie würden Sie handeln?

- Grundsatz: Probleme direkt miteinander lösen, nur im Notfall „von hinten" über die Betriebsleitung
- Der Fahrer bedient sehr oft das Mikrophon, erzählt anzügliche Witze, spielt laut eine ihm entsprechende Musik, wodurch sich Kunden belästigt fühlen, ist zu einzelnen Gästen unhöflich oder grob, stellt vor den Gästen das vorgegebene (möglicherweise zu umfangreiche) Programm in Frage.
  * In solchen Fällen sollte als erstes ein Gespräch zu zweit erfolgen, in dem der RL an eine gute Zusammenarbeit appelliert; helfen diese Versuche nichts, so wird er evtl. mit der Busfirma telefonieren und sich über den Fahrer beschweren, in Extremfällen einen neuen Bus anfordern.
- Der Fahrer überanstrengt sich durch spätes Zubettgehen und durchfeierte Nächte. Zwar hat er im Allgemeinen während der Besichtigungen die Möglichkeit, sich auszuruhen und ein wenig zu schlafen.
  * Jedenfalls vor längeren Fahrtstrecken, insbesondere vor der meist einen ganzen Tag in Anspruch nehmenden Rückfahrt nach Deutschland, sollte der RL im Interesse der Fahrtsicherheit darauf achten, dass sich der Fahrer rechtzeitig zur Ruhe begibt.
- Der Fahrer trinkt während der Reise Alkohol, obwohl in manchen Ländern Personen, die ein Fahrzeug führen, jeglicher Alkoholgenuss verboten ist. Gefährlich für die Sicherheit der Fahrgäste kann auch ein hoher Alkoholkonsum des Fahrers am Abend sein, denn bis zum nächsten Morgen ist der Blutalkohol noch nicht genügend abgebaut.
  * Es gilt 0,00 Promille! Erscheint die Fahrtsicherheit gefährdet, so muss der RL das Busunternehmen verständigen und auf dessen Kosten einen Ersatzfahrer beauftragen. Der Fahrer darf 8 Stunden vor Diensteinsatz nicht mehr trinken; ist er am Abend volltrunken, so kann er am nächsten Morgen nicht fahren. Der RL ist verantwortlich für die Reisegruppe und muss Rücksprache mit dem Veranstalter halten.
- Finanzielle Beteiligung des RLs beim Getränkeverkauf?
  * Im Allgemeinen nicht.
- Zu viele Serviceleistungen: Belastung für den RL bzw. die Hostess (z.B. Gefahr, sich beim Hantieren mit dem heißen Kaffee zu verbrühen oder Getränke auf die Kleidung zu verschütten – Firma zahlt die Reinigung nicht).
  * Konsequenzen: Kaffeeausschank nur bei haltendem Bus oder auf geraden Strecken; Absprache mit Fahrer, damit jener während des Kaffeeausschanks langsamer fährt; RL nimmt gelegentlich Bestellungen für Getränke auf, indem er im Bus herumgeht; ungünstig, wenn die Gäste nach vorne kommen (Gefahr bei plötzlichem Bremsen); Getränkeverkauf bevorzugt beim Einsteigen; Einbe-

zug von Gästen, die dem Fahrer gerne helfen; neben dem Kühlschrank zweite Getränkekiste hinten im Bus, an der sich die Gäste selbst bedienen und in eine Liste eintragen. Vorbereiten von zwei entsprechenden Namenslisten mit den Rubriken für die Getränke.

- Fahrer spielt ständig Schlagermusik ab.
  * Der RL bestimmt die Musik, sollte aber auch eigene CDs mitbringen (geeignet: Volksmusik des bereisten Landes, Instrumentalmusik, James Last, Rondo Veneziano, Landestypisches, keine deutschen Volkslieder im Ausland! Orchestermusik mit Vorsicht (bei häufigem Wechsel zwischen piano und forte)! Musik nicht zu lang und zu laut!
- Der deutsche RL hat kaum Einfluss auf den Fahrer, wenn einheimische RL eingesetzt sind und er im Bus hinten sitzen muss.
  * Evtl. bei Platzverteilung in 1. oder 2. Reihe Sitz freilassen! Bei italienischen Bussen muss, um Konflikte mit den Reisegästen zu vermeiden, vom RL gleich beim Einsteigen die erste Sitzreihe reserviert werden, da wegen verschiedener Busunfälle die Reiseleitersitze abmontiert wurden.
- Wenn Polizeikontrolle ist, soll Fahrer sofort aussteigen, Gäste sollen nicht mit einbezogen werden, erst nachträglich kurze Information
- Der Fahrer amüsiert sich jede Nacht und ist übermüdet.
  * Appell an Vernunft – Mitverantwortung des RLs bei Unfall
- Fahrer hat Sex mit Reiseteilnehmerin(nen) – soll der RL dagegen wirken?
  * Ja, wenn zu offensichtlich und dadurch Harmonie der Gruppe gestört wird bzw. durch Übermüdung Sicherheit der Reise gefährdet ist.
- Junge attraktive Reiseleiterin und Fahrer: Ein freundschaftliches, kumpelhaftes Verhältnis zum Fahrer kann fehlgedeutet werden, Anmache, er ist beleidigt, wenn nichts läuft oder sie sich nicht nach seinen Wünschen richtet. Problem: RL/in vermittelt zwischen den Interessen des Veranstalters, der Kunden und der Leistungsträger, in diesem Falle des Fahrers und sollte sich diese Stellung in der Mitte bewahren.
  * Rechtzeitig Grenzen ziehen, bei hartnäckigen Fällen sich bei Veranstalter beschweren
- Der Fahrer schimpft auf andere Verkehrsteilnehmer, liest während der Fahrt die Landkarte, telefoniert ohne Kopfhörer mit dem Handy.
  * Der RL und die Gäste fühlen sich verunsichert, RL sollte versuchen, auf den Busfahrer einzuwirken, diese schlechten Angewohnheiten zu lassen!
- Trinkgeldverteilung bei Sonderveranstaltungen, Service oder grundsätzlich?
  * Vorher absprechen!
- Teilung von Provisionen und Freiplatz fürs Mittagessen?
  * Absprechen!

- Zusammenarbeit:
  * Planung der Strecke, am Vorabend gemeinsam Karte studieren, RL achtet, wenn Team noch nicht „eingespielt" ist bzw. Fahrer die Strecke nicht kennt, unbedingt mit auf die Route.
- Kompetenzen von RL und Fahrer bezüglich der Routenführung?
  * Maßgeblich ist die Programmausschreibung, Absprache und ggf. Änderung, wenn durch längere Route die Lenkzeiten überschritten würden oder wenn Strecken (z.B. Gebirgsregionen im Winter, zu enge Kurven, zu niedrige Tunnel) nicht befahrbar sind.
- Umgangston
  * Ankündigungen mit Fahrer absprechen (insbesondere Pausen).
- Erklärungen des Fahrers, wenn Reiseleitung dabei ist?
  * Erläuterungen ankündigen oder „zitieren"; Benützung des Mikrophons durch den Fahrer nur in Ausnahmefällen, insbesondere keine ungefragten Ergänzungen und Korrekturen; diese absprechen, nicht dazwischenreden (Ausnahme: Gefahrensituation, besondere Zwischenfälle, RL ist durch Service verhindert, einen wichtigen Kommentar abzugeben).

Bussicherheit

Obwohl der Bus in der öffentlichen Meinung ein nur mittelmäßig gutes Image besitzt, ist er bezüglich des Verletzungsrisikos nach der amtlichen Unfallstatistik weit sicherer als der Pkw. „Bei gleicher Kilometerleistung sei die Wahrscheinlichkeit, tödlich zu verunglücken, beim Auto 39mal, beim Flugzeug 23mal und bei der Bahn viermal größer."[77] Vielleicht hätte der eine oder andere Unfall vermieden werden können, wenn die Reiseleiter stärker auf Lenk- und Ruhezeiten der Busfahrer geachtet hätten!

Lenkzeit[78]:

„Die Tageslenkzeit darf neun Stunden nicht überschreiten. Sie darf zweimal pro Woche auf zehn Stunden verlängert werden. (Die Tageslenkzeit ist die Lenkzeit zwischen zwei täglichen Ruhezeiten oder zwischen einer täglichen und einer wöchentlichen Ruhezeit.)

Als Lenkzeiten zählen alle Zeiten des reinen Dienstes am Steuer, insbesondere auch verkehrsbedingte Standzeiten an Ampeln, Kreuzungen oder im Stau.

---

[77] Hildebrandt, Klaus: Der Bus als Stiefkind der öffentlichen Meinung. Umfrage zum Image von Verkehrsmitteln der Universität Hannover im Auftrag des BDO, in FVW 15/95, S. 55.

[78] http://www.vis.bayern.de/produktsicherheit/ueberwachung/sozialvorschriften_lenk_ruhezeiten.htm, eingesehen 11.9.2011.

Die Gesamtlenkzeit darf innerhalb eines Zeitraumes von zwei aufeinander folgenden Wochen 90 Stunden nicht überschreiten.

Kurzpausen/Lenkzeitunterbrechung

Nach einer Lenkzeit von höchstens 4 1/2 Stunden muss der Fahrer eine Unterbrechung von mindestens 45 Minuten einlegen. Die Lenkzeitunterbrechung darf auch in zwei Abschnitte aufgeteilt werden, von denen der erste mindestens 15 Minuten und der zweite mindestens 30 Minuten betragen muss.

Der Fahrer muss diese Zeit zur freien Verfügung haben. (Andere Arbeiten wie beispielsweise Getränkeverkauf sollten durch eine Begleitperson durchgeführt werden, oder aber die Lenkzeitunterbrechung muss entsprechend verlängert werden.)

Ausreichender Schlaf (Ruhezeiten)

Ein Fahrer muss während 24 Stunden eine Ruhezeit von mindestens 11 Stunden einhalten. Diese Zeit kann drei Mal pro Woche auf 9 Stunden verkürzt werden.

Bei einer Aufteilung in maximal zwei Abschnitte muss der erste mindestens drei Stunden und der zweite mindestens neun Stunden (gesamt 12 Stunden) dauern.

Fahrer von Mehrfahrerbesatzungen müssen innerhalb eines Zeitraumes von 30 Stunden eine Ruhezeit von neun Stunden bei stehendem Fahrzeug einhalten. Diese Regelung gilt nur, wenn spätestens eine Stunde nach Fahrtbeginn alle weiteren Fahrer für die gesamte Dauer des Mehrfahrerbetriebes an Bord sind."

4.6 Verschiedene Leistungsträger und Leistungskontrolle

Als „Leistungsträger" werden sämtliche Dienstleistungsunternehmen, die im Zielgebiet Teilleistungen für den Veranstalter und die Reisegäste erbringen, bezeichnet. Darunter fallen z.B. die Agenturen, die Hotels, Busunternehmen, Fluggesellschaften und Reedereien, die Restaurants und örtlichen Führer.

Zu beachten ist in der Zusammenarbeit mit Leistungsträgern[79]:

- Eine fehlende positive Grundeinstellung der Leistungsträger zum Kunden stellt den Erfolg einer qualifizierten Reiseleitung in Frage.
- Anzustreben ist eine Zusammenarbeit, nicht ein Gegeneinander von Reiseleitung und Leistungsträgern. Es gehört nicht zum Aufgabenbereich einer qualifizierten Reiseleitung, „versagende Leistungsträger kompromittierend zurechtzuweisen oder sogar herumzukommandieren."
- Eine vom Veranstalter aufgewertete Position des RLs ist für die Zusammenarbeit und Leistungskontrolle hilfreich.
- „Besonders im Ausland sind Leistungsträger häufig auf die Unterstützung durch die Reiseleitung angewiesen, da die Mentalität der Kunden von den Leistungsträgern nicht immer bedürfnisbefriedigend eingeschätzt werden kann."
- Bei Vertragsbruch von Leistungsträgern sind die Folgen des Vertragsbruches vom RL aufzuzeigen, wobei die Kenntnis der Vertragsbedingungen Voraussetzung ist.
- Erforderliche Änderungen sollten rechtzeitig mit den Leistungsträgern abgesprochen bzw. Verspätungen mitgeteilt werden.

4.6.1   Agenturen und Paketreiseveranstalter

Viele Reiseveranstalter gehen immer stärker dazu über, einen Teil oder alle der im Folgenden genannten Aufgaben an Paketreiseveranstalter (z.B. für europaweite Reisen: Behringer-Touristik Giessen) oder örtliche Agenturen zu delegieren, die dann auch direkt mit den Hotels u.a. Leistungsträgern abrechnen und diese Leistungen als Paket dem Reiseveranstalter in Rechnung stellen. Durch eine gute Agentur kann die Vorbereitung und sogar die Kalkulation für Hotels und Verkehrsmittel entlastet werden, weil sie durch Mengenrabatte häufig günstiger einkaufen kann als der Veranstalter. Die Agentur übernimmt für den Veranstalter z.B.:

- Flugreservierung
- Hotelreservierung
- Reservierung von Transfers und Bus
- Reservierung von Stadt- und Museumsführungen
- Organisation der Extras, wie Schifffahrten, Essen in Restaurants, Konzerte

    „Der RL ist in keinem Fall der Agenturleitung oder deren Mitarbeitern unterstellt. ... Als Repräsentant" seines Veranstalters „hat der RL dafür zu sorgen, dass der materielle Anspruch des Urlaubsgastes von den Leistungsträgern er-

---

[79]   Vgl. dazu Block, Eckhard: Sachbuch für professionelle Reiseleitung. Hamburg: Nordis 1985, S. 57–59.

füllt wird. Das reicht vom Transfer und von der Kontrolle der Zimmerzuweisung bis zu einer ständigen Leistungskontrolle der Vertragspartner. Ob und wie ein Hotel funktioniert, ob es seinen Verpflichtungen nachkommt, ob es die Gäste zufriedenstellt, das muss Gegenstand kontinuierlicher Beobachtung sein. Gleiches gilt selbstverständlich für Agenturen und Busunternehmen. Der RL hat seinen Einfluss geltend zu machen, um Mängel abzustellen und Leistungsverbesserungen zu erreichen" (ITS-RLhandbuch).

Im Streitfall steht der RL immer auf der Seite des Veranstalters. Vertragspartner der Gäste ist der Reiseveranstalter, nicht die Agentur, die möglichst im Hintergrund bleiben sollte (z.B. Tischreservierungskarten im Restaurant möglichst auf Namen des Veranstalters!).

4.6.2 Zusammenarbeit mit Gaststätten, Restaurants und Raststätten

Sowohl Gästeführer als auch RL arbeiten oft mit gastronomischen Betrieben zusammen. Der Genuss landestypischer Spezialitäten kann, im entsprechenden Ambiente, sogar ein Höhepunkt der Reise sein. Anbei einige Aspekte zu diesem Thema:

- Gaststätten für fakultative Essen möglichst so wählen, dass für diejenigen, die nichts oder wenig essen wollen, andere Möglichkeiten gegeben sind (Café, Spaziergang, Geschäfte)
- Für mittags eher leichte Kost wählen, Seniorenportionen anfragen
- Budget der Teilnehmer berücksichtigen (zu elegant mittags passt im Allgemeinen weder zum Geldbeutel, zum Zeitmanagement und zur legeren Kleidung der Teilnehmer unterwegs)
- Zur Verfügung stehende Zeit berücksichtigen (bei wenig Zeit wenn möglich Café, Selfservice oder Raststätte auf der Autobahn wählen)
- Buskarte anfordern und Essen zur Beschleunigung der Abwicklung vorher durchgeben
- Gibt es Plätze im Freien (im Sommer mit Schirm oder Bäumen)? Mit Aussicht?
- Autobahnraststätte in der Nacht: Gruppe vorher avisieren, wenn man dort essen will
- Gibt es preiswerte Mittagsmenüs, Spezialangebote für Gruppen?
- Freiplatz für Fahrer und Reiseleitung (diskrete Abwicklung)?
- Die RL sollte bei den gemeinsamen Mahlzeiten möglichst mit der Gruppe essen, jedes Mal an einem anderen Tisch, um die Gäste besser kennen zu lernen
- Evtl. Mithilfe des RL beim Kassieren oder Service rechtzeitig zum Kassieren auffordern

- Geld einsammeln und Übergabe an den Wirt vor der Gruppe (damit keiner denkt, der RL behält etwas ein)
- RL erkundigt sich nach dem Speiseplan der HP im Hotel, damit mittags nicht das gleiche Gericht bestellt wird
- Bei Incoming-Reisen Speisegewohnheiten, Tischzeiten und Umfang der Mahlzeiten im Herkunftsland der Gäste beachten (z.B. bei muslimischen und jüdischen Gästen kein Schweinefleisch)
- Warnen vor Speisen und Getränken, die sich erfahrungsgemäß als ungünstig für die Gesundheit erwiesen haben (in Ländern wie Nordafrika oder Indien keine eisgekühlten Getränke, keinen Salat)

4.6.3   Zusammenarbeit mit Hotels

Folgende Checkliste hilft dem RL, mögliche Probleme in der Zusammenarbeit mit Hotels zu kennen, auf seine eigene Situation zu übertragen und vorwegnehmend Lösungsstrategien zu entwickeln, die ihm helfen, die Situation schnell und professionell bestmöglich zu lösen. Durch das Vorwegnehmen mancher Problemsituationen, die zum Teil durch Landesüblichkeit bedingt und damit nicht abstellbar sind, hilft er, Enttäuschungen beim Reisegast gering zu halten.

Probleme im Hotel bei der Ankunft:
- Bus kann nicht direkt vor Hotel halten, es gibt keinen Kofferservice.
  * Taxi, Karren, Wagen organisieren; höflich an Mithilfe der Gäste appellieren, selber! mithelfen
- Überbuchung: Teil der Gruppe auswärts untergebracht oder die ganze Gruppe bei Ankunft in anderem Hotel untergebracht.
  * Versuch, die ausgeschriebenen Leistungen dennoch optimal zu erfüllen, Positives in Aussicht stellen, als RL zu der Gruppe gehen, die auswärts untergebracht wurde, um den betroffenen Teilnehmern nicht das Gefühl zu geben, „abgeschoben" zu werden
- verspätete Ankunft im Hotel, absehbare Probleme mit der Küche
  * sofort anrufen und zumindest kaltes Essen sicherstellen!
- Hotel hat nicht genügend Einzelzimmer, obwohl sie zugesichert waren.
  * gleichwertige Ersatzzimmer in nahe gelegenen Hotels suchen, „Animationsprogramm", im schlimmsten Fall eigenes Zimmer anbieten und aus Doppelzimmern Dreibettzimmer machen
- Keine Reservierung bekannt
  * Kontrolle, ob es einen Hotelwechsel gab und versehentlich das früher übliche Hotel angefahren wurde, ob es mehrere Hotels dieses Namens in der Stadt gibt,

ob die Reservierung nicht auf den Veranstalter-, sondern auf den Agenturnamen vorgenommen wurde; erst dann Telefonat mit Veranstalter und Suche nach Ersatzquartieren

- Zimmer sind nicht bezugsfähig.

   * Ankunftszeit vorher telefonisch mitteilen, bei Ankunft mittags noch keinen Zimmerbezug, sondern nur Gepäckeinstellung versprechen, Programmpunkte vorziehen, Flexibilität in der Programmgestaltung, Wartezeiten angenehm überbrücken

- unterschiedliche Zimmerqualitäten

   * prinzipiell darum kümmern, Zimmer selbst anschauen, eventuell eigenes Zimmer anbieten, versuchen zu wechseln an Rezeption, evtl. in den nächsten Tagen; im schlimmsten Fall Hotelwechsel, notieren: nächstes Mal (bei Rundreise) Bevorzugung

- Frankreich: Unterschied zwischen Grand Lit und Doppelbett

   * rechtzeitig erklären, abklären, bei Zimmereinteilung berücksichtigen und für Einzelreisende im Doppelzimmer zwei getrennte Betten, zumindest zwei getrennte Bettdecken, sicherstellen

- Computerkartenschlüssel und relativ ungewöhnliche technische Hoteleinrichtungen

   * bei wenig reiseerfahrenen Gästen ggf. vorher Funktionsweise erklären

- verschiedene Stromspannungen

   * vorher erklären, evtl. Adapter besorgen

- großes Hotel

   * Orientierung erleichtern: Wo ist was? Wie funktioniert das Hotel und seine Einrichtungen?

- Hotel liegt an der Peripherie einer großen Stadt und bietet keinen „Auslauf".

   * mit Bus in die Stadt fahren, Gäste von der Qualität der Zimmer her motivieren, Visitenkarte des Hotels an die Gäste geben, damit sie sich ggf. abends mit Taxi in die Stadt begeben können; Preise und Fahrplan öffentlicher Verkehrsmittel, Taxipreis ins Stadtzentrum, Animationsangebot?

Probleme während des Aufenthaltes

- Es gibt auf Rundfahrt jeden Tag Hühnchen.

   * anrufen, Speiseplan absprechen

- Das Essen ist mengen- und qualitätsmäßig nicht gut.

   * mit Koch sprechen, mit Hotelleitung sprechen, den Gästen zum Trost Wein spendieren, bei wiederholtem Fall Veranstalter oder Agentur anrufen und Bezahlung nach Absprache mit dem Veranstalter reduzieren

- Fleisch ist lauwarm bis kalt.
  * evtl. in heißen Ländern (z.B. in Griechenland) als landesüblich vorwegnehmen
- Es gibt häufig Fisch.
  * Kunden, die keinen Fisch mögen, notieren; versuchen, Menüwahl zu erreichen, z.B. gegen Aufzahlung; als landestypisch empfehlen oder erklären
- Eine Gruppenteilnehmerin ist Vegetarierin.
  * für vegetarisches Essen sorgen (Omelett, Käse, Gemüse), jedoch erklären, dass sie im Allgemeinen keine spezielle Kost erwarten kann. Wenn plötzlich die Hälfte der Gruppe sich als Vegetarier ausgibt, weil ihnen das Fleisch der Halbpension nicht zusagt, versuchen zu helfen, ohne dass die Küche durch zu viele wechselnde Wünsche „verrückt gemacht" wird.
- Diabetiker/in
  * Insulin in Kühlschrank geben und sich bei großen Hotels selbst informieren, in welchen; Buseisschrank
- Hotelier lädt Reiseleitung an gesonderten Tisch zum Essen ein.
  * Teilnehmer eifersüchtig, neidisch, sehen dies als Absonderung; deshalb bei Tischen der Gäste vorbeischauen und nach Befinden fragen. Bei häufiger Einladung durch den Hotelier Gefahr, dass die Gäste den Eindruck gewinnen, dass die Reiseleitung „bestechlich" sei.
- Freizeitmöglichkeiten des Hotels (Schwimmbad, Tennisplatz) sind nicht benutzbar.
  * Ersatz in der Nähe suchen, ggf. Fahrmöglichkeit anbieten und bezahlen (ggf. über Hotelier), wenn die Freizeitmöglichkeiten im Prospekt versprochen waren
- Frühstücksbuffet nicht im Preis inbegriffen
  * vorher im Bus mitteilen, um große Enttäuschungen zu vermeiden, Aufpreis bekannt geben
- Lärm im Hotel durch andere Gäste
  * Lärmquelle eruieren, lärmende Gäste abmahnen; Hotelleitung Bescheid sagen, RL der anderen Gruppe informieren und über Konsequenzen aufklären
- z.B. Südtirol: Die eigenen Kunden sind betrunken, lärmen und es besteht die Gefahr, dass einzelne anfangen zu randalieren.
  * versuchen, rechtzeitig zu bremsen, evtl. Bedienung zur Verzögerung des Service auffordern, einzelne (in Begleitung kooperativer Reisegäste) ins Bett bringen, auf „schwarze Liste" stellen, im Extremfall (bei Randalierern) Polizei holen
- Lärm im Hotel durch Diskothek/Kegelbahn im Keller, Straßenverkehr
  * Versuch, Zimmer innerhalb des Hauses zu wechseln, Ohropax, positiv moti-

vieren und argumentieren (Amüsiermöglichkeiten); im schlimmsten Fall, wenn ruhiges Zimmer im Prospekt versprochen worden war, Ersatzquartier suchen
- Kellner interessiert sich für eine der Reiseteilnehmerinnen und fängt sie bei jeder Gelegenheit ab.
  * Gespräch mit Kundin, Kellner, Hotelleitung. Reiseleitung muss dafür sorgen, dass die Belästigung der Teilnehmerin abgestellt wird!
- Videorechnung
  * Informieren, dass Video im allgemeinen ab ca. 3 min. kostenpflichtig ist
- Schlüssel, Safe und Ausweise
  * Hinweis, dass bei Zimmersafes mit elektronischem Schloss die Batterie erschöpft sein kann; daher das Schloss noch am Vorabend der Abreise öffnen, damit ggf. die für eine Notöffnung zuständige Person im Hotel erreichbar ist oder herbeigeholt werden kann, ohne den Zeitplan für die Abreise zu gefährden. Nachfragen vor der Abfahrt, ob alle Schlüssel an der Rezeption abgegeben sind und Wertsachen aus dem Safe und Ausweise wieder im Gepäck sind.

4.6.4   Örtliche Führer

Folgende Checklist hilft dem RL, die Zusammenarbeit mit örtlichen Führern zu optimieren:
- 1 Tag vorher Termin, Ort und Zeitrahmen nochmal bestätigen, wenn die Bestellung der Führung längere Zeit zurückliegt
- kurze Mitteilung zur Zusammensetzung der Gruppe (Bildungsstand, Interessen, Rücksichten, Besonderheiten)
- kurze Mitteilung zum Stellenwert der Führung im Gesamtprogramm der Reise (bereits besichtigte Objekte oder/und weitere Programmpunkte, Gruppe am Anfang oder Ende der Reise und damit verbundener Grad der Belastbarkeit und Aufnahmefähigkeit, Rundreise oder Tagesausflug?)
- Programmabsprache (verbindliche, ausgeschriebene Besichtigungspunkte, evtl. Ersatzlösungen für geschlossene Objekte) ohne die Reisegäste
- feste Terminierung des Endpunktes der Führung (Ort und Zeit), evtl. mehrfach zu betonen, wenn Gruppe in Zeitdruck oder wenn große Gruppe auf mehrere Führer/innen aufgeteilt wird
- Vorstellen und Verabschieden des Gästeführers
- Anlegen eines Adressheftes oder Fahrtberichtes mit Namen, Adresse, Telefonnummer besonders guter Ortsführer (auch Vermerk „schwarze Schafe")

Probleme

- falls Probleme auftreten, diese unauffällig lösen, vorzugsweise ohne die Gruppe oder so, dass nur ein möglichst kleiner Teil der Gruppe dies mitbekommt
- Ortsführer erscheint nicht am besprochenen Treffpunkt
  * Kontaktieren des Gästeführers bzw. des Fremdenverkehrsamtes; eine für die Reisegäste möglichst angenehme Gestaltung der Wartezeit vorschlagen; falls Führung nicht geleistet werden kann, Gestaltung durch den RL (deshalb eigene Vorbereitung des RLs auf die Führung zumindest in Grundzügen notwendig!)
- Einwirken auf evtl. Unzulänglichkeiten der Führung; der RL sollte bei Führung mit dabei sein!
- Ortsführer kritisiert vor den Gästen das Programm der Gruppe
  * unbedingt unterbinden und widerlegen, da sonst die Gruppe beunruhigt und verunsichert wird!
- Ortsführer übersieht in seiner Begeisterung den gesteckten Zeitrahmen
  * unbedingt rechtzeitig, evtl. mehrfach auf Zeitplanung aufmerksam machen und auch begeisterte Teilnehmer, die noch mehr sehen möchten, zur Einhaltung des Zeitrahmens motivieren
- Ortsführer ist unfähig/ungeeignet/unzumutbar
  * entlassen und Programm selber gestalten (deshalb eigene Vorbereitung des RLs auf die Führung zumindest in Grundzügen wichtig!)
- Ortsführer hält sich nicht an das ausgeschriebene Programm
  * vorher genau absprechen, was Pflichtbestandteil der Führung ist und Kontrolle durch den RL
- Ortsführer wird viel zu ausführlich
  * taktvoll unterbrechen und höflich nochmals auf Zeitrahmen hinweisen (auch bei „Respektspersonen" wie Pfarrern, Museumsdirektoren nicht zu lange damit warten!)
- ständige Geschäftemachereien des local guide (besonders in Nordafrika)
  * vorher besprechen, Reduktion auf 1 Teppichgeschäft; falls ein Teil der Gruppe sich auch für den Besuch weiterer Geschäfte interessiert, dem anderen Teil Möglichkeit zur eigenen Zeit- und Programmgestaltung geben!
- Ortsführer macht die Reiseleitung schlecht
  * Ruder nicht ganz aus der Hand geben, Kontrolle über die Gruppe und die Führungen behalten, indem man bei Besichtigungen mitgeht und versucht, im Bus in einer der vorderen Reihen zu sitzen

5   Lernen auf Reisen?

5.1   Interkulturelles Lernen auf Reisen

Werner Müller

Der Begriff des „interkulturellen Lernens" taucht erstmals in der Mitte der 70er Jahre auf. In dieser Zeit begannen Wissenschaftler/innen („Austauschforscher"), sich damit zu beschäftigen, ob und wie Menschen sich in ihren Einstellungen durch den Kontakt mit anderen Kulturen verändern. Da in vielerlei Hinsicht „interkulturell gelernt" werden kann (auch die berühmten Rucksacktouristen auf Kreta haben seinerzeit „gelernt", wie sie bei der Olivenernte an Jobs kommen – und damit den Einheimischen die Arbeitsplätze wegnehmen), darf der Umgang mit diesem Handlungsziel für mich nicht wertfrei sein, sondern hat in eine deutliche Richtung zu gehen.

Das Lernziel „Empathie"

Als ein möglicher Leitgedanke des interkulturellen Lernens hat sich unter anderem das Konzept der „Empathie" bewährt. Sein Ansatzpunkt ist die weit verbreitete Annahme, dass persönliche Erfahrungen und direkte Begegnungen von Menschen die Basis für eine „internationale Verständigung" leisten, bei der „Vorurteile und Feindbilder" überwunden werden sollen. Unterschwellig schwebt in diesen Vorstellungen stets die Wertung mit, dass dieser Prozess besonders gut durch gegenseitige „Sympathie" und die Verringerung von nationalen Unterschieden gedeiht.

Vorurteilsforscher sind sich jedoch einig, dass die angestrebten Ideale mit Sympathie und wechselseitiger Anpassung nicht erreicht werden können, da zu leicht eine Harmonisierung nach eigenen Vorstellungen stattfindet, die langfristig und vor allem bei Konflikten nicht tragfähig ist. Erkenntnisse aus den 80er- und 90er-Jahren waren dafür erkenntnisleitend und gelten auch heute noch. Norbert Ropers und Axel Detert – zwei Fachleute des Ost-West-Tourismus, die auch über Forschungserfahrungen verfügen – schreiben dazu:

> „Eine bessere und realistischere Basis für internationale Verständigung dürfte darin liegen, die Unterschiede zu erkennen und zu akzeptieren. Zunächst müssen wir wissen, mit wem und womit wir es zu tun haben. Wir sollten gut

informiert sein über die fremde Welt, die uns erwartet – und was sie erwartet. Die Eigenarten des besuchten Landes zu erkennen und zu verstehen und das Sich-hinein-fühlen in das Denken und Empfinden seiner Bewohner, das ist der Kerngedanke eines Konzepts, das die Fachwelt ‚Empathie' nennt."[80]

Demnach ist das Erkennen und die Akzeptanz von Unterschieden eine Grundvoraussetzung für eine „internationale Verständigung", die ein möglichst wirklichkeitsgetreues Bild vom eigenen und vom fremden Land zeichnet. Empathie oder ein so verstandenes interkulturelles Lernen zu fördern bedeutet, dass man das bereiste Land, sein System und seine Menschen besser „verstehen" lernt – mit dem Kopf und dem Gefühl!

So betrachtet, ist das interkulturelle Lernen eine **Einstellung und nicht eine Ansammlung von Methoden**, die eine RL beliebig zur länderkundlichen Vertiefung einsetzen kann. Der ehemalige Pädagogische Leiter des Deutsch-Französischen Jugendwerks, Dieter Reichel-Blomberg, sieht es so:

„Interkulturelles Lernen zielt … auch auf das Verhalten, auf das Zusammenleben, auf die Frage, wie Angehörige verschiedener Kulturen anders miteinander umgehen können als durch Rivalität, Konflikte, Unterdrückung, Kriege, und insofern sind nicht in erster Linie die Sehenswürdigkeiten, also die Umgebung, sondern ebenso die Menschen der anderen Kultur, die diese Umgebung geprägt haben und weiterhin prägen, das Zentrum des Interesses. Das Lernfeld steht mir nicht nur gegenüber wie eine Sehenswürdigkeit, eine Ferienbeschäftigung oder eine vorübergehende Bekanntschaft, sondern ich bin dessen Bestandteil, bin eingebunden in einen Prozess des Miteinanderumgehens."[81]

Die Praxis des interkulturellen Lernens

Den Bereich „Länderkunde" gibt es seit jeher in der Ausbildung und Praxis von RL/innen. Bereits in einer Veröffentlichung des Studienkreises für Tourismus von Hansjochem Kunze von 1975 ist damit an Methoden gedacht, die „Menschen die neue Urlaubsumgebung nahebringen wollen." Das hat sich bis heute auch nicht geändert.

Die zwischenzeitlich zunehmend geschulte „interkulturelle Sensibilität" hat jedoch nicht nur das Ziel, den Reisenden mit Informationen über Land und Leute zu versorgen, sondern soll auch die Blickwinkel der einheimischen Bevölkerung und ihre kulturellen Hintergründe so verdeutlichen, dass der Tourist sich bewusst als Gast

[80]   Aus dem Vorwort von „West-Ost-Reisen", Hrsg: Ropers, Norbert. Bonn, Frankfurt 1988.
[81]   Arbeitstexte Nr. 7 des Deutsch-Französischen Jugendwerks, Dez. 1987.

und Partner des besuchten Landes versteht. Dabei steht die „Von-Mensch-zu-Mensch"-Ebene im Vordergrund, die der Mentalität entgegensteht, sich als Urlauber oder Studienreisender überall auf der Welt als König zu fühlen, statt sich auf der Suche nach authentischen Erfahrungen mit Respekt und Demut an fremde Kulturen heranzutasten.

Je nach Art der Reise (z.b. Ferienfahrt, Studienreise, internationale Begegnungen) ist es in unterschiedlichem Maße möglich, länderkundlich-interkulturelle Inhalte im Programm anzubieten. Während in einem Ferienort an der Costa Brava in der Regel nur hier und da entsprechende Tupfer gesetzt werden können – wobei nicht die Vielzahl der speziell für Touristen kreierten Veranstaltungen wie Paella-Essen usw. gemeint sind – bieten andere Reisezusammenhänge mehr Spielraum, weil die Erwartungen des Publikums anders sind und oft auch die Reiseart – z.b. Bus – mehr Flexibilität zulässt. In allen Situationen sollte jedoch die Faustregel gelten, dass eine RL ihren Kunden nichts Ungewolltes „aufsetzt", sondern die interkulturellen Elemente atmosphärisch passend einbaut.

Die Reiseleitung als „Kulturmittler"

„Vermittlung" bedeutet u.a., sich zwischen mehreren Seiten ausgleichend zu verhalten und ihnen behilflich zu sein, aufeinander zuzugehen. Ohne das Medium der Sprache ist dieser Prozess weitestgehend einseitig, was die Bedeutung von Fremdsprachenkenntnissen für RL belegt. Sprache wirkt im RL-Alltag vor allem in Erläuterungen und in Gesprächen.

Gesprächstechniken: RL mit interkulturellem Anspruch schaffen sich – mehr als sonst üblich – Situationen, in denen entspannte Gespräche über das vorher Erlebte oder über allgemeine Aspekte des bereisten Landes gut möglich sind: Das Café auf dem Marktplatz, ein kleiner Spaziergang oder des Öfteren „Programmpausen" an reizvollen Orten sind dafür bestens geeignet.

Weiterhin gilt es hier, von der Rolle des dozierenden Experten wegzukommen und mehr in die eines Gesprächsleiters – noch besser: „Gesprächsanimateurs" – zu schlüpfen: aus dem Frage-und-Antwort-Spiel, das z.B. oft bei Studienreisen abläuft, wird eine gemeinsame Runde, bei der nachgefragt und ermutigt wird, eigene Eindrücke zu schildern. Die Interpretationen der RL bleiben hierbei sparsam, wichtiger ist das Gefühl der Reiseteilnehmer, selbst etwas entdeckt und in einen Zusammenhang gestellt zu haben. Man weiß, dass solche Eindrücke als Erlebnis haften bleiben und damit weitaus mehr Möglichkeiten für authentische Erfahrungen bieten als beispielsweise Diavorträge, die vielleicht dasselbe Informationsmaterial umfassen, aber nicht in dem Maße emotionale Prozesse zulassen.

Ähnliche Grundsätze des Zurücknehmens der eigenen Rolle gelten in Gesprächen, an denen Einheimische – oftmals als Gästeführer – vor Ort beteiligt sind. Annäherungen zwischen den vertretenen Kulturkreisen werden erreicht, wenn die RL etwas dafür tut, dass beide Seiten über Dinge sprechen können, die sie aus ihrem jeweiligen Alltag kennen und bei denen sie aneinander Interesse zeigen (z.B. Religion, Sport, Musik, Familienleben ...). Eine behutsame RL, die oftmals fragt: „... und wie ist es bei Ihnen zu Hause?" erzeugt auch hier eine stärkere Beteiligung als durch das bloße Zuhören der Reisegäste bei einer Erläuterung. Lediglich die Lücken der „internationalen Vergleichbarkeit" sind noch von ihr zu füllen – wiederum eine Fähigkeit, die sich kaum durch eine Methodenbeschreibung erlernen lässt.

Wenn die **RL als Übersetzer** fungiert, weil viele Teilnehmer der jeweils anderen Sprache nicht mächtig sind, so gibt es dafür gewisse Verhaltensnuancen, die Partnerschaftlichkeit und Annäherung unterstützen:

• Ein Verteilen der Verantwortung für das Übersetzen auf mehrere Schultern signalisiert das Bemühen der ganzen Gruppe (und nicht nur ihrer Leitung!). Außerdem kann man sich gegenseitig helfen.

• Bei Unklarheiten sollte ruhig nochmal nachgefragt werden.

• Diskussionen, die aufgrund einer Übersetzung innerhalb der eigenen nationalen Teilgruppe entstehen, sollten zusammengefasst „zwischenübersetzt" werden, um nicht zu viel Zeit zu verlieren und dennoch alle auf dem Laufenden zu halten.

• Bei einem Gespräch zwischen Angehörigen aus zwei Nationen führt die Übersetzung von längeren und komplizierten Beiträgen schnell zur Ermüdung. Eine angemessene Technik wäre das Erlernen einer knappen, einfachen Ausdrucksweise.

• Beim gegenseitigen Übersetzen ist es angebracht, kleine „Verdauungszeiten" zuzugestehen und nicht gleich den nächsten Beitrag zu formulieren. Die jeweils andere Seite hat dann mehr Raum zum Nachdenken und kann dazwischen eigene Bemerkungen einbringen.

Über die grundsätzliche Rolle der Sprache in interkulturellen Zusammenhänger sagt Dieter Reichel-Blomberg:

„Die unterschiedlichen Sprachen, die in einer Begegnungsgruppe gesprochen, aber nicht von allen verstanden werden, sind oft nicht nur ein Hindernis auf dem Weg zu einer Verständigung. Es ist nämlich nicht immer gesagt, dass Kommunikation die Beziehungen verbessert. Fehlende Fremdsprachenkenntnisse können auch verhindern, sich ‚zu' nahe zu kommen und überdecken fundamentales Unverständnis oder mangelnde Motivation, zu verstehen. Insofern ist es wichtig, dass Sprachen bzw. deren Anwendung nicht zu sehr

idealisiert werden und dass man z.B. die Verbesserung von Fremdsprachenkenntnissen nicht automatisch gleichsetzt mit einer Verbesserung von Verständigung. Oft treten bei guten Sprachkenntnissen zunächst einmal gerade
die Unterschiede und Konflikte mehr hervor und oft ist es für die Beteiligten
sehr schwer, damit angemessen umzugehen. Es ist dies natürlich nicht ein
Plädoyer für die Sprachlosigkeit oder Konfliktvermeidung, sondern ein erneuter Hinweis darauf, dass die Art, wie man mit Sprache umgeht, genauso
wichtig ist wie das Sprachniveau."[82]

Situationsgestaltung als „interkulturelle Alternative"

Ich habe mehrfach betont, dass die interkulturelle Idee im Wesentlichen von der
Einstellung der RL und ihrem Gesprächsverhalten getragen wird. Ebenso wichtig
erscheinen authentische („echte") Eindrücke vom Alltagsleben, die nur dann zustande kommen können, wenn der Reisende möglichst dezent in die Alltagswelt
„eintaucht" und Eindrücke auf sich wirken lassen kann. Überall dort, wo Touristen
in größeren Gruppen auftreten, ist es schwierig, solche Erlebnisse zu haben, so dass
die um Interkulturalität bemühte RL immer wieder Phasen anbietet, in denen jeder
Reisegast etwas für sich unternehmen kann. Die gemütlichen, aber intensiven Gespräche im Nachhinein verstehen sich von selbst – ebenso wie das Bemühen, den
Anvertrauten durch gutes Informationsmaterial und präzise Erläuterungen möglichst
viele Hemmschwellen zu nehmen.

Aber auch mit Gruppen haben RL immer wieder **Alternativen, um ihre Standardsituationen so oder so zu gestalten**:

• Eine Fahrt mit öffentlichen Verkehrsmitteln bringt dichtere Eindrücke als die
  mit einem eigenen Reisebus.

• Kleine Gespräche und Nachfragen bei Passanten ermöglichen oft interessantere
  Auskünfte als der routinierte Vortrag eines professionellen Touristenführers.

• Mahlzeiten in ortsüblichen Gaststätten können zu Geschmacksüberraschungen
  führen; allemal führen sie zu einer sinnlichen Auseinandersetzung mit eigenen
  Schmeck- und Eßgewohnheiten, die die sogenannte „internationale Küche"
  nicht initiiert.

• Die Einladung, sich auf einheimischen Märkten nicht nur Souvenirs, sondern
  auch einige typische Lebensmittel zu kaufen und sie zu kosten, hat zur Folge,
  dass der Reisegast sich selbst in den Trubel stürzt und sämtliche Sinne benutzen
  kann – ein Umstand, der für das „Aufweichen" zur Bereitschaft, interkulturell
  zu spüren, gar nicht hoch genug bewertet werden kann.

---

[82]   Arbeitstexte Nr. 7 des Deutsch-Französischen Jugendwerks, Dez. 1987.

So gibt es unzählig viele, von RL gestaltbare kleine Begebenheiten, die einzeln alle banal erscheinen mögen, aber als Summe – und damit als Konzept! – ein ganz anderes Reiseerlebnis hinterlassen als ohne entsprechende Impulse.

„Interkulturelle Konflikte"
Nur allzu oft führt mangelndes Hintergrundwissen im Ausland zu Fehlinterpretationen.

Hier ein Beispiel: Am Nachmittag eines Hochsommertages wird eine deutsche Urlaubergruppe, die gerade mit dem Flugzeug in Süditalien angekommen ist, von einem Bus abgeholt, der sie ins Hotel bringt. Auf der Fahrt schauen viele Gäste aus dem Fenster und sammeln ihre ersten Eindrücke von dieser Region. Dabei fallen einem Reisenden die vielen Straßenbauarbeiter auf, die sich im Schatten ausruhen. „Da sieht man's mal wieder, wie faul die Italiener sind!", sagt er daraufhin für alle hörbar.

Wie verhält sich die RL in dieser Situation – und wie in den anderen Fällen, wo es (deutschen) Touristen an Fingerspitzengefühl mangelt und sie ihre heimischen Werte und Normen für allgemein gültig erklären? Beim genannten Beispiel kostet es vielleicht nur ein wenig Mut, zu erläutern, dass es in Süditalien wegen der großen Hitze andere Pausenzeiten und ein anderes Arbeitstempo gibt.

Oftmals ist es schwieriger: für manche Menschen bedeutet eine Erläuterung der örtlichen Verhältnisse bereits. dass „man gemeinsame Sache mit den Ausländern macht". Dann geht es zunächst um die Balance innerhalb der betreuten Gästegruppe, weit weg von allen interkulturellen Theorien ..., und dennoch hat jeder Mensch seine ganz persönlichen Grenzen – auch die RL! – die er auch bei großer Toleranz nicht zu überschreiten bereit ist.

Der Umgang mit der kniffligen Alltagssituation im interkulturellen Kontext gehört eigentlich in jede Ausbildung von Auslandsreiseleitungen, denn er kann in gewissem Umfang erlernt werden. Für die Praxis gibt es explizite Übungseinheiten, die in diese Richtung trainieren.[83]

---

[83] Als eine der wenigen Veröffentlichungen, die „praktische Hilfen und Anregungen für Gruppenleiter" in interkulturellen Situationen geben, empfehle ich das Bändchen: Ropers, Norbert (Hrsg.): West-Ost-Reisen. Bonn: 1988. Bezug: Deutsche Kommission Justitia et Pax, Kaiserstr. 163, 53 113 Bonn.

Die „interkulturelle Falle" in der Einwanderungsgesellschaft
Die deutsche Gesellschaft ist vielerorts mittlerweile eine multikulturelle! In einigen westdeutschen Großstädten haben inzwischen mehr als fünfzig Prozent der neu eingeschulten Kinder einen sogenannten „Migrationshintergrund".

Immer mehr Menschen, die in unserem Land leben, wurden im Verlauf ihres Lebens von mehreren Kulturen geprägt. Das führt dazu, dass die sogenannten (nationalen) „Kulturstandards" als idealtypische Orientierungen für Werte und Verhaltensweisen von Menschen aus bestimmten Kulturen nicht mehr greifen.

So haben beispielsweise junge Leute aus einer türkischen Familie, die in der dritten oder vierten Generation in Deutschland leben und die hier aufgewachsen sind, Einflüsse aus beiden kulturellen Hintergründen verinnerlicht. Ähnliches gilt zum Beispiel auch für Migrant/innen aus Nordafrika in Frankreich oder aus Indonesien in den Niederlanden. Die zunehmende Globalisierung führt zudem dazu, dass immer mehr Menschen sogar mehr als zwei nationale Identitäten in sich tragen: Vater und Mutter stammen aus verschiedenen Ländern, das Kind wuchs in einem dritten Land auf und lebt heute, als Erwachsener, wiederum in einem anderen Land – solche Biografien gibt es immer häufiger. Und zwar in allen sozialen und Bildungsschichten!

Daher hat sich in den letzten zehn Jahren für die Vorbereitung von Multiplikator/innen in internationalen Zusammenhängen – neben dem Konzept des „Interkulturellen Lernens" auf der Basis der oben erwähnten nationalen Kulturstandards – immer mehr auch der **biografiebezogene Diversitäts-Ansatz** („Diversity") durchgesetzt. Er geht davon aus, dass die national-kulturelle Prägung eines Menschen immer weniger eindeutig ist – und für jede Person vom Prinzip her individuell anders! (Beispiel: junge Türken und Türkinnen, die in Deutschland aufwachsen, beschreiben in der Regel Aspekte aus beiden Kulturen als relevant für ihre Prägung.) Zudem weiß man inzwischen, dass die Zugehörigkeit zu einer sozialen Gruppe, Schicht oder Subkultur wichtiger ist als die zu einer (inter-) kulturellen: der türkischstämmige Gymnasiast ist eher mit seinen deutschen Klassenkameraden befreundet als mit jungen Türken, die eine andere Schulform besuchen!

Vor diesem Hintergrund ist es wichtig, noch mehr als bisher über die jeweils individuelle Biografie der (bei einer Reise) beteiligten Menschen zu erfahren, im Besonderen dann, wenn der familiäre Hintergrund den oben beschriebenen „interkulturellen Mix" bietet.

Wenn ich als RL Teilnehmer/innen in meiner Gruppe habe, deren Familie aus dem besuchten Land stammt, die aber selbst in Deutschland aufgewachsen sind, dann besteht die Möglichkeit, diese Menschen als ‚Mittler zwischen den Kulturen' einzubeziehen. Mit guter Chance kann ich so die Authentizität des Erlebten steigern.

Hinweise zu Vorbereitung, Fortbildung und Literatur
An dieser Stelle fehlt der Raum, um umfassend auf Veränderungen für die Schulung und das Verhalten von RL vor Ort in diesem Zusammenhang einzugehen. Interessierte verweisen wir daher auf die Literaturtipps.

Während zur Vorbereitung der länderkundlichen Aspekte meist eine differenzierte Auswahl an Reiseführern reicht, ist es damit – mit wenigen Ausnahmen – auf dem Weg zur „interkulturellen Sensibilität" nicht getan. Wie kann sich also ein RL über Literatur vorbereiten? – Grundsätzlich gilt: es gibt eine Reihe von aktuellen Veröffentlichungen, die sich wissenschaftlich mit interkulturellen Lern-Zusammenhängen befassen, aber fast nichts über die Umsetzungsmöglichkeiten in breitere Tourismusfelder aussagen.

- Ein gelungenes Beispiel sind die „**Sympathie-Magazine**" des Studienkreises für Tourismus und Entwicklung (Bahnhofstr. 8, 82229 Seefeld-Hechendorf, Tel. 08152/99901-0, www.sympathiemagazin.de), die u.a. vom Bundesministerium für wirtschaftliche Zusammenarbeit unterstützt werden. Sie versuchen, durch die Mischung von sachlicher Information, Geschichten aus dem Alltag, reicher Bebilderung und ergänzender Kommentare in Zusammenarbeit mit einheimischen Autor/innen für viele Länder Vorbereitungsmaterial zu sammeln, das eindeutig auch – in unterhaltsamer Weise – auf die Einstellung der Reisenden zielt. Es ist erfreulich, dass sich auch viele Veranstalter dieses Mediums bedienen.
- Im Bereich des **Jugendreisens**, der seit jeher auch eine große Anzahl von internationalen Begegnungen umfasst, ist interkulturelles Lernen – und in den vergangenen Jahrn auch der „Diversity"-Ansatz" – vielfach für Praktiker/innen aufgearbeitet worden. Auch RL von Erwachsenen-Gruppen können durchaus von dieser Literatur profitieren, müssen die geeignete Umsetzung für ihr Arbeitsfeld aber selbst leisten. Übersichten können u.a. angefordert werden bei: **transfer e.V.**, Grethenstr. 30, 50739 Köln, Tel. 0221/9592-190, service@transfer-ev.de.

Wesentliche Einflüsse für die Fortbildung von RL zu interkulturellen Aspekten kommen häufig auch aus dem Bereich der Entwicklungszusammenarbeit. Dort liegen intensive Vorerfahrungen mit langfristigen Kulturaustauschprozessen vor, zumal dieses Feld mit beachtlichen staatlichen Zuschüssen bedacht wird. Andererseits haben die dort tätigen Lehrteams Probleme damit, ihre Konzepte auf touristische Unternehmungen umzustellen – und dies nicht nur aufgrund von didaktischen Zwängen, sondern auch wegen inhaltlicher Bedenken.

Für einen Überblick empfehlen wir die Website der **Deutschen Gesellschaft für Internationale Zusammenarbeit (GIZ)** GmbH. Sie bündelt seit dem 1. Januar 2011 die Kompetenzen und langjährigen Erfahrungen von Deutschem Entwicklungsdienst (DED) gGmbH, Deutscher Gesellschaft für Technische Zusammenarbeit (GTZ) GmbH und Inwent – Internationale Weiterbildung und Entwicklung gGmbH unter einem Dach. Als Bundesunternehmen unterstützt die GIZ die Bundesregierung dabei, ihre Ziele in der internationalen Zusammenarbeit für nachhaltige Entwicklung zu erreichen (www.giz.de).

Das „Interkulturelle Portal" der Akademie für Interkulturelle Studien e.V. an der Universität Jena bietet ebenfalls Überblickswissen zu Trainings- und Fortbildungskompetenzen, die in vielen Arbeitsfeldern angewendet werden können (www.interkulturelles-portal.de).

Ähnlich wie bei der Literatur gibt es auch im Fortbildungsbereich Angebote aus dem Jugendreisesektor, die erfreulich sind und – mit Unterstützung des Bundesjugendministeriums – die Entwicklung von intensiven Trainingsformen zur interkulturellen Kommunikation ermöglichen. In diesem Zusammenhang gibt es auch enge Kontakte zwischen Forschern und Praktikern. Die einzelnen **Seminare, Tagungen und Arbeitsgruppen** werden veranstalterübergreifend angeboten und sind somit für jedermann/jede Frau offen:

- Trainingsseminare für Jugendreisen und internationale Begegnung: über www.transfer-ev.de
- www.forscher-praktiker-dialog.de
- Angebote von IJAB, der Deutschen Fachstelle für internationale Jugendarbeit

5.2   „Neues Reisen" (sanfter Tourismus) und Reisepädagogik

Reisepädagogik befasst sich mit der Tatsache, dass immer mehr Menschen reisen, die z.T. völlig unvorbereitet wegfahren. Baumgartner[84] hatte schon 1977 gefordert, dass außer wirtschaftlichen auch soziokulturelle und ökologische Belange zu berücksichtigen seien und ein „sanfter Tourismus" auf einer ganzheitlichen Betrachtungsweise zu basieren habe. Robert Jungk[85] gilt heute als der Vater des Begriffs „sanfter Tourismus".

Die Kontrastierung Jungks des Einzel- mit dem Massentouristen trifft nicht durchweg zu – der Massentourist z.B. richtet oft weniger Schaden an als der „alternative",

---

[84]   Baumgartner, F.: Tourismus in der Dritten Welt – Beitrag zur Entwicklung? In: Neue Zürcher Zeitung, 16. September 1977, zitiert nach Rochlitz, Karl-Heinz: Begriffsentwicklungen und -diskussionen des „sanften Tourismus", in: Freizeitpädagogik, 10. Jg., Heft 3–4 (1988), S. 105.

[85]   Jungk, Robert: Wieviel Touristen pro Hektar Strand? Plädoyer für sanftes Reisen, in: Geo, 10 (1980), S. 154–156.

vermeintlich „sanfte" Individualtourist. Auch die von Jungk apostrophierten „Erlebnisse" (contra „Sehenswürdigkeiten") können sich nicht nur im landschaftlich-
ökologischen Bereich verhängnisvoll auswirken, sondern ebenso in den zwischenmenschlichen Beziehungen. Ein Beispiel dafür ist der Alternativtourismus[86]:

* Überstrapazieren der Gastfreundschaft der „Bereisten"
* Unangepasste Kleidung, Nacktbaden in Gegenden, wo dadurch das Schamge-
  fühl der Bevölkerung verletzt wird
* Übernachten am Strand und Benützung der umliegenden Gegend als Toilette
  und Müllabladeplatz

Die reisepädagogischen Bestrebungen verlaufen in verschiedene Richtungen, z.b.:

* Theorien des Reisens für Jugendliche
* tourismuskritische Publikationen (z.B. Alternativtourismus, Dritte-Welt-Touris-
  mus, Sextourismus und Kinderprostitution) und Qualifizierung des Tourismus in
  Richtung eines „umwelt- und sozialverträglichen Tourismus" (Schwerpunkte
  entweder mehr im ökologischen oder sozial-humanistischen Bereich)
* Qualifizierung von Reiseleitern und Gästeführern, ausgehend von Wolfgang
  Günters „Handbuch für Studienreiseleiter"[87] und der Dissertation von Marie-
  Louise Schmeer zum Thema „Reisepädagogik. Didaktik und Methodik der Bil-
  dungsreise am Beispiel Italien"[88].

Rücksicht auf die Reisenden und die „Bereisten" im Urlaub
Große Besucherströme, wie sie bei attraktiven Sonderausstellungen oder auch sai-
sonbedingt auftreten, führen zu einer erhöhten psychischen Belastung der Reiseteilnehmer. Drangvolle Enge an Schaukästen und Verkaufsschaltern, überfüllte Erfri-
schungsräume und Toiletten, Schwierigkeiten, den Anschluss an die Gruppe nicht zu
verlieren, wirken sich negativ auf Ferienglück und Kunstgenuss aus. Die Teilnehmer sind übermüdet, gestresst, körperliche Belastungserscheinungen und besonders
die erhöhte Reizbarkeit durch **Überfüllung** lassen intellektuelle Bedürfnisse in den
Hintergrund treten.

Bei den großen Sonderausstellungen und viel besuchten Museen (z.B. Louvre in
Paris) begegnete man dem Problem so, dass Eintrittskarten im Vorverkauf erworben

---

[86] Zimmer, Peter: Alternativtourismus – Anspruch und Wirklichkeit. Forschungsinstitut für Fremden-
      verkehr der Universität Bern 1984.
[87] Günter, Wolfgang (Hrsg.): Handbuch für Studienreiseleiter. Pädagogischer, psychologischer und
      organisatorischer Leitfaden für Exkursionen und Studienreisen, 3. Auflage München Wien: Olden-
      bourg 2003.
[88] Schmeer, Marie-Louise: Handbuch der Reisepädagogik. Didaktik und Methodik der Bildungsreise
      am Beispiel Italien. München: Grafenstein 1984.

werden und hierbei auch die Eintrittszeit festgelegt wird. Allerdings sind in zahlreichen Museen trotzdem noch zu viele Besucher, um die ausgestellten Exponate wirklich zu „genießen". Ein Audiosystem, mit dem der Reiseleiter für jeden gut hörbar ist, erleichtert die Situation. Eine andere, dem Reiseleiter überlassene Möglichkeit, ist die Festlegung ungewöhnlicher Besuchszeiten, so am frühen Morgen, zu Abendöffnungen oder auch in der Mittagszeit.

Belastet sind nicht nur die Touristen, sondern auch die Einheimischen. So sind Ortschaften dem gewaltigen Besucheranstrom oft gar nicht gewachsen, wie z.b. Prag, Florenz oder Venedig. Venedigs Bürgermeister Rigo hatte 1983 eine aufsehenerregende Idee: Mit Eintrittsgeldern in die Stadt sollten Verkehrswege und Abfallbeseitigung verbessert sowie für die erhöhten Kosten der Stadt ein finanzieller Ausgleich hergestellt werden. Außerdem erhoffte sich Rigo dadurch eine Eindämmung der Touristenströme. Dazu ist es zwar nicht gekommen, aber extrem hohe Parkplatzgebühren belasten die Kasse der Veranstalter, so dass viele von der näheren Umgebung, z.B. von Abano Terme, inzwischen mit dem Zug in die Stadt anreisen.

Als positives Beispiel für Rücksichtnahme auf die „Bereisten", zu denen ja auch das touristische Personal gehört, möchte ich ein Hotel in Südindien nennen. Das Hotel Spice Village im Periyar Nationalpark versteht sich als ökologisches Hotel mit wunderbar an die Landschaft angepasster Architektur, phantastischer einheimischer Küche und nicht zuletzt wird auch an den Busfahrer und indischen Reiseleiter gedacht. Erster schläft sonst normalerweise in seinem Bus, der Reiseleiter muss sich nach dem Einchecken noch ein günstiges Hotel suchen, weil die 4- und 5-Sterne-Häuser der Touristen für sein Budget zu teuer sind. In diesem Hotel war auch daran gedacht und beiden wurde eine eigene Schlafgelegenheit offeriert.

Probleme des Denkmal- und Umweltschutzes

Die schönsten Landschaften werden zubetoniert mit Feriendörfern, Hotels und touristischer Infrastruktur. Historische Denkmäler, die oft Jahrhunderte standhielten, sind heute gefährdet durch Luftverschmutzung wie durch zu große Besucherzahlen. So sind Venedigs Brücken durch Millionen von Fußwanderern dem Verschleiß ausgesetzt. Durch den Atem und die Ausdünstungen der Menschen werden Substanzen gefährdet und zerstört, dies gilt z.B. für die herrlichen Wandmalereien in den etruskischen Gräbern von Tarquinia. Aber auch Diebstähle und Unachtsamkeit sind eine Gefahr für die Denkmäler. Empfindliche Mosaiken, wie der Boden des Markusdomes, leiden unter der ständigen Abnützung. Das erhöhte Verkehrsaufkommen frisst durch die Luftverschmutzung an wertvollem historischem Bestand. Zudem werden die Umwelt und Gesundheit der Anwohner belastet.

Gegenmaßnahmen zu ergreifen ist dringend notwendig, um den kulturellen Bestand zu schützen. Ein größerer Einsatz an Personal und bessere Bewachungsmöglichkeiten dämmen das Verschwinden von Kunstschätzen ein. Eine Kanalisierung der Besucher durch die Reiseleitung und Gästeführung, wie eine Dezentralisierung durch ein vor Ort gefächertes Angebot, verhindern die Zerstörung durch ungehemmte Neugier und verteilen die Besucherströme auf verschiedene Schwerpunkte. Auch eine drastische Erhöhung der Eintrittspreise war vielerorts eine Antwort darauf. Das Stichwort **exemplarisches Lernen** ist an dieser Stelle angebracht: die intensive Beschäftigung mit einem Objekt statt Verzettelung im Überangebot. Eine weitere Möglichkeit des Denkmalschutzes ist die **Reduktion des Angebots** durch eine nur teilweise Öffnung für Besucher, wie in Tarquinia durchgeführt, und die Errichtung und Besichtigung von Duplikaten, z.B. in den Höhlen von Lascaux.

Das Umweltbewusstsein ist bei den Gästen oft nur in Bezug auf die Aspekte ausgeprägt, die für die persönliche Urlaubsqualität entscheidend sind: saubere Strände, sauberes Wasser, kein Lärm. Die Gäste haben auch in Dritte-Welt-Destinationen oft sehr hohe Komforterwartungen und ökologische Maßnahmen, z.B. Wasser und Elektrizität zu sparen oder Müll zu vermeiden, interessieren oft schon gar nicht mehr. Hier kann der RL darauf hinwirken, mit Sorgfalt zu duschen, das Wasser sauber zu halten und durch Mehrfachverwendung von Handtüchern den Wasserverbrauch zu reduzieren.

Der RL kann auch beeinflussen, ob bei Erlebnisausflügen die „letzten Naturparadiese" erforscht oder die Naturbeobachtung auf bestehenden Wegen und in gebührendem Abstand vorgenommen werden. In der Bretagne z.B., an der Pointe du Raz, war die Vegetation des Kaps so zertrampelt, dass man viele Anpflanzungen erneuert hat. Heute darf man nur noch auf den ausgewiesenen Wegen gehen.

Beim Erwerb von Souvenirs könnte der RL auf solche Andenken hinweisen, die im Reiseland hergestellt werden und der Tier- und Pflanzenwelt des Urlaubslandes keinen Schaden zufügen.

Eine Eindämmung der Luftverschmutzung lässt sich durch den Bau von Busparkplätzen mit Anschluss an ein ausgebautes öffentliches Verkehrssystem erreichen. Für die Bereitstellung der Kosten ist das Thema Umweltabgabe von Touristen zu überdenken. Vorhandene öffentliche Verkehrsmittel sollten durch den Gästeführer und Reiseleiter genutzt werden, die Fahrtkosten können schon im Pauschalpreis der angebotenen Führung enthalten sein. Hervorzuheben ist hier aber auch die Aufgabe der Städte und Fremdenverkehrsorte, diese Verkehrssysteme leicht überschaubar zu gestalten, z.B. gültige und vollständige Fahrpläne auszuhängen und entsprechende Arrangements anzubieten.

Eine weitere Eindämmung der Verkehrsflut wäre durch einen stärkeren Verzicht auf Motorisierung überhaupt zu erreichen. So könnten Fremdenverkehrsämter statt der üblichen Rundfahrten **Rundgänge** anbieten oder, von der Veranstalterseite her, man bietet die Anreise zum Abfahrtsort mit der Bahn an.

Der RL kann einen kleine Beitrag leisten, indem er dafür sorgt, dass bei Picknicks und Pausen wenn möglich wiederverwendbares Geschirr verwendet wird und die Abfälle in entsprechenden Containern entsorgt werden, bei Stopps oder beim Gepäck Ein- oder Ausladen der Motor des Busses abgestellt wird. Nicht zuletzt sollte beim Besuch von Lokalen vom RL darauf geachtet werden, dass die Restaurants lokale Produkte anbieten.

Ethische Momente

Die Besichtigung der Kulturschätze fremder Länder kann leicht in eine Besichtigung ihrer Einwohner abgleiten. Frauen und Kinder werden ohne zu fragen fotografiert, obwohl man wissen sollte, dass dies in manchen Religionen als ein „Angriff" auf die Seele gesehen wird. Andrerseits wäre es auch bei uns ungehörig, jemanden einfach „ins Visier" zu nehmen. Fremde Hütten werden ohne zu fragen betreten, den Bewohnern jovial auf die Schultern geklopft. Die Einheimischen wollen vielleicht nur in Ruhe gelassen werden!

Nicht nur die Musealisierung[89] des Menschen, ihre Degradierung zur „Programm-Staffage", zu einer Art „Menschen-Zoo" (so etwas gab es früher übrigens tatsächlich zu den Jahrhundertausstellungen oder im Tierpark von Hagenbeck) findet statt, sondern auch die althergebrachter Lebensweise und des Religiösen. Eine Verletzung der Werte und Gefühle der jeweiligen Gastgeber findet statt, wenn z. B. durch Unkenntnis ihrer Sitten und Bräuche Schaulust oder Fehlverhalten (z.B. mit Minirock in islamischen Ländern, am Strand „oben ohne" in konservativen Ländern) Oberhand gewinnt oder von den Besuchern moralische Konventionen ignoriert werden. Das kann im Übrigen auch bei uns passieren, wenn jüngere Teilnehmer sich nichts dabei denken, Eis leckend und sich lautstark unterhaltend eine katholische Kirche, in der Menschen beten, zu betreten. Hier kann die Reiseführung einfühlsam Fehlverhalten vorbeugen. Groß ist die Gefahr oberflächlicher Sensationslust auch beim KZ- und Unglückstourismus, wo menschliche Leiden womöglich zu gruseligen Attraktionen herabwürdigt werden. Dies kann z.T. an der Berliner Mauer beobachtet werden mit marktschreierischen Präsentationen von angeblichen Volkspolizisten u.Ä. Hier kann eine entsprechende museale Präsentation oder Einführung des Reiseleiters dazu

---

[89] Vgl. dazu das ausgezeichnete Buch von Zacharias, Wolfgang (Hrsg.): Zeitphänomen Musealisierung. Das Verschwinden der Gegenwart und die Konstruktion der Erinnerung. Essen: Klartext-Verlag 1990.

helfen, Anstöße zum Nachdenken zu geben. Ebenso ethisch fragwürdig ist es, wenn der Gästeführer oder RL zum Einkaufsführer wird und die Reisegäste nur noch als „Melkkühe" betrachtet werden – zu seinen Gunsten.

5.3   Didaktik und Methodik der Rundreise

„Anspruchsvolle Unterhaltung" ergibt sich nicht von alleine durch das Runterspulen von Daten und Fakten einerseits, von Witzen und Anekdoten andererseits. Sie muss inhaltlich und methodisch sorgfältig geplant sein, denn nach vielen Reisen geht es dem Teilnehmer so, dass er zwar ein Kaleidoskop von Eindrücken mitnimmt, diese jedoch unstrukturiert und ohne Zusammenhang bleiben. Es gelingt der Reiseleitung nicht, ein geschlossenes Gesamtbild der bereisten Region zu vermitteln.

Wünschenswert wäre deshalb eine thematische Gesamtkonzeption bei der Reisevorbereitung und eine davon abhängige didaktische Planung („Didaktik" als Theorie der Bildungsinhalte, ihrer Auswahl und Anordnung).

Hierbei stellen sich folgende Fragen:

- Welche Programmpunkte sind vorgesehen (z.B. Wieskirche)?
- Welche Themen sollen dabei angesprochen werden (z.B. Rokoko-Architektur, Dominikus Zimmermann)?
- Wie soll das Thema vermittelt werden (z.B. kommunikative Führung)?
- Welche Hilfsmittel brauche ich dazu (z.B. fotokopierte Blätter mit Grundrissen von Vergleichsbeispielen)?

Dadurch soll die Vielfalt der Eindrücke strukturiert, bestimmten Themen untergeordnet, in eine bestimmte Ordnung gebracht werden. Die Zielsetzungen ergeben sich aus dem Bestand der Führungsdenkmäler, der entsprechenden Wissenschaft (zumeist Geschichte und Kunstgeschichte), einer ihr entsprechenden Vermittlung und natürlich auch aus den persönlichen Interessen des RLs.

So erstrebenswert die Zielorientierung der Reiseleitung auch ist, so sehr ist auf der anderen Seite vor übermäßiger Spezialisierung und zu starker Beschränkung auf ein Thema zu warnen (z.B. zwei Wochen lang „Auf den Spuren der Etrusker in Mittelitalien"). Insbesondere wenn sich die Besichtigung über längere Zeit erstreckt, ist mit einer Übersättigung der Teilnehmer zu rechnen. Dasselbe gilt für die Beschränkung auf nur eine Betrachtungsweise (z.B. die nur kunstgeschichtliche, die einseitig politische usw.).

Richtziele

Den Hintergrund bei der Erarbeitung der inhaltlichen Themen bilden die auf oberstem Abstraktionsniveau stehenden, noch unpräzisen Richtziele. Jene werden teilweise vom Veranstalter im Prospekt vorgegeben (insbesondere bei religiös motivierten Fahrten oder bei Reisen, die aus öffentlichen Mitteln gefördert werden, z.b. bei Begegnungsprogrammen).

Für die Rund- und Studienreise bzw. für geführte Besichtigungen schlage ich folgende Richtziele vor:

Die Reiseteilnehmer sollen

- historische, politisch-gesellschaftliche, soziale, wirtschaftliche, religiöse, geographische Grundstrukturen des bereisten Landes kennen lernen
- die prägenden geschichtlichen, sozialen und wirtschaftlichen Kräfte in Europa und auf der Welt kennen lernen
- die kulturellen Hintergründe der Kunst kennen lernen
- sich der geschichtlich bedingten Relativität der eigenen Wertvorstellungen und Verhaltensweisen bewusst werden
- neue Formen der Lebensbewältigung kennen lernen und positive Impulse für den eigenen Lebensentwurf erhalten
- die besichtigten Monumente (z.b. historisch, kunstgeschichtlich, geographisch) einordnen können
- „Sehen lernen" (z.b. Kunstwerke und/oder geographische Phänomene beschreiben können)
- sich in dem neuen Land allein zurechtfinden können
- sich für fremde Denk- und Lebensweisen öffnen und sie akzeptieren, Abbau von Vorurteilen und Anbahnung von Toleranz und Verantwortungsgefühl
- Kommunikationsbarrieren überwinden
- Sensibilität für Stimmungen und Atmosphärisches entwickeln
- Freude und Spaß an den Besichtigungen und an der Reise als solcher haben
- Bereitschaft entwickeln, sich für eine gesunde Umwelt einzusetzen, die Bedeutung eines umwelt- und sozialverträglichen Tourismus erkennen sowie sich dementsprechend verhalten

Die schwerpunktmäßige Gewichtung dieser Richtziele ist von Stadt zu Stadt und von Region zu Region unterschiedlich. Jedes Besichtigungsobjekt wird zwar in seiner Eigenart erläutert, aber es ist auch Teil des Gesamtzusammenhangs und sollte in Bezug darauf exemplarisch gedeutet werden.[90]

Die Auffächerung eines Leitthemas in verschiedene Aspekte ergibt sich bei Reisen, die unter einem bestimmten Thema stehen, wie z.b. „Auf den Spuren von Tilman Riemenschneider in Franken", „Zeugnisse der Staufer in Baden-Württemberg", „Gotische Kathedralen in Nordfrankreich" oder „Entlang des mittelalterlichen Pilgerweges nach Santiago de Compostela".

Strukturierung eines uneinheitlichen Reiseprogramms

Die meisten Reisen sind nach Gesichtspunkten der geographischen Nähe, weniger nach thematischen Überlegungen konzipiert. Hier entsteht die Gefahr, dass sich die inhaltliche Vermittlung auf unverbundenes, isoliertes Faktenwissen beschränkt und es der Reiseleitung nicht gelingt, historische oder sonstige Zusammenhänge aufzuzeigen. Es ist deshalb sehr wichtig, dass sich der RL so vorbereitet, dass er Beziehungen zwischen den einzelnen Objekten und Führungen herstellen kann, so dass die Reiseinformation am Schluss in einem geordneten System erscheint. Voraussetzung für die Vermittlung strukturierten Wissens, das der Teilnehmer auch viel besser behält als isoliertes Faktenwissen, ist, dass sich der RL selbst die Beziehungen zwischen den besichtigten Objekten verdeutlicht.

Diese Beziehungen werden z.B. in einer Skizze deutlich, wie am Beispiel einer fünfzehntägigen Italienreise „Rund um den Stiefel" (zwei Tage Fahrt und dreizehn Tage Rundfahrt mit Besichtigungen) demonstriert wird. Die hier angeführten Themen aus der Geschichte sind exemplarisch herausgegriffen und beliebig ergänzbar (z.B. aus dem Bereich der Philosophie, der Politik, der Geographie, der Wirtschaft); durch eine zu große Zahl von Themen wird allerdings die Strukturierung erschwert.

---

[90] Vgl. dazu auch: Günter, Wolfgang: Allgemeine Didaktik und Methodik der Studienreise. In: Günter, Wolfgang (Hrsg.): Handbuch für Studienreiseleiter. 3. Aufl. München, Wien: Oldenbourg 2003, S. 144–169.

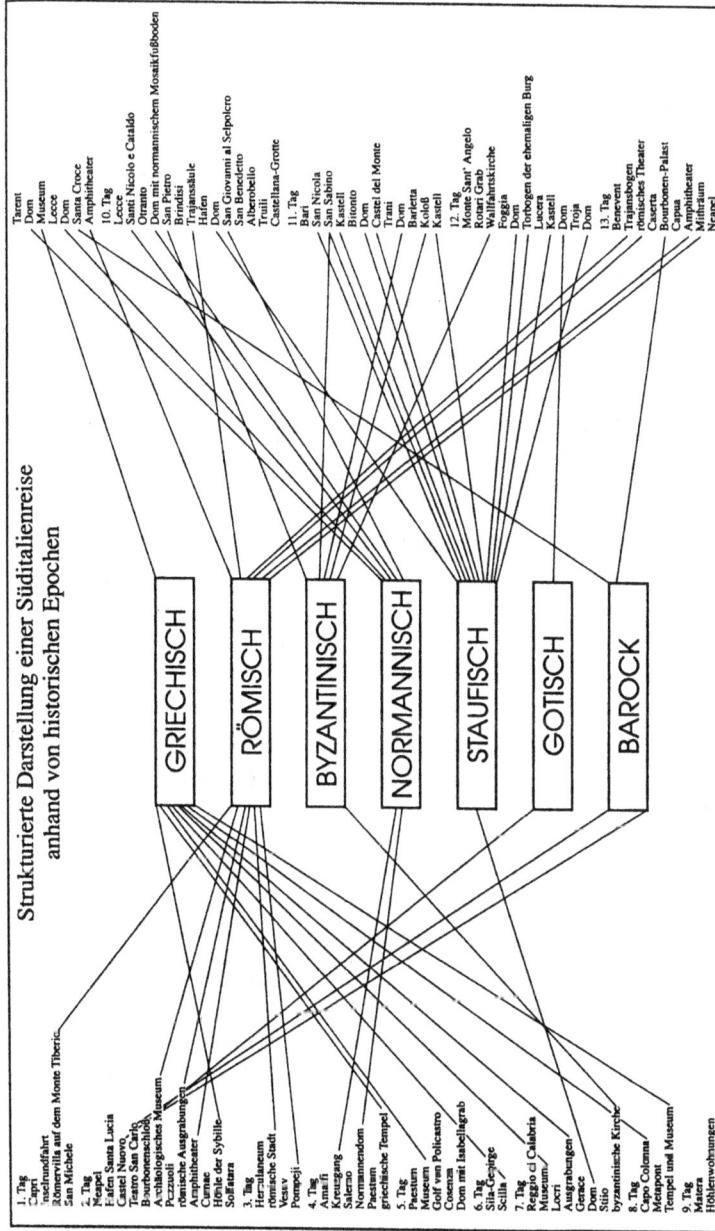

Abb. 5.1:   Strukturierung einer Süditalienreise nach Sinneinheiten

Die Besichtigungsmonumente waren bei dieser Reise extrem unterschiedlich und reichten von der Zeit der Griechen bis hinein in die Neuzeit. Durch eine Skizzierung des Reiseverlaufs nach dem hier aufgeführten Schema wird es dem RL deutlich, welche inhaltlichen Schwerpunkte zu welchen Zeitpunkten zu behandeln sind, an welcher Stelle eine Epoche neu eingeführt wird (Einführungsreferat) bzw. wo von der Besichtigung her eine Epoche abgeschlossen und eine Zusammenfassung geboten ist. Die Vorstrukturierung erleichtert es dem RL gerade bei längeren Reisen, die einem Thema zugeordneten Programmpunkte mit Sinneinheiten zu kombinieren und sie miteinander in Beziehung zu setzen, schon Erklärtes zu wiederholen, auf noch Kommendes zu verweisen.

Bei einem nicht-themenbezogenen Reiseprogramm ist es besonders wichtig, dass sich der RL die Mühe macht, seine Zielsetzungen zu überdenken oder, besser noch, auszuformulieren. – Albrecht Steinecke u.a.[91] erarbeiteten eine Auflistung von Richt-, Grob- und Feinzielen zu einer Irlandreise, von denen ich hier schwerpunktmäßig geographische und gesellschaftliche Zielsetzungen wiedergeben möchte:

„Lernziele zum Themenbereich ‚Naturraum, Umweltbedingungen, -belastungen'"
a) Groblernziel: Den Teilnehmern soll ein umfassender und fundierter Überblick über den Naturraum, die Umweltbedingungen und -belastungen in Irland vermittelt werden.

b) Feinlernziele

*   Die Teilnehmer sollen die irische Landschaft in ihrer Entstehungsgeschichte verstehen. Es gab zwei große Perioden: amorikanische und kaledonische Faltung.
    *   Mögliche Haltepunkte: Kaledonische Faltung: Wicklow Mountains; Amorikanische Faltung: Fahrt von Killarney nach Cork, Bellyvourney, Inch (Küstenmorphologie)
        Methode: Fahrtbegleitender Kommentar
*   Die Teilnehmer sollen erkennen, dass zwei große Eiszeiten das irische Relief geformt haben.
    *   Mögliche Haltepunkte: Wicklow Mountains, Connemara, Clifden
        Methode: Besichtigung eines Aufschlusses, fahrtbegleitender Vortrag

---

[91] Steinecke, Albrecht u.a.: Dokumentation einer Studienreise in die Republik Irland 4.–17. April 1988, Universität Bielefeld – Fakultät für Pädagogik, AG 10: Freizeitpädagogik und Kulturarbeit, S. 7–17.

- Es soll die nacheiszeitliche Entwicklung dargestellt werden, am Beispiel der Moor- und Karstlandschaften.
    - Mögliche Haltepunkte: Kilcormac, Kilfenora (Burren), Cliffs of Moher (Küstenmorphologie)
    Methode: Besichtigung eines Reliefausschnittes, Säuretest
- Die Teilnehmer sollen die Umweltprobleme Irlands erkennen und in ihren Ursachen verstehen.
    - Wasserverschmutzung – möglicher Haltepunkt: Howth
    Methode: Führung
    - Luftverschmutzung – mögliche Haltepunkte: Howth, Dublin
    Methode: Beobachtung
    - Landschaftsverbrauch – mögliche Haltepunkte: Kilcormac, Kilfenora (Cliffs of Moher – Küstenmorphologie)
    Methode: Überblicksvortrag".

„Lernziele zum Themenbereich ‚Politische Strukturen, Prozesse und Konflikte'
a) Grobernziel: die heutige politische Situation Irlands verstehen und die wichtigsten geschichtlichen Entwicklungslinien kennenlernen
b) Feinlernziele

- formalpolitische Organisation der Republik
    - Regierungssystem und Organe
    mögliche Haltepunkte: Dublin, Leinster House
    - Parteiensystem
    mögliche Haltepunkte: Dublin, Leinster House
    - Verwaltungssystem
- geschichtliche Entwicklungsprozesse
    - historische Entwicklung der Parteien
    mögliche Haltepunkte: Dublin, Bank of Ireland
    - Aufstände und zentrale Bewegungen
    mögliche Haltepunkte: Boyne-Tal, West-Cork, Lough-Mask House
- Konflikt Nord-/Südirland
    - Unterschiede zwischen Nationalisten und Unionisten (kulturelle Identität und politische Zielsetzung)
    mögliche Haltepunkte: Dublin, General Post Office; Howth
    - Entwicklung, Bedeutung und Einfluß der IRA; Gruppierungen der Unionisten
    mögliche Haltepunkte: Portlaoise, Curragh, Limerick."

Methoden
Parallel zur inhaltlichen und didaktischen Vorbereitung von RL, Gäste- und Kunstführer verläuft die methodische Konzeption. Man unterscheidet zwischen direkten
und indirekten Methoden.

Bei den **direkten Methoden** – Vortrag, Referat, Führung – geht die Aktivität vom
Führenden aus, die Reisegäste sind Zuschauer und Zuhörer – ihre Aufmerksamkeit
ist, abgesehen von den zu erläuternden Inhalten, sehr stark auf den RL konzentriert,
der quasi als Schauspieler vor der Gruppe agiert. Rhetorische Fähigkeiten, Gestik
und Mimik spielen beim Führungsvortrag eine sehr wichtige Rolle. Negativbeispiel:
„Der ‚Führer' steht zwischen Betrachter und Kunstwerk und bestätigt sich durch
diese Führung seine eigenen Anschauungen und Auffassungen. Der so Geführte hat
keine Gelegenheit, weiterführende Fragen oder aber Probleme aufgrund eines Unbe-
hagens am Kunstwerk zu äußern"[92]. Der Führer sollte also von seinem „Podest"
heruntersteigen und sich in gleicher Ebene mit den Gästen einreihen.

Äußeres Erscheinungsbild und rhetorische Präsentation spielen selbstverständlich
auch bei **indirekten Methoden** eine Rolle, jedoch tritt der Gästeführer/RL hier stärker in den Hintergrund und motiviert die Teilnehmer durch geschickte Fragen und
Impulse, sich aktiv an der Führung zu beteiligen. Ziel ist hier nicht der geschliffene
Vortrag, sondern das Gespräch vor den Führungsobjekten. Das Gespräch muss genauso wie der Vortrag motivierend aufgebaut und inhaltlich strukturiert sein. Er
sucht den Kontakt mit der Gruppe, versucht deren rein rezeptives Verhalten abzubauen. Die kommunikative Führung ist auf eine Auseinandersetzung des Betrachters
mit dem Kunst- oder Führungsobjekt angelegt, wodurch auch Assoziationen, Vermutungen und Vorwissen der Betrachter zur Sprache kommen können.

Es gehört viel Geschick und auch Erfahrung in der Gesprächsführung dazu, die
Teilnehmer, ohne dass sie es merken und sich womöglich schulmäßig abgefragt
fühlen, zum Mitmachen und Mitreden zu aktivieren.

Durch eine kommunikative Führung verliert sich die Zentrierung auf die Person des
Führers, der Gästeführer kommt mit den Gästen, aber auch die Gäste untereinander
ins Gespräch. Der „Führer" wird somit zum „Gesprächsleiter", zum „Moderator",
der im Hinblick auf die Struktur und das Programm die Gesprächsanteile wieder
zusammenführt und zum nächsten Gesichts- und Besichtigungspunkt überleitet.

Methoden, um von der „Einwegkommunikation" wegzukommen, sind Impulse und
Fragen an das Publikum. Allerdings ist hierbei auf einen unterhaltsamen lockeren
Stil der Präsentation zu achten, da die Fragen sonst streng und lehrhaft wirken und

---

[92]   Thinesse-Demel, Jutta: Die kommunikative Führung im Museum. In: Schmeer-Sturm, Marie-Louise
(Hrsg.): Freizeitpädagogik 12 (1990), Schwerpunktheft Freizeitpädagogik im Museum, S. 24.

die erzielte Wirkung – mehr Kommunikation zwischen Gästeführer und Gästen – ausbleibt.

Weitere Formen indirekter Vermittlung sind Experimentierformen, wie z.b. die Diskussion mit Experten, ein Abendseminar zu Literatur oder Politik, die Feldforschung in Arbeitsgruppen, eine Gesprächsrunde mit deutschen Emigranten, das Erlernen landestypischer Lieder, die Bild- und Textmeditation, Spiele und Projekte.

5.4 Dramaturgie und Erlebnis

Bei der Planung einer Reise berücksichtigt die Reiseleitung dramaturgische Gesichtspunkte und überlegt sich: Wo setze ich Höhepunkte? Wo sind Entspannungspausen angebracht? Wo möchte ich bewegen, wo eher erheitern und belustigen? Wie variiere ich Inhalte und Methoden? Wie kann der Biorhythmus berücksichtigt werden? Wie können die Höhepunkte bzw. Entspannungspausen entsprechend gelegt werden? Wie nütze ich Wetter- und Lichtverhältnisse aus, um Kunst- und Naturerlebnisse zu fördern (z.B. Besichtigung von Tempelruinen im Abendrot; Wanderung zu einem Aussichtspunkt im Morgengrauen, improvisierte Badegelegenheit an einem schönen Strand zur Mittagspause)? Welche Strecke wähle ich, um Verkehrsstauungen zu vermeiden und evtl. durch typische Orte zu fahren? Wie können zu erwartende Störungen des Ablaufs (wie etwa langes Warten im Stau) abgemildert werden (z.B. durch das Abspielen von Musikkassetten)? Sowohl die Einzelführung als auch das Programm einer ganzen Reise sollte jeweils auf einen inhaltlichen oder emotionalen Höhepunkt zulaufen.

Die **dramaturgische Struktur einer Führung**[93] ist identisch mit anderen, durch einen zeitlichen Rahmen eingegrenzten kommunikativen Akten, d.h. entspricht im Aufbau den Regeln eines Theaterstücks oder Films:

- Begrüßung der Gäste, persönlich und im Namen des Verkehrsvereins, der Stadt usw., Vorstellen des GF mit Namen
- Präludium bzw. Prolog: kurzer Überblick über die zu erwartende Führung, Hinweise auf technischen Ablauf, evtl. Hindernisse und Beschwerlichkeiten („Die Kirche X liegt auf einem Hügel mit 550 Stufen"; „Das Rathaus ist eines der berühmtesten ganz Deutschlands und in jeder größeren Kunstgeschichte abgebildet.").

---

[93] Nach Springer, Walter: Dramaturgie und Erlebnis. In: Schmeer-Sturm, Marie-Louise, Springer, Walter: Gästeführung. Grundkurs zur Vorbereitung und Durchführung von Besichtigungen. 3. Auflage München Wien: Oldenbourg 1996, S. 39–42.

- Die Führung ist in mehrere „Akte" gegliedert. Man wird in der Reihenfolge die Entwicklung zu einem Höhepunkt, der Hauptsehenswürdigkeit, anstreben und zweitklassige Führungsobjekte zwischen die Attraktionen streuen. Letztere lassen sich durch Geschichten, Histörchen, Witze, lustige Begebenheiten in der Geschichte oder auch durch witzige Bemerkungen früherer Führungsgäste etwas aufmöbeln.
- Sehr wichtig ist die sinnvolle Überleitung von einem Akt zum anderen. Hier gibt es vor allem zwei Möglichkeiten:
    - Die Kontrastierung: „Während wir bei Bild A noch die Verwendung von Goldhintergrund haben, sind hier bereits Landschafts- und Architekturmotive einbezogen ..."
    - Die Analogisierung, der Vergleich: „Diese Idee der theatralischen Inszenierung findet sich nicht nur im profanen Schlossbau des Barock, sondern auch in den Kirchenbauten der Gegenreformation, und damit möchte ich Sie bitten ..."
- Das Finale: Am Ende der Führung sollte noch für einen harmonischen Ausklang gesorgt werden. Eine knappe Zusammenfassung umreißt das Gesehene nochmals kurz. Dann wendet sich der GF persönlich an die Gruppe und verabschiedet sich („Ich hoffe, dass ich Ihnen die Baukunst ... und dass Ihnen der Rundgang in ... gefallen hat und wünsche Ihnen eine angenehme Heimreise ..." Dabei sollte nicht zu übertrieben agiert werden (Keine Trinkgeldschmeicheleien!)

Dramaturgische Gesichtspunkte gelten nicht nur für die Gesamtkonzeption der Führung, sondern auch für die einzelnen „Bausteine" eines Rundganges. Die beste Interpretation wird entwertet, wenn der GF nach einer schlüssigen Zusammenfassung oder einem emotionalen Höhepunkt (z.B. rührende oder geistreich-witzige Anekdote zum Objekt) noch uninteressante Daten und Fakten anfügt und womöglich damit schließt, dass ihm nun nichts mehr einfalle.

Erlebnisbereiche im Urlaub
Bezogen auf den Urlaub unterscheidet Schober[94] vier Haupterlebnisbereiche:

1. Exploratives Erleben
„Damit ist das suchende Informieren gemeint, das Erkunden, das spielerische Probieren, die Neugierde auf das Besondere. Jedoch darf die Abweichung

---

[94] Schober, Reinhard: Das Erlebnis eigentliches Urlaubsziel. In: Beratung Freizeit. 1(1975), S. 19.

zum Bekannten nicht extrem groß sein, um nicht panische Angst auszulösen. Gewisse Angstreize üben jedoch Anziehungskraft aus."[95]

Beispiele:

- die verschiedenen öffentlichen Verkehrsmittel einer Stadt ausprobieren (z.b. Metro, Zahnradbahn, Vaporetto)
- Esels- oder Kamelritt
- Besuch eines Lebensmittel- oder Fischmarktes, letzteres insbesondere in den frühen Morgenstunden
- Zusammentreffen mit fremden Menschen (z.b. Besuch einer Schule, eines Kindergartens, einer Universität, Gespräch mit deutschen Emigranten)
- Besuch einer Opern-, Konzert- oder Theatervorstellung
- Besuch einer Sportveranstaltung
- Ausprobieren besonderer Obstsorten, Süßigkeiten oder gastronomischer Spezialitäten des besuchten Landes
- Wanderungen
- Fahrradtouren

2. Soziales Erleben

Das soziale Erleben wird vom RL gefördert, indem er sich möglichst bald die Namen aller Teilnehmer einprägt und sie häufig mit Namen anspricht, um sie so auch den anderen Gruppenmitgliedern bekanntzumachen. Eine Institution bei vielen Reiseveranstaltern ist inzwischen die „Welcome-Party" geworden, wo den Reisegästen Gelegenheit zum ersten Kennenlernen gegeben wird.

Gemeinschafts- und Gruppenzugehörigkeitsgefühl kann jedoch auch durch vielfältige andere Gemeinschaftsunternehmungen gefördert werden. (vgl. Prinzip der Aktivierung)

3. Biotisches Erleben

„Der im Büro- und Haushaltsmaschinen-Alltag nutzlose und vergessene Körper darf sich auf Gebirgswanderungen oder in der Sonne am Meer räkelnd voll entfalten. Dieser durchaus prickelnde Genuß wird gerne mit ‚Erholung' rationalisiert, was ja auch tatsächlich eintreten kann. Weiterhin zählt zum biotischen Erleben die ‚Animation durch interessante Gerichte, die Reizung der Riech-Epithelien durch eine frische, aromatische Luft usw."[96]

---

95 Schober, a.a.O.
96 Schober, a.a.O.

Das biotische Erleben wird vom RL dadurch gefördert, dass er die Gäste auf Sinnes-
eindrücke aufmerksam macht und sie dazu anregt, diese ganz auf sich einwirken zu
lassen, wie z.b.:

- akustische Sinneseinwirkungen: Musik, Sprechen, klangvolle Dialekte, Vogel-
  singen, das Zirpen der Zikaden, das Rauschen der Wellen, das Schreien auf
  einem Markt, in einem Stadion, typische Geräusche einer bestimmten Stadt
  (z.b. Dohlengeschrei in Volterra). – Harald Neifeind[97] stellt anhand der Piazza
  von Siena fest, dass Akustik schneller an die Emotionen geht, Geräusche an Gefühle erinnern und das Hören allein ein zusätzliches Element der Erinnerung an
  etwas liefert, das man authentisch erlebt hat. Bei einem Experiment mit Studenten aus Göttingen und München suchten die Teilnehmer, in kleine Gruppen aufgeteilt, die Piazza mit Kassettenrekorder akustisch zu erfassen. Die einen nah-
  men Erklärungen eines RLs auf, die anderen das Rufen von Kindern, das
  Plätschern des Fonte-Gaia-Brunnens, ein Interview mit deutschen Rucksacktouristen, das Gurren der Tauben, die Geräusche der umliegenden Restaurants: Für
  alle Beteiligten eine neue Erlebnistiefe, da man sich einmal von der Dominanz
  des Sehens befreien durfte.
- Geruchssinn: Der Geruch des Meeres, der Kanäle von Venedig, der Geruch
  einer Stadt, eines Hotels (z.b. rosenparfümiertes Luxushotel in Delhi), der Duft
  fremdartiger Blumen (Thymian, wilder Fenchel, acridolce), Sträucher (Rosma-
  rin) und Bäume (Pinien, Mandarinenplantagen), Parfums und Essenzen, Speisen
  und Früchte, der Geruch einer Landschaft, eines Strandbades (z.b. nach Son-
  nenöl), Weihrauchgeruch in einer Kirche, Moder in einem verlassenen Bauern-
  haus.
- Augensinn: Bewusstmachung von Formen und Farben, Schönheiten in der
  Landschaft, Kunst und Alltag (z.B. Mode).
- Geschmackssinn: Fremdartige Speisen und Getränke, bewusstes Genießen bestimmter Lebensmittel, wie z.B. Olivenöl aus erster Pressung, Wein.
- Tastsinn: Das Rieseln des Sandes durch die Hände, die glatten, spitzigen, schup-
  penartigen, stachligen, porösen Oberflächen gewisser Pflanzen, Erfassen verschiedener (Bau)materialien nicht nur durch das Auge, sondern auch durch den
  Tastsinn, evtl., außer wenn die Figur im Museum steht und nicht berührt werden
  darf, das Anfassen einer Skulptur (z.B. Denkmal, Brunnenfigur) oder eines fein
  gearbeiteten Reliefs oder Mosaiks.

---

[97]   Neifeind, Harald: Plätze. Wiederentdeckte Erlebnisorte. Reisepädagogik: Bildungserlebnisse statt
       Bildungsergebnisse. Animation März/April 1990, S. 48–51 und Jacobs, T., Neifeind, Harald, Schrö-
       ter, Erhard: Sehnsucht nach Arkadien. Inszenierung von kognitiven und sinnlichen Erfahrungen auf
       Studien- und Bildungsreisen am Beispiel der Toskana. In: Lernen auf Reisen. Tagungsdokumenta-
       tion der Thomas Morus Akademie, Bensberg 1990 (Bensberger Manuskripte), S. 111–144.

4. Optimierendes Erleben
„Die Verschönerung durch Bräune, die Vitalisierung durch den ständigen Aufenthalt ‚im Freien', in der Natur, die Beurlaubung von ‚Frustrationen' und die Steigerung der Lebensfreude aufgrund vieler entlastender überkompensierter Arrangements ‚verstärkt' den Urlaubsreisenden. Kommt er nach Hause zurück, darf er Lob und Erfolg erwarten."[98]

Dieses „optimierende" Erleben kann z.b. mittels (nicht zu langer) Wanderungen oder improvisierter Badepausen auf einer Rundreise gesteigert werden.

Im übrigen sind die von Schober genannten Erlebniskategorien um das **Bildungserlebnis** zu erweitern, das z.b. durch eine exzellente Kunstführung ausgelöst werden kann, sowie das **spirituelle-religiöse Erlebnis**, das sich auf Reisen bei der Wanderung durch eine großartige Landschaft, durch ein Ruinengelände, durch den Besuch eines Gottesdienstes, durch menschliche Kontakte einstellen kann.

Animationsmodell Länderkunde
Der Trend geht schon seit über drei Jahrzehnten dahin – das lässt sich auch an den Ausschreibungen der Veranstalter ablesen, den Erlebnisaspekt verstärkt auf Exkursionen zu übertragen, Anregungen dazu gab das Animationsmodell Länderkunde von Horst Martin Müllenmeister[99]:

Müllenmeister hat 20 Gebote für Länderkundler aufgestellt:
*   „Traue keinen touristischen Traditionen. Nicht alles, was man bewahrt, hat sich bewährt.
*   Betrachte Sehenswürdigkeiten kritisch. Prüfe immer, ob sie des Sehens wirklich würdig sind.
*   Behandle sehenswerte Sehenswürdigkeiten ohne falsche Ehrfurcht. Klassisches muß nicht unbedingt langweilig sein. Versuche es mit einem ungewöhnlichen Blickwinkel, anderem Licht und einer neuen Optik.
*   Fürchte Dich mehr vor Routine als vor allen Mächten der Finsternis.
*   Zeichne Dir auf einer Landkarte die touristischen Ströme ein. Vermerke die klassischen Routen, auf der alle Ausflugsbusse fahren. Meide diese Strecken unter beinahe allen Umständen.

---

[98]   Schober, a.a.O.
[99]   Müllenmeister, Horst Martin: Animationsmodell Länderkunde, TUI, Beitrag zum Internationalen Modellwettbewerb „Mehr Urlaubsqualität", Internationale Tourismus-Börse. Berlin 1978.

- Kannst Du eine touristische Hauptverkehrsstraße nicht umgehen, so fahre in unüblicher Richtung oder zu ungewöhnlicher Stunde. Der Unterschied zwischen Gedränge und Idylle ist oft nur eine Frage der Tageszeit.
- Entwickle in Dir eine Leidenschaft für Nebenstraßen.
- Entdecke Dir Deine Sehenswürdigkeiten selbst. Du findest sie in ausreichenden Mengen am Wegrand. Vorrat und Nachwuchs sind in aller Welt reichlich vorhanden.
- Haste nicht.
- Hüte Dich vor Übermaß. Auch beim Ausflugsprogramm kann weniger mehr sein. Die Zahl der gebotenen Attraktivitäten ist kein Indikator für Qualität.
- Achte auf die Entfernungen. Berechne die Fahrtstunden und setze sie ins Verhältnis zu den Aufenthalten. Dosiere die Kilometer wie ein Geizhals und die Fahrtpausen wie ein Verschwender. Bedenke, dass die Überwindung von Distanzen kein Selbstzweck ist.
- Merke: Sich bewegen ist besser als bewegt werden.
- Prüfe kontinuierlich, ob Du eine Rundfahrt umwandeln kannst in einen Rundgang.
- Schule Deine Phantasie; erfinde regelmäßig Spaziergänge und Wanderungen. Kombiniere Fahrtstrecken mit Fußwegen, wo immer es möglich ist.
- Verplane bei einer Rundfahrt nicht jede Minute; gönne Deinen Urlaubern genügend Freiheit, Freizeit und persönlichen Spielraum.
- Bedenke, dass eine Versuchsplantage genauso interessant sein kann wie ein Tempel.
- Die Welt ist kein Museum. Aber ein Museum sollte immer ein Stück Welt spiegeln. (Bei Führungen bitte memorieren.)
- Verliere Dich nicht in Einzelheiten, sondern erleuchte die Zusammenhänge. Du sollst Deine Urlauber nie langweilen.
- Sei sportlich: Mache Jagd auf Vorurteile.
- Beachte: Die aufregendste Sehenswürdigkeit für Menschen ist immer noch der Mensch."

Animation und Erlebnispädagogik bedarf nicht so sehr der verbalen Information, sondern vor allem der **„originalen Begegnung"** (H. Roth), des **„primären Erlebens"** (A. Portmann). Das bedeutet, dass die Anregungen des RLs sich nicht auf Daten, Fakten und Zahlen beschränken, sondern auch an die Sinne wenden, was ein Beispiel von Hansjochem Kunze belegen mag:

> „Wir fanden auch eine neue, wundervolle Form des Schlafs: den Tempelschlaf. Vassae, Peloponnes, als die Straße noch nicht asphaltiert war: Müde kamen wir an. Statt nun den Tempel zu besichtigen, legten wir uns im Säulenschatten schlafen. Wir erlebten die alten heiligen Steine durch die Haut,

einprägsamer, unvergesslicher, als es nur mit dem Verstand gelungen wäre."[100]

Volker Born berichtet im Zusammenwirken mit Landschaft und Natur von wunderlich anmutendem Verhalten von Reisegästen:

„Es verliert sich ein Abteilungsleiter im Labyrinth einer Höhle, weil er die Geburt aus dem Schoß der Erde nacherleben will; es legt sich eine Bürokauffrau in eine ausgetrocknete, steinerne Bewässerungsrinne, um zu fühlen, wie das Wasser fühlt, wenn es fließt; ein seiner Sinne mächtiger Entwicklungstechniker erklettert halbnackt eine Zypresse, um Duft, Rinde und Wärme des Baumes mit allen Poren aufzunehmen; die Fremdsprachen-Korrespondentin setzt sich über Stunden in den kalten Wind vor dem Mt. Cook und meditiert in andere Bewußtseinsebenen; Sonnenaufgänge setzen Tränen und metaphysische Gestimmtheit frei."[101]

Gerade Landschaft und ihre Wirkung zu bestimmten Tages- und Nachtzeiten mit ihren Farben, der Sonne, dem Abendrot, dem Mond, dem Sternenhimmel, dem Wasser, den Felsen, den Wäldern und Wüsten, den Geräuschen und Gerüchen kann vielfache Empfindungen und Erlebnisse auslösen.

Persönlichkeitsentfaltung und Bewusstseinserweiterung

Eine Reise kann dem Reisenden und dem RL eine Fülle nicht voraussehbarer Erlebnisse und Selbsterfahrungen eröffnen. Die Erlebnisse, von denen hier die Rede ist, stehen nicht im Programm. Sie drängen sich auch nicht auf. Sie sind plötzlich da für denjenigen, der dafür offen und bereit ist, sich dem Unbekannten auszusetzen.

Kein RL kann seine Gruppe bewusstseinsmäßig über das selbst erreichte Maß hinaus weiterbilden. Beschränkt sich der Horizont des RLs auf reines Wissen, wird auch der Horizont seiner Gäste nicht weit über das Wissensmäßige hinauswachsen. Hat der RL Phantasie, Charme und Witz, wird er entsprechende Funktionen auch bei seinen Mitreisenden wecken. Besitzt er eine starke Einbildungskraft und vermag er Anekdotisches und Mythologisches so gegenwärtig zu machen, dass es vor den Augen seiner Mitreisenden ersteht, dann wird er zum geistigen Medium, das sie bisher unbekannten geistigen Welten näher bringt.

Das Unvorhergesehene, an dem der eine achtlos vorübergeht und von dem sich der andere inspirieren lässt, kann als symbolisches Rätsel oder als archetypisches Bild

[100] Kunze, Hansjochem: Länderkundliche Anregungen und Informationen bei Auslandreisen. Starnberg: StfT 1975, S. 57.

[101] Born, Volker: Praktischer Leitfaden. In: Kirstges, Torsten, Schröder, Christian, Born, Volker: Destination Reiseleitung. München Wien: Oldenbourg 2001, S. 78.

auf einer Säule zu sehen sein, kann als mythologische Szene ein Kapitell zieren oder das Zeichen einer nicht mehr existierenden Gilde sein. Es kann als antikes Spiel auf einer Treppe erscheinen, in den Stein geritzt oder als Höhlenmalerei plötzlich erkennbar werden. Es kann als Ritual oder Festzeremonie, als unvorhergesehene Beleuchtung, als Orgelklang in einer einsamen Kirche, in dem Gesichtsausdruck eines Pilgers, als Abendgesang der Mönche in einer Abtei, als Déjà-vu-Erlebnis oder Aha-Erlebnis von einem Moment auf den anderen ein allumfassendes Gefühl, ein plötzliches Wissen um geheime Dinge auslösen, die in jedem von uns und im Weltgefüge wirken und nur indirekt wahrnehmbar sind.

Das Argument, dass der Gruppenreisende solche geistigen, spirituellen und transzendenten Erfahrungen nicht sucht, auch gar nicht dazu fähig ist und in der Freizeit lieber zur Tagesordnung übergeht, als fürs Ungewöhnliche, Kuriose, Mysteriöse um ihn herum offen zu sein, kann von der Verfasserin nicht geteilt werden. Zweifellos muss sich der RL dem von der Abreise und Anfahrt erschöpften Reisenden und seinem zunächst etwas limitierten, „banalen" Level erst einmal anpassen und für gute Stimmung und Motivation sorgen. Aber es können Augenblicke kommen, die dazu herausfordern, kurz innezuhalten. Der RL unterbricht sein Programm und überlässt dem Augenblick die Regie: Blockaden, Schamgefühle und Ausdrucksbarrieren fallen. Glück, Andacht, Gebet, Ergriffenheit und Erinnerungen brechen durch. Der Reisende erfährt den Unterschied zwischen der messbaren Zeit (Pensum) und der erlebten Zeit: Im Hier und Jetzt eines solchen Augenblicks wird „Ewigkeit" erahnbar.

6   Themen der kulturhistorischen Führung

Im Folgenden sollen inhaltliche und methodische Hinweise für die Aufbereitung von geschichtlich und kunsthistorisch orientierten Führungen gegeben werden.

6.1   Die Stadt und ihr Umfeld

Geschichte der Stadt und abendländische Stadtbaukunst[102]

Nach einer emotional bestimmten Hinführung (z.B. Schwärmen von berühmten kulinarischen Spezialitäten) wird der RL im allgemeinen auf die Geschichte der besuchten Stadt eingehen. Eine wichtige Fragestellung ist z.B. die nach dem Verhältnis der Stadt zu ihrem Umland. Das Phänomen „Stadt" ergibt sich nicht nur aus der Zahl der Einwohner, sondern auch aus sozialen, ökonomischen und kulturellen Charakteristika, wie z.B. dem Vorhandensein von Ämtern, Militär und aus der Kontrolle über das Umland.

Um die Geschichte einer Stadt zu erhellen, sind die Gründe für ihr Wachsen zu suchen und die Unterschiede zwischen den Städten, die Sitz eines Königs- oder Adelshofes waren, zwischen Handels-, Industrie- und Hafenstädten sowie Städten mit politischer Bedeutung herauszuarbeiten. Die Geschichte der Handelsstädte z.B. ist engstens mit der der Verkehrswege verbunden, die Industriestädte verdanken ihren Aufstieg der Nähe von Rohstoffen und/oder Arbeitskräften. Die Geschichte der Bischofssitze ist geprägt von ihrer Funktion als klerikale Zentren.

Beim Betrachten einer mittelalterlichen, aber auch einer neueren Stadt kann der RL mit den Gruppenmitgliedern folgende Fragen diskutieren: Spricht aus dieser Architektur Macht oder Wohlstand, Idealsinn oder aber Elend ihrer Erbauer und Bewohner? Wird in dieser Häuserzeile ein Bestreben der Familien, sich gleichzuordnen, sichtbar, oder spricht sie eher von einem Bedürfnis, sich auszuzeichnen, einem Be-

---

[102] Vgl. dazu Braunfels, Wolfgang: Abendländische Stadtbaukunst: Herrschaftsform und Baugestalt. 3. Auflage. Köln: DuMont 1979.

dürfnis, die anderen Familien, z.B. durch einen möglichst hohen Turm, zu über-
trumpfen? Wofür wirbt dieser Palast (z.B. für die Finanzkraft eines Bankiers)?
Der RL kann Gegensätze zwischen den einzelnen Städten deutlich machen, indem er
z.b. folgende Fragen zur Diskussion stellt: Auf welche Eigenarten der Bewohner
lässt die Bevorzugung des Barockstils in den Kirchen, Palästen und Brunnenanlagen
Roms schließen, die strenge Renaissance-Architektur der Paläste in Florenz, die
nach mathematischen Regeln konzipierten Gemälde der Frührenaissance?

Im Schrifttum zur Urbanistik gibt es eine Reihe verschiedener Gliederungssysteme
für das unbegrenzte Material, wobei jeweils unterschiedliche Gesichtspunkte in den
Vordergrund gerückt werden. Man unterscheidet z.b. nach Ländern oder Provinzen,
nach Epochen, man betrachtet die Stadtanlagen aufgrund ihrer geographischen Lage
oder versucht, sie anhand von wirtschaftlichen Voraussetzungen zu Gruppen zusammenzufassen: „Marktstädte, Hafenstädte, Städte an Durchgangsstraßen oder
Furten, Handelszentren oder reine Agrarstädte".[103] Die folgenden Ausführungen
halten sich an die Gliederung von Wolfgang Braunfels' „Abendländischer Stadtbaukunst". Er unterscheidet zwischen Bischofsstädten, Stadtstaaten, Reichsstädten,
Seemächten, Idealstädten, Residenzstädten und Hauptstädten.

Bischofsstädte:
Was die Bischofsstädte betrifft, so sind fast alle erfolgreichen Städte des frühen
Mittelalters römische Bischofsstädte gewesen. Bis zum 5. Jahrhundert hatten die
meisten einen Dom, dessen Standort sich in der Folgezeit im Allgemeinen nicht
mehr veränderte. Allerdings ist von diesen spätantiken Bischofsdomen, mit Ausnahme von Bauten in Rom und Ravenna, keiner unversehrt bis heute erhalten ge-
blieben.

> „Überall entfaltete sich ein vergleichbares Residenzprogramm, zu dem neben
> dem Dom ein Baptisterium, der Bischofspalast, das Hospital, die Anlage der
> Glockentürme, der Friedhof, seit dem 9. Jahrhundert nördlich der Alpen im-
> mer, und südlich zuweilen auch ein Kreuzgang gehörten, an dem sich die
> Domkanoniker angesiedelt hatten".[104]

Wichtige Beispiele solcher Bischofsresidenzen in Italien sind Aquileja, Grado, Tor-
cello, Parma, Pisa; in Deutschland Köln, Hildesheim, Trier und Bamberg.

---

[103]   A.a.O., S. 7.
[104]   A.a.O., S. 20.

Stadtstaaten

Die Stadtstaaten traten nicht selten die Nachfolge der Bischofsstädte an und entwickelten sich ab dem 12. Jahrhundert, in dessen Verlauf die Einwohnerzahl mancher Städte unverhältnismäßig zunahm. Indem die bischöfliche oder gräfliche Stadtherrschaft Ordnung schuf und Schutz gewährte, kam sie der Entwicklung des Wirtschaftslebens zugute.

Durch peinlich genaue Reglementierung in der städtischen Statuten-Gesetzgebung versuchte man, das tägliche Leben der Bürger in feste Bahnen zu lenken. Es gab dabei Kleiderordnungen und Luxusgesetze, aber ebenso Bestimmungen, die die Höhe der Bauwerke begrenzten oder gewisse Verschönerungsmaßnahmen an Palästen und Häusern vorschrieben, was z.b. bei einem Stadtrundgang in Siena nachvollziehbar ist. Die Rivalität zu anderen Stadtstaaten erwies sich immer wieder als Ansporn für militärische, wirtschaftliche und künstlerische Leistungen, doch den Impetus zur Monumentalisierung des Stadtorganismus bewahrten sich die Städte immer nur so lange, wie sie politisch frei waren.

Reichsstädte

Die Reichsstädte entstanden im 13. und 14. Jahrhundert.

„Die meisten verdanken ihre Entstehung dem Zusammenbruch des staufischen Kaisertums, viele dem Aufstand des Bürgertums gegen seine Bischöfe, einige auch dem Aussterben von Grafen- oder Fürstengeschlechtern. Wo aber gleichzeitig die Territorialfürsten erstarkten, konnten Städte keine neuen Freiheiten erringen. Das war in Alt-Bayern, in Österreich, in Sachsen und Brandenburg, auch in Böhmen der Fall. Reichsstädte finden sich in Franken und in Schwaben, am Rhein, ehemals im Elsass, der Schweiz und den Niederlanden, vereinzelt im Küstenbereich der Nord- und Ostsee."[105]

Zwischen 1789 und 1806, bei der Selbstauflösung des „Heiligen Römischen Reiches Deutscher Nation", waren noch 51 Reichsstädte übrig, von denen im Regensburger Reichssaal 14 auf der rheinischen (z.B. Hamburg, Lübeck, Frankfurt, Köln), 37 auf der schwäbischen Städtebank (z.B. Augsburg, Nürnberg, Regensburg, Ulm) saßen. Es handelt sich also bei den Reichsstädten, zumindest ab dem 17. Jahrhundert, um deutsche Städte – das heißt, dass sich ein auf Deutschland spezialisierter RL besonders mit dieser Thematik vertraut machen sollte.

Im Unterschied zu den italienischen Stadtstaaten wurden die Konkurrenzkämpfe vor allem in den wirtschaftlichen Bereich verlagert und nicht in Kriegen ausgetragen. Das bedeutet für den RL, dass er ökonomische Aspekte (z.B. die Bedeutung der

---

[105] Braunfels, a.a.O., S. 101.

Verkehrswege, der Zünfte usw. für die wirtschaftliche Blüte der Reichsstädte) herausarbeiten sollte. Bauten, Gemälde, Skulpturen, Dichtung, Geschichtsschreibung usw. sind vielfach im Sinne der Selbstdarstellung des kommunalen Stolzes erklärbar.

Seestädte

Bei den Seestädten können wir zweierlei Formen unterscheiden: Städte wie Genua oder Neapel, an den Hügel gebaut, wobei die Bewohner durch die Raumnot gezwungen wurden, die Berghänge immer höher hinauf zu bebauen, enge, niedrige Wohnviertel in der Hafengegend, großzügige, vornehmere Bauten, je höher man nach oben steigt.

In diesen Städten gibt es einen „Dualismus von Stadt und Hafen, ... (einen) Gegensatz zwischen den Bergstraßen und Hafengassen." Andererseits gibt es den Typus der Seestadt, in der mittels Kanälen oder Flussläufen die Schiffe unmittelbar vor den Waren- und Wohnhäusern anlegen konnten. In diesen Handelszentren, zu denen beispielsweise Amsterdam und Lübeck zählen, begegnet man „schmalen, hohen Gebäuden, deren Größe sich erst nach rückwärts ganz entfaltet."[106]

Allen Seestädten ist gemeinsam, dass sie danach trachteten, Besitzungen und Rechte jenseits der Meere zu erwerben sowie Kolonien, Niederlassungen oder zumindest Stützpunkte im Ausland zu errichten. Diese Orientierung nach dem Ausland bringt eine große Offenheit für das Neue und Fremde mit sich.

Bei der Betrachtung der Seestädte spielt neben dem ästhetischen und geschichtlichen auch der wirtschaftliche Gesichtspunkt eine Rolle. Viele Häfen stehen zur Zeit in einer schweren Krise, was z.B. bei der Besichtigung eines Güterhafens thematisiert werden kann.

Idealstädte

Idealstädte und Städte nach regelmäßigem Grundriss hat das hohe und späte Mittelalter in ganz Europa gekannt. Idealstädte entstanden meist für vorübergehende Aufgaben, und als diese, seien sie nun politischer, militärischer oder wirtschaftlicher Art gewesen, wegfielen, verloren sie ihren Daseinsgrund (in Italien z.B. Pienza, in Frankreich Aigues-Mortes und Richelieu).

Zahlreiche Festungen und Festungsstädte entstanden seit dem 16. Jahrhundert bis in die Mitte des 18. Jahrhunderts hinein, durch die der Absolutismus „gefährdete Grenzen und neueroberte Gebiete zu sichern suchte."[107] In dieser Zeit findet sich häufig

---

[106] A.a.O., S. 73.
[107] A.a.O., S. 138.

ein sternförmiger Grundriss der Stadtstruktur, wie z.b. in der Stadt Palmanova, die die Venezianer gegen die Einfälle der Osmanen geplant hatten. – Neben dem sternförmigen findet sich in dieser Zeit auch der sechseckige Grundriss, wie z.b. in Grammichele und Avola auf Sizilien. Diese beiden Städte wurden auf dem Reißbrett nach regelmäßigem Plan entworfen, um alte Orte zu ersetzen, die Ende des 17. Jahrhunderts von einem Erdbeben zerstört worden waren. – Eine Musterstadt des Barocks ist La Valletta (Malta), das ab 1566 zu einer Inselfestung gegen die Osmanen ausgebaut wurde und als die vollkommenste Festungsstadt berühmt war.

Zur Geschichte der Idealstädte zählen weiterhin die zahlreichen Stadtplanungen als Festungen der schwedischen Krone, die zwischen 1600 und 1715 angeordnet wurden, um ihr neues Ostseereich zu sichern (z.b. Kalmar, Landskrona oder das misslungene Projekt für Carlsburg an der Stelle des heutigen Bremerhaven).

Es ist immer empfehlenswert, dass der RL mit Plänen und Grundrissen arbeitet. Bei dem Besuch von Idealstädten ist dieses Hilfsmittel unerlässlich: Durch neuere Siedlungen am Rande der alten Städte ist die zugrunde liegende Struktur nicht immer sofort einsichtig.

Residenzstädte

Während in den Bischofsstädten sakrale Bauten dominieren, in den Stadtstaaten ein reiches Kommunalprogramm, so in den Residenzstädten Bauten des Hofes:

> „Zu einem voll entwickelten Residenzprogramm, wie es Turin oder München gestaltet haben, gehören neben der Residenz und den ihr zugeordneten Kanzleien und Ministerien die Hofkirchen und Hoftheater, die vielfältigen Gebäulichkeiten für den Marstall und die Wachen, eine Reihe Klosterstiftungen und Votivkirchen, die besonderen Kirchenbauten, die der Grablege der Fürsten dienten, nicht zuletzt auch der Kranz der Villen und Schlösser auf dem Lande."[108]

Während in den Bischofsstädten der Dom die ganze Stadt überstrahlt, ist es in den Residenzstädten das Schloss. Viele der großartigsten Residenzstädte Europas, wie z.B. Berlin, Nancy, Karlsruhe, Mannheim, Potsdam, St. Petersburg oder vor allem Versailles – das vollkommenste Beispiel -, haben ihr prächtiges Gewand in der Zeit des Absolutismus erhalten. Ausdruck der Macht, die ganz vom Fürsten bestimmt wird, ist die Führung der Straßenzüge: Nicht selten sind alle wichtigen Straßenachsen einer Residenzstadt auf das Schloss hin orientiert.

---

[108] A.a.O., S. 160.

Hauptstädte

Was die Hauptstädte von Residenzstädten unterscheidet, sind

„drei ihr Wesen bestimmende Eigenschaften:
Die Massen als politische Macht und als politische Aufgabe;
die Sonderstellung einer solchen Stadt nach Volkszahl, Wirtschaftskraft und geistiger Produktion und
ihr Gegensatz zu der Provinz oder den Provinzen.

Echte Hauptstädte sind die größten Städte ihres Landes" und waren, wie z.B. Prag, Wien, London oder Paris, „zu allen Zeiten auch der geistige Mittelpunkt der Kultur des jeweiligen Staates".[109]

Praktische Fragen zur Orientierung in einer Großstadt

In einer Haupt- oder Großstadt ist zumeist die Gegenwart stärker präsent als in kleineren Orten, die von Reisegruppen besucht werden. Hier interessieren den Reisegast auch praktische Fragen, die ihm die Orientierung erleichtern, z.B. nach den Verkehrsverbindungen: Wie benutzt man Bus, Trambahn, Untergrundbahn oder sonstige Verkehrsmittel? Kann eine Stadt ohne Metro den Charakter einer Hauptstadt haben? Wie hoch sind die Preise für die Benutzung der öffentlichen Verkehrsmittel? Wieviel Prozent der Bevölkerung benutzen regelmäßig ein öffentliches Verkehrsmittel?

Eine andere Frage, die Touristen interessiert, ist die nach dem Geschäftsleben und den Einkaufsmöglichkeiten. Wo gibt es günstige Läden? Welches sind typische Produkte? Wo kauft „man" ein? Gibt es Flohmärkte, Antiquitätenmärkte usw.?

Interessant für eine deutsche Reisegruppe ist auch die Frage nach der Repräsentation von deutschen Instituten in der jeweiligen Stadt. In Rom gibt es z.B. das Deutsche Archäologische Institut (seit 1892), die „Hertziana" (Kunsthistorisches Institut seit 1912), die Villa Massimo, in der seit 1928 deutsche Künstler Stipendien in Rom erhalten können. Ferner gibt es die Botschaft der Bundesrepublik Deutschland beim Heiligen Stuhl, zwei deutsche Schulen, einen deutschen Kindergarten sowie ein Goethe-Institut. – Das Thema kann ausgeweitet werden, z.B. durch folgende Fragen: Wie werden deutsche Touristen und die in Rom lebenden Deutschen angesehen? Wie ist das Rombild der Deutschen in Geschichte und Literatur gewesen? Gibt es eine Partnerstadt der besuchten Stadt in Deutschland? Lernen die Bewohner der besuchten Stadt Deutsch?

---

[109] A.a.O., S. 155.

Themen am Beispiel der mittelalterlichen Stadt

Auch bei Besichtigungen und Rundreisen, die nicht unter alltagsgeschichtlichen und politischen Themen und Gegenwartsaspekten wie die „Stattreisen" stehen, sollten die im Programm ausgeschriebenen Monumente nicht nur vom kunsthistorischen Standpunkt her besichtigt werden, sondern es sollte auch danach gefragt werden, wie das Leben der Menschen in der Vergangenheit organisiert war.

Nachfolgende Liste[110] gibt Vorschläge dazu, welche geschichtlichen Schwerpunkte einer Stadt – hier am Beispiel des Mittelalters – der RL in seiner Einführung oder bzw. der Gästeführer vor Ort exemplarisch behandeln könnte. Diese Einleitung kann sinnvoll sein, wenn eine längere Fahrtstrecke zu gestalten ist und durch die Erklärungen des RLs die Anfahrt zum Treffpunkt mit dem Local Guide überbrückt werden soll.

*   Gab es Wurzeln in der Antike?
*   Ausbildung der Städtelandschaft einer Region
*   Welche Elemente waren stadtbildend (z.B. Burg oder Pfalz als Herrensitz, Bischofssitz, Kloster oder Stift, Markt, Brücke, Umschlagplatz und Siedlung einer weitgehend kaufmännischen Bevölkerung)?
*   Wodurch wuchs die Stadt an (z.B. Landflucht und ihre Gründe, Bevölkerungszunahme und damit verbundene berufliche Spezialisierung, Förderung durch Stadtherrn, Städtegründungspolitik im Landesausbau)?
*   Wie sah die Stadt im Mittelalter aus?
*   Immunitätsbezirke (z.B. „Domstadt")
*   Straßennetz innerhalb des Mauerrings, Entwicklung von Parzellen und Vierteln, Anordnung und Gestaltung der Häuser
*   Herren- und Armenviertel
*   War die Stadt ummauert? Wie war die Festung und Verteidigung organisiert?
*   Welche Gewerbe waren hier im Mittelalter ansässig und wie arbeitete man damals? Welche Berufe gab es?
*   Herrschaftsverhältnisse
*   Sonderrechte für Teile der Stadtbevölkerung, Freiheiten („Stadtluft macht frei binnen Jahr und Tag."); Stadtrechte
*   Städtisches Verfassungsleben, genossenschaftliche Vereinigungen, Schwurvereinigungen und ihre Versuche, sich am Stadtregiment zu beteiligen; Entwicklung der Bürgerschaft zu einer eigenen Autonomie gegenüber dem Stadtherrn; Organe der städtischen Selbst- und Mitverwaltung (z.B. Schöffenkolleg)
*   mittelalterliche Gerichtsbarkeit (Folterkammern, Hexenverfolgungen)

---

[110] Zur Ausführung dieser Themenliste siehe: Goetz, Hans-Werner: Leben im Mittelalter. 3. Auflage. München: Beck 1987, S. 201–239.

- Spitäler und Krankheiten (z.b. Lepra) und der Umgang der Gesunden mit der Krankheit
- Stapelrechte und Handelsförderung, Kaufhäuser
- städtische Oberschicht (Kaufleute, Ministerialen, Fernhändler, Patriziat)
- städtische Mittelschichten (Handwerker und Gewerbetreibende und ihre Organisation in den Zünften)
- Zünfte: Kartellfunktion, Zunftzwang, Beschränkung der Mitgliederzahl, das Leben in der Zunft
- städtische Unterschichten (teilweise Gesellen und Lehrlinge, Gehilfen, Tagelöhner, Hauspersonal, Gesinde, unehelich Geborene, „unehrliche" Berufe wie Henker, Müller, Weber)
- Randgruppen (Bettler, Fremde) und Minderheiten (Juden)
- Prestige, Ehren- und Sittenkodex der einzelnen Schichten (z.b. Kleiderordnungen, Zunftordnungen, Lebensführung, Weltbild)
- Glaube und Manifestationen der Frömmigkeit (z.b. Zunftheilige und -kapellen)
- soziale Versorgung und Absicherung?
- Umweltbelastung in einer mittelalterlichen Stadt (Lärm, Wasserversorgung, Abfallbeseitigung, städtische Maßnahmen zur Reinhaltung der Gewässer und zur Entsorgung)

6.2   Die Stadtrundfahrt

Funktion der Stadtrundfahrt

In einer kleineren Stadt, die nur für einen Tag oder kürzer besucht wird, ist es Zweck der Stadtrundfahrt, möglichst allumfassende Informationen zu geben. Wenn die Gruppe von auswärts kommt, ist im Allgemeinen auf der Hinfahrt ein Einführungsreferat zur Geschichte der Stadt vorauszustellen.

Anders sind die Forderungen an eine Stadtrundfahrt, die während einer Städtereise (z.b. eine Woche London) stattfindet: In diesem Fall sollte sie den detaillierten Besichtigungen vorausgehen, erste Orientierungsmöglichkeiten bieten und die Monumente erfassen, die nicht mehr bei den Einzelbesichtigungen berücksichtigt werden. Die Besichtigung ist in diesem Fall nicht zu ausführlich. Bei der informativen Stadtrundfahrt möchte der Kunde möglichst viele Monumente vorgestellt bekommen, um auch Anregungen für einen evtl. freien Tag und Besichtigungen nach seinen speziellen Interessen zu erhalten. Die Auswahl der Objekte wird sich danach richten, ob man einen Bus für die ganze Dauer der Reise zur Verfügung hat oder ob mit der Stadtrundfahrt alle Objekte, die mit öffentlichen Verkehrsmitteln ungünstig zu erreichen sind, abgedeckt werden müssen.

Planung und Auswahl der Sehenswürdigkeiten

Wenn der RL eine Stadt noch nicht oder noch nicht gut kennt, ist eine genaue Planung zu Hause unerlässlich. Erste Voraussetzung ist ein genauer Stadtplan, evtl. mit gekennzeichneten Einbahnstraßen, Buslinien und Sehenswürdigkeiten, Buspark- und ggf. genehmigten -aussteigestellen. Der RL kann die Stadtrundfahrt nach verschiedenen Gesichtspunkten gliedern, sei es nach Epochen, Kunstthemen oder geographischen Gegebenheiten. Da im Allgemeinen die Zeit knapp ist, empfiehlt sich eine Kombination von Gesichtspunkten der örtlichen Nähe und möglichen historischen Anknüpfungsmöglichkeiten. In vielen Fällen ist es günstig, nach einer Rundfahrt in den äußeren Bereichen am einen Ende der Altstadt auszusteigen und sich am anderen Ende vom Fahrer wieder aufnehmen zu lassen. Anregungen für geeignete und befahrbare Routen geben die Prospekte der inzwischen in vielen Städten vorhandenen Hop On-Hop Off-Stadtrundfahrten.

Die Auswahl der Sehenswürdigkeiten wird zumeist vom Reiseprospekt her vorstrukturiert. Ist dies nicht der Fall, sollte der Bekanntheitsgrad der Objekte (Zahl der „Sternchen") mit in Rechnung gestellt werden, denn eine Reise hat immer auch einen gewissen Prestigecharakter: Eine Romreise würde von ihrem Gesamtwert her gemindert, wenn das Kolosseum oder die Peterskirche nicht gesehen würden.

In diesem Zusammenhang muss auf den Stellenwert der Stadtrundfahrt im Gesamtprogramm Rücksicht genommen werden: Ist die Gruppe noch mehrere Tage in Rom, so kann die Peterskirche bei der Stadtrundfahrt zugunsten anderer Objekte entfallen und an einem anderen Tag ausführlich erklärt werden. Ist die Stadtrundfahrt am ersten oder zweiten Tag der Reise, so sind die Teilnehmer wissensdurstig und wollen möglichst viel sehen; liegt sie stattdessen am Ende einer zweiwöchigen Reise, so sind wenige Besichtigungsschwerpunkte und eine größere Betonung des Erlebnismäßigen empfehlenswert.

Auch für die Fahrt selber sind tageszeitbedingte Möglichkeiten der Aufnahmefähigkeit und -bereitschaft sowie körperliche Belastbarkeit einzukalkulieren und entsprechende Ruhepausen in Form von Kaffee- und Mittagspausen zu planen.

Die Lage des Hotels, von dem die Gruppe morgens abfährt bzw. die Straße, durch die der Bus in die Stadt fahren wird, sollte eruiert werden, ebenso evtl. Öffnungs- und Gottesdienstzeiten. Wird kein offizieller Stadtführer genommen, so ist je nach Ort mit verstärkten Schwierigkeiten von Seiten der autorisierten Führer zu rechnen, und es sollten besonders viel besuchte Punkte außerhalb der „Stoßzeiten" besucht und Erklärungen dort mit einer gewissen Vorsicht/Rücksicht abgegeben werden

Ausarbeitung der Streckenführung
Stehen die Besichtigungspunkte fest, zeichnet der RL die Route in den Stadtplan ein, kennzeichnet (z.B. mit einem Punkt) die Ein- und Aussteigeorte, strichelt die Strecken, die zu Fuß zurückgelegt werden sollen und fertigt von diesem Plan eine Kopie, falls er einen ortsunkundigen Fahrer hat.

Parallel dazu stellt er allgemeinverständliche Beschreibungen der Monumente, an denen man vorbeifährt oder die er von innen besichtigt, mit Nennung ihres Stils und ihrer Funktion zusammen. Dabei ist zu überlegen, an welcher historisch dazu prädestinierten Stelle, selbst wenn heute davon nichts mehr zu sehen ist, von der Stadtgründung, von wichtigen historischen, politischen und kulturellen Ereignissen zu sprechen ist.

Auf davon getrennten Blättern notiert oder sammelt er allgemeine Erläuterungen, die bei längeren Strecken ohne Besonderheiten, bei einem Verkehrsstau oder sonstigen „Leerzeiten" eingefügt werden können, z.B.: Anekdoten über die Stadt und ihre Persönlichkeiten; industrielle Schwerpunkte; klimatische Besonderheiten; kulinarische Spezialitäten; Folkloristisches; Einkaufsmöglichkeiten.

Die Vorbereitung der Teilnehmer
Im Allgemeinen bereiten sich die Teilnehmer von Rundreisen kurzfristig, d.h. von Tag zu Tag, auf die Besichtigungen vor. Der RL kann ihnen dabei behilflich sein, indem er am Abend vorher oder bei der Fahrt zur Stadt einen kopierten Stadtplan mit eingezeichneter Route austeilt und anhand dessen bereits die Route der Stadtrundfahrt erläutert. Er sollte dabei den Stadtplan nicht nur „graphisch", sondern auch geschichtlich erklären, Hauptachsen zeigen, sakrales oder profanes Zentrum und ihre Beziehung zueinander, Stadtbefestigungen und Flussläufe. Der RL ermöglicht so eine erste Orientierung der Teilnehmer.

Kennt sich der RL selbst noch nicht gut aus oder fühlt er sich bezüglich der Erklärungen unsicher – womöglich angesichts einer besonders anspruchsvollen oder vielleicht sogar unangenehmen Gruppe – wird er diese Vorbereitung der Teilnehmer, eine Verringerung seines Wissensvorsprungs und die Provokation unangenehmer Fragen, vermeiden.

Letzte Vorbereitungen der Stadtrundfahrt
Kommt der RL bereits am Abend vor der Stadtrundfahrt an, so kann er sich noch nach evtl. bedeutsamen verkehrsmäßigen Änderungen (z.B. Metro-Baustellen, Einrichtung von Fußgängerzonen und Einbahnstraßen) erkundigen, um unliebsame Überraschungen während der Stadtrundfahrt zu vermeiden.

Wird die Stadtrundfahrt mit einem einheimischen Bus durchgeführt, empfiehlt es sich, telefonisch die Abfahrtszeiten zu bestätigen. Bei großen Gruppen ist, um lange Wartezeiten zu vermeiden, ggf. eine Vorbestellung des Mittagessens ratsam. Schließlich erstellt der RL spätestens zu diesem Zeitpunkt eine Zusammenfassung der Streckenführung und eine genaue Zeiteinteilung. Reine Stadtrundfahrten sind immer schwieriger durchführbar, da viele historische Zentren für den Autoverkehr bereits gesperrt sind. Aus diesem Grund wird man die Rundfahrt in vielen Fällen mit einem Rundgang oder/und einer Fahrt mit öffentlichen Verkehrsmitteln kombinieren müssen. Ein Ortsplan für den Fahrer wäre hilfreich. Die Zeitleiste mit den Angaben der zu besichtigenden Orte könnte mit folgenden Zeichen erläutert werden:

A = Aussteigen (u. evtl. Innenbesichtigung)

F = Fußweg

TT = Treffpunkt mit den Teilnehmern

TB = Treffpunkt mit dem Bus

Die Planung einer Stadtrundfahrt gehört zu den arbeitsaufwendigsten Vorbereitungen des RLs, weil er eine Vielzahl von Monumenten, die kurz aufeinander folgen, „synchronisieren" muss und sich durch Änderungen in der vorbereiteten Streckenführung (Baustellen, Einbahnstraßen, Hindernisse etc.) bisweilen unvorhersehbare Komplikationen, die nur durch gute Landeskenntnisse, Flexibilität und Phantasie ausgeglichen werden können, ergeben.

6.3   Der Stadtrundgang

Die Planung eines Stadtrundganges verläuft ähnlich wie die einer Stadtrundfahrt. Vorteile sind, dass ein Rundgang leichter unter ein spezielles Thema zu stellen ist als eine Rundfahrt (z.B. Literarischer Rundgang: Auf den Spuren der Dichter in Paris), dass der RL eher an einer interessanten Stelle verweilen kann und ggf. etwas vorträgt. Allerdings haben es die Teilnehmer nicht so bequem wie im Bus, und man darf sie nicht durch zu lange Erläuterungen und damit verbundenes Stehen ermüden. Die psychische und physische Aufnahmefähigkeit wird sonst leicht überstrapaziert. Auch ist das Gelingen eines Rundganges wetterabhängig.

Für den RL ist der Rundgang stimmlich, evtl. auch physisch anstrengender als die -fahrt, aber er hat hier mehr Möglichkeiten, die Teilnehmer zu aktivieren, sie in Form einer „kommunikativen Führung" mit einzubeziehen oder aber Formen der äußeren Differenzierung – also Aufteilung in Kleingruppen   vorzunehmen. Allerdings sollte die Teilnehmerzahl bei einem Rundgang 20–25 Personen nicht überschreiten, außer die Gruppe verfügt über ein Audiosystem oder der RL benutzt einen Verstärker für seine Stimme.

Falls die Gruppe größer ist oder die Sehenswürdigkeiten weiter auseinander liegen, könnte auch eine Mischform gewählt werden: längere Erklärungen und Überbrückung weiterer Strecken im Bus, Spaziergänge evtl. in Kleingruppen oder mit zwei Ortsführern und Kirchenbesichtigungen in der Großgruppe. Das bequeme Verkehrsmittel Bus sollte auch zur Vor- und Nachbereitung des Stadtrundganges genutzt werden, so dass der Rundgang selbst von relativ abstrakten historischen Erklärungsteilen entlastet werden kann.

6.4   Profane Gebäude und Anlagen

Einen hohen Stellenwert bei einer Besichtigung haben profane Gebäude und Anlagen. Während in der traditionellen Rundreise vorwiegend Paläste, Villen und alte Rathäuser betrachtet werden, ist im Sinne eines größeren Gegenwartsbezugs für eine Erweiterung des üblichen Spektrums zu plädieren: die meist vernachlässigte Architektur ab dem Klassizismus sowie moderne Urbanistik, Gesichtspunkte neuerer Architektur, öffentliche Nutz-, Sozial- und Repräsentationsbauten sowie die Wohnmöglichkeiten der verschiedenen sozialen Schichten. Je nach Alter und Zweck der Gebäude können sie nach verschiedenen ästhetischen, kunsthistorischen und historischen Interpretationsmustern betrachtet werden, sollten aber mit gegenwartsbezogenen und soziologisch-politischen Bezügen kombiniert werden.

Rathäuser und Stadtpaläste
Will der RL mit seiner Gruppe einen Stadtpalast besichtigen, so empfiehlt es sich, zuerst einen günstigen Standort zu suchen (Fotografierstellung), von dem aus das Gebäude möglichst vollständig zu sehen ist. An dieser Stelle beginnt der RL mit einem kurz gefassten Überblick über die Baugeschichte (Daten soweit wie möglich vermeiden), bespricht die gegenwärtige Funktion des Palastes und geht dann in die Beschreibungsphase über. Diese Reihenfolge kann auch abgewechselt werden. Nach der Beschreibung sollten kurz entweder vom RL oder, wenn die Reise fortgeschritten ist, von den Teilnehmern die wichtigsten Stilphänomene genannt werden und damit die Bauepoche benannt und gegen die jeweils vorangegangene und nachfolgende Epoche abgegrenzt werden. Kluckert schlägt dazu folgende Methode vor: Er fragt bei einer Renaissance-Fassade: „Was müsste man verändern, um aus dieser Fassade eine Barockfassade zu gestalten?"[111]

---

[111]   Kluckert, Ehrenfried: Kunstführung und Reiseleitung. Methodik und Didaktik. Oettingen: Meiners 1981, S. 135.

Des Weiteren ist zu fragen, inwieweit der Palast typisch für die sozial-kulturelle Entwicklungsstufe seiner Zeit ist, inwieweit aus ihm der soziale Stand seiner Bewohner spricht. Angesichts eines mittelalterlichen Kommunalpalastes in Italien liegt es nahe, über die Geschichte der freien Kommune in Italien zu berichten. Vor einem heute als Rathaus genutzten Bau könnte der RL über die Regierung der Stadt, die in ihr dominierenden Parteien sprechen.

Bürgerbauten[112]

Bevor der RL auf die Bürgerbauten eingeht, sollte er klären, wer zu bestimmten Zeiten als Bürger galt, welche Voraussetzungen es dafür gab (z.B. mussten sie als Freie und ehelich geboren sein, mussten wehrfähig sein und gewisse Waffen besitzen, erwerbsfähig sein und ein bestimmtes Vermögen nachweisen). Wer sich im Mittelalter – bis hinein ins 19. Jahrhundert – politisch betätigen wollte, musste in vielen Städten Mitglied einer Zunft sein.

Obwohl die Geburtenziffern im Mittelalter bis zum Anfang des 18. Jahrhunderts sehr hoch waren, betrug die Kopfzahl der einzelnen Bürgerfamilien nur 4–5 Personen, da die in jeder Stadt fast in jedem Jahrzehnt wiederkehrende Pest und andere Krankheiten sehr große Opfer forderten.

Die bauliche und künstlerische Leistungsfähigkeit des Bürgertums hängt in vielen Fällen mit der Größenordnung der Städte und ihrer Bedeutung in Handel und Politik zusammen. Mit dem Anwachsen der Städte tritt der Bürger auch im künstlerischen Leben neben die bisher führenden Stände. Häufig werden Pfarrkirchen durch die Tatkraft des Bürgertums finanziert (z.B. der Dom von Florenz), dienen in Ermangelung anderer Räumlichkeiten als Versammlungsraum der Bürger, werden langsam zum Sammelbecken von Stiftungen aller Art. In diesem Zusammenhang ist auch das wachsende Selbstbewusstsein der Handwerker und Künstler zu erwähnen, die nicht mehr lediglich Ausführende sind, sondern selbst zu Bauherren und Auftraggebern auf allen Gebieten der Kunst werden. Dieses wachsende Selbstbewusstsein drückt sich in der Darstellung des einzelnen im Bildnis, im Stifterbild, im Grabstein usw. aus.

Durch den Absolutismus im ausgehenden 17. und 18. Jahrhundert wird die eigenständige Entwicklung bürgerlicher Kultur geschwächt, denn mehr und mehr tritt der Landesherr und Staat als Auftraggeber hervor. Führend sind nun nicht mehr die Bürger-, sondern die Fürstenstädte.

---

[112] Vgl. dazu Berndt, Adolf: Bürgerbauten. In: Schmitt, Otto (Hrsg.): Reallexikon der deutschen Kunstgeschichte, Bd. 3, Stuttgart 1954, S. 202 ff.

Ein erneuter Aufschwung des Bürgertums erfolgt Anfang des 19. Jahrhunderts einerseits im Zusammenhang mit den Zielen der französischen Revolution (égalité, liberté, fraternité), mit der beginnenden Industrialisierung und der Veränderung der Verkehrsverhältnisse, andererseits durch die Liberalisierung der Verwaltung und Rechtsgestaltung, durch die das Bürgerrecht aufgehoben und damit das Bürgertum als Stand beseitigt wird. Da die Städte durch die Festungsgürtel vom Ende des 14. bis zum Ende des 18. Jh.s auf einen eng gezogenen Bereich beschränkt blieben, kam es weniger zu Neu-, als zu Um- und Ausbauten, was erst mit der Entfestigung der Städte entfiel. Diese erfolgte in den meisten Städten am Ende des 18. bzw. Anfang des 19. Jahrhunderts.

Öffentliche Bauten
z.B. Bauten für Verwaltung (Rathäuser), Rechtspflege (Gerichte, Gefängnisse), Kriegswesen (Stadtbefestigungen, Zeughäuser), Geldwesen (Münze, Banken), Ernährungsversorgung (Speicher, Mühlen, Schlachthöfe), Wasserversorgung, Bauwesen, Gesundheitspflege und -fürsorge (Bäder, Krankenhäuser, Altersheime, Waisenhäuser), Kultur (Universitäten, Theater, Museen), Handel (Marktplätze, Waagen), Verkehr (Straßen, Tore, Brücken, Bahnhöfe). Durch Größe und künstlerischen Wert stehen die öffentlichen Bauten häufig im Vordergrund. Ihre Errichtung beginnt oft erst mit der Emanzipierung vom Stadtherrn, wobei zu den ältesten Bauten dieser Gruppe die Rathäuser zählen.

Gemeinschaftsbauten
Die Entwicklung der Bürgerbauten ist nicht nur vom Bürgertum selbst abhängig; hier ist vom RL auch die wechselseitige Beeinflussung mit sakralen und landesherrlichen Bauaufgaben herauszuarbeiten. Beispiele sind:
* **Krankenhäuser und Altenheime**
  Bei der Betrachtung von Krankenhäusern aus alter und neuerer Zeit ist über die soziale Versorgung früher und heute, über die Art der Krankenversicherung, den Umgang mit geistiger und körperlicher Behinderung zu sprechen, beim Besuch von Altenheimen über Rentengesetzgebung und die übliche Altersversorgung im besuchten Land. Der Einblick in Krankenhäuser und Altenheime ist gelegentlich mit dem Besuch einer Kirche verbunden, da diese Institutionen nicht selten in säkularisierten Klosteranlagen untergebracht sind.
* **Schulen und Universitäten**
  Anhand von Fresken und Reliefs von der Antike bis in die Neuzeit, die Darstellungen von Unterricht zeigen, kann der RL das Schulsystem der jeweiligen Zeit sowie die Stellung des Kindes in der Gesellschaft erläutern: Welchen Gesellschaftsschichten war Bildung zugänglich? Wo lagen Schwerpunkte der Ausbil-

dung (speziell – universell, körperbetont – intellektuell, kampf- und leistungs-
orientiert – ethisch-religiös ausgerichtet)? Professorengräber, z.b. in Bologna,
dienen als Anschauung für Erklärungen zur Entstehung des Universitätswesens
in Italien. – Kinder in Schulkleidung auf der Straße, moderne Schulen, Universitäten – häufig mit politischen Parolen „verziert" – dienen als „Aufhänger" für
Erklärungen zur Kinder- und Familienfreundlichkeit im besuchten Land (z.b.
Kindergeld und sonstige Unterstützungen), zur Art des Schulsystems, zur Politi-
sierung der Schule, zum Universitätswesen und zu im Vergleich mit Deutschland unterschiedlichen Studienrichtungen und -abschlüssen.

- **Stadien**
Auch Stadienbauten können in eine Stadtbesichtigung mit einbezogen werden,
so z.b. in Rom das Stadio Olimpico, das 100 000 Zuschauern Platz bietet und
für die Olympischen Spiele 1960 erbaut wurde. In der Nähe gleich das Foro Ita-
lico mit den Sportanlagen der einstigen Accademia fascista della Farnesina –
das ehemalige Foro Mussolini -, anhand dessen der RL die faschistische Ideologie der Verherrlichung von Jugend und Kraft erläutern könnte, das andersgear-
tete Geschichtsverständnis der Italiener anhand der noch erhaltenen faschisti-
schen Inschriften (wo gibt es in Deutschland noch Inschriften oder Monumente
aus dieser Zeit?) und natürlich die Stellung des Sports und traditionelle von Ita-
lienern bevorzugte Sportarten.

- **Theater**
Während antike Amphitheater, Zirkusanlagen, Stadien und Pälästen dazu geeignet sind, über die Stellung des Sports und der Gladiatorenveranstaltungen zur
Zeit der Etrusker und des antiken Rom zu sprechen, ist im Theater die Stellung
des Schauspiels und seine Entwicklung zu erwähnen. Anhand von Originalen
oder Abbildungen können Kostüme und Masken der jeweiligen Zeit erklärt
werden.
Der RL kann der Gruppe auf den obersten Plätzen des Theaters Sitzmöglichkei-
ten anbieten, so dass der Reisende während des Vortrages den Gesamtüberblick
behält; am Ende des Vortrags könnte er oder ein (vorbereiteter) Reiseteilnehmer
einen kurzen Abschnitt aus einer Tragödie, ein Gedicht oder ähnliches dekla-
mieren. Es soll besonders begabte RL/innen geben, die bei dieser Gelegenheit
etwas vorsingen oder -tanzen.
Auch stilistische Hinweise zur Architektur sind zu geben: Bei antiken Theatern
sollten die Unterschiede zwischen griechischen und römischen Theatern und deren Auffassung vom Schauspiel herausgestellt werden. Zu einem besonderen
Erlebnis kann ein vom RL organisierter Besuch eines Konzerts, Theaterstücks
oder einer Oper werden, z.B. in einem als Freilichtbühne genutzten antiken
Theater (z.B. Epidaurus).

- **Häfen**

  In einer Hafenstadt, wie Barcelona oder Genua, sollte vom RL wenn möglich ein erhöhter Standpunkt auf den Hügeln gewählt werden, um einen Überblick über die Hafenanlagen zu gewähren. Bei dieser Gelegenheit können wirtschaftliche Faktoren, Export und Import, mit dem Hafen verbundene Industrien vom RL angesprochen werden. Auch die Architektur der Stadt richtet sich in vielen Fällen am Hafen aus. Der Hafen zeitigt häufig gewisse Nebenwirkungen wie Prostitution, Schmuggel und Schwarzhandel. – Anhand eines antiken Hafens könnte der RL über die römische Flotte und antike Schiffstypen, Leuchttürme usw. sprechen.

- **Festungen und Burgen**[113]

  Bei der Besichtigung von Festungen ist es im Allgemeinen schwierig, einen nahegelegenen guten Standort zur Erklärung zu finden, da jene meist an erhöhten Stellen errichtet wurden. Deshalb ist bereits bei der Anfahrt darauf zu achten, eine Pause an einem Punkt der Anfahrtsstrecke einzulegen, von dem aus die Anlage möglichst komplett zu sehen ist. Nach Erklärungen über die Baugeschichte und Funktion, der Beschreibungs- und Einordnungsphase, gibt eine Festungsanlage dem RL zahlreiche Möglichkeiten, über das Heereswesen der entsprechenden Zeit zu sprechen: Über Belagerungstechniken, Verteidigungs- und Angriffswaffen, Kriegsmaschinen, Rüstungen und die Art der Uniformen. Aus welchen Bevölkerungskreisen wurden die Soldaten rekrutiert? Wie war damals die Einstellung zu Krieg und Kampf? Auch auf die befestigten Feldlager der Römer, mit ihrem rechteckigen Grundriss, auf dem viele Städte beruhen, kann der RL zu sprechen kommen, anhand von fotokopierten Zeichnungen oder Photographien die Rüstung und Ausstattung der Soldaten erklären.

  Die Burg ist eine mittelalterliche Architekturform, in der sich Wehrwille und Wohnabsicht eines Besitzers oder einer kleinen Besitzergruppe verkörpern. Im Gegensatz zu den Vorformen der Burg, der Fliehburg der Kelten und Germanen, die rein militärischen Zwecken diente und wo der Wohnzweck in Form von unbedeutenden Hütten und Häusern völlig untergeordnet war, bedeutet die mittelalterliche Burg die architektonische Erfüllung und Verbindung von Wehr- und Wohnzweck.

---

[113] Vgl. dazu auch Clasen, Karl Heinz: Burg. In: Schmitt, Otto (Hrsg.): Reallexikon der deutschen Kunstgeschichte. Stuttgart 1954, S. 202 ff.

Themen zur mittelalterlichen Burg

Folgende Liste[114] zeigt weitere Fragestellungen/Themen auf, die der RL im Rahmen einer Burgbesichtigung bzw. als Einleitung in einem fahrtbegleitenden Kommentar behandeln könnte:

- materielle und politische Voraussetzungen für ein Herrenleben frei von produktiver Arbeit
- Pfalzen der Wanderkönige und die Ausbildung fester Höfe
- Mäzenatentum an den Höfen und Burgen als eine Ausdrucksform höfischer Repräsentation
- Träger höfischen Lebens, höfische Dichtung und Heldenepik
- Entwicklung der Burg als Bauwerk: Formen, typische Bauelemente
- Inwiefern hatte die Erfindung und Einsetzung von Feuerwaffen Einfluss auf den Burgenbau?
- Wann stand die Kultur des Rittertums auf dem Zenit und wie drückt sich dieser kulturelle Höhepunkt aus? Wann und aus welchen Gründen beginnt ihr Verfall und wie lässt er sich am Burgenbau verfolgen? (Der Umfang verringert sich, die architektonische Kraft zersplittert, das verwendete Material ist häufig der Bruchstein, der Aufwand ist insgesamt weniger monumental als zur Blütezeit).
- Funktionen der Burg: Wehrfunktion, Friedenswahrung, Burgfriede, wirtschaftliche Funktion zur Sicherung von Zolleinnahmen an Straßen, Flüssen und Brücken, Wirtschaftszentrum, Verwaltungszentrum, politischer Mittelpunkt der weltlichen Herrschaft, Symbol adeliger Repräsentation, kultischer Mittelpunkt
- Besatzung einer Burg
- Ursprünge des Rittertums, Standesbildung, zeremonielle Anerkennung (Ritterschlag, Ritterweihe, Schwertleite)
- Krieg und Kampf (Schutzkleidung, Streitross, Helmzier, Wappen, Bewaffnung, Kampfarten)
- Ritterlichkeit, Ehrenkodex (Tapferkeit, Ehre, Treue, Recht, Milde, rechtes Maß), höfische Gesellschaftsformen (Tischsitten, Kleidung)
- Rittertum und Kreuzzüge, religiöse Komponente, Ritterorden
- Feste und Turniere als Höhepunkte ritterlichen Lebens (Gastmähler, Musik, Spielleute)
- Jagd als Repräsentation der Herrschaft, Bedeutung der Falkenjagd

Auch sind die Burgen nicht losgelöst von den Städten zu sehen, denn als die Städte anfingen, sich eigene Söldnertruppen zu halten, drängten sie das selbständige Ritter-

---

[114] Vgl. Ausführungen zu den in der Liste genannten Themen in Goetz, Hans-Werner: A.a.O., S. 165–200.

tum immer stärker zurück. Damit trat eine Wandlung ein, und die Wohnburg wurde allmählich entweder zur Festung oder zum wenig oder ganz unbefestigten Schloss.

6.5   Sakralbauten

Zu den Sakralbauten[115], die im Gegensatz zum Profanbau kultischen Zwecken dienen oder dienten, zählen Tempel, Moscheen, Klöster, Kirchen, Synagogen und Kapellen. Viele Sakralbauten haben inzwischen ihre religiöse Funktion eingebüßt und werden vom Betrachter mehr als Museum betrachtet; dennoch sollte es der RL nicht versäumen, die religiöse Bedeutung in Architektur und Ausstattung hervorzuheben.

Methodisches Vorgehen bei der Besprechung des Außenbaus
Wie bei der Besprechung von Profanbauten, z.B. Burgen und Kommunalpalästen, ist auch beim Sakralbau zuerst nach einem günstigen ersten Standpunkt, von dem aus das Gebäude möglichst vollständig zu sehen ist, zu suchen. In der Beschreibung des Baues ist auch seine Bedeutung in der Landschaft (z.B. auf der Kuppe eines Hügels) oder im Stadtgefüge (als Abschluss einer großen Straße) mit zu berücksichtigen.

Im Allgemeinen wird der RL eine Kirche von der Westseite, d.h. vom Haupteingang aus, besichtigen. Häufig wird sich ein Rundgang um die Kirche wegen späterer Anbauten oder aus Zeitgründen erübrigen und sollte nur dann unternommen werden, wenn z.B. die Apsis oder Seitenportale und die Dekoration der Längsfronten besonders interessant sind.

Der kunsthistorisch nicht vorgebildete RL sollte zur Vorbereitung anhand von Bildmaterial Beschreibungsübungen machen und dabei versuchen, die Hauptlinien eines Baus in der horizontalen und vertikalen Gliederung zu beschreiben. Ein Manko bei vielen örtlichen Gästeführern ist, dass sie zwar historisch sehr gut bewandert sind, jedoch der Beschreibung von Kunstwerken bei den Ausbildungsinhalten zu wenig Aufmerksamkeit geschenkt wird. Nach dem Motto „Nur was man weiß, sieht man" sollte der RL kontinuierlich daran arbeiten, sich das architekturspezifische Vokabular anzueignen (z.B. anhand eines Begriffslexikons der Architektur).

Geschichtliche Einführung
Anfänger machen häufig den Fehler, dass sie mit wissenschaftlicher Genauigkeit die Baugeschichte in allen Abschnitten referieren, wobei sie nicht mit Daten und Namen

---

[115]   Vgl. zu diesem Thema auch: Thomas-Morus-Akademie (Hrsg.): Sakrale Bauten entziffern. Zur Konzeption von Kirchenführungen. Bensberger Protokolle 105, Bensberg 2003.

sparen. Solche Ausführungen eignen sich höchstens für Spezialgruppen und kunstgeschichtliche Seminare. Sie sollten aber auch in diesem Falle mittels eines Informationsblattes den Teilnehmern bereits vor der Besichtigung ausgehändigt werden, so dass jene sich schon damit beschäftigen können oder nach der Besichtigung die entsprechenden Daten und Fakten nachlesen können. Die Anreise im Bus eignet sich für eine ausführliche historische Einleitung. Während der Kunstführung dagegen sollten der Schwerpunkt auf dem Sehen und Beobachten liegen und die Ausführungen über die Baugeschichte möglichst knapp gehalten werden, dabei die Person des Auftraggebers, der Zeitpunkt des Baubeginns und die angestrebte Funktion des Baues erläutert werden:

Bezüglich des Auftraggebers ist es von Interesse zu erfahren, ob ein Gotteshaus als Machtdemonstration der Bürgerschaft eines Stadtstaates, aufgrund eines Gelübdes oder eines anderen religiösen Anlasses, von einer Zunft oder als Ordenskirche erbaut wurde. Auch die Stellung eines Gotteshauses als Papst- oder Pilgerkirche ist besonders zu berücksichtigen sowie die Ausrichtung der Kirchenarchitektur nach der erwarteten Zuhörerschaft.

Organisatorisches
Noch bevor der RL mit seiner Gruppe den Innenraum einer Kirche betritt, sollte er klären, ob dort nicht gerade Gottesdienst abgehalten wird – in diesem Fall darf er nicht durch eine Führung stören und muss mit den Gästen vom Eingang her den Raumeindruck erfassen, ohne nach vorne durchzugehen. Manche Gotteshäuser sind durch ein Schutzgitter nur teilweise einsehbar, über Mittag geschlossen, haben bestimmte Öffnungszeiten oder sind gewöhnlich nur zu Gottesdiensten zugänglich. Hier sind im Vorfeld Erkundigungen über die Öffnungszeiten einzuholen und ggf. Schlüsselträger (Mesner, Kustode) ausfindig zu machen bzw. eine Öffnung außerhalb der Zeiten mit dem Pfarramt zu vereinbaren. Solche oft langwierig recherchierten Informationen sollten in einem RLbericht auch anderen Kollegen zugänglich gemacht werden. Das Trinkgeld für den Kustoden wird, je nach Leistungsbeschreibung des Reisekatalogs, entweder vom RL für alle oder aber von jedem Teilnehmer einzeln gezahlt.

Weiterhin ist zu beachten, dass es in manchen Gotteshäusern Beleuchtungsautomaten gibt, in die Münzen eingeworfen werden müssen. Die Beleuchtung hält oft nur wenige Minuten an – es ist deshalb ratsam, dass der RL stets eine größere Anzahl der betreffenden Münzen mit sich trägt, um diese Automaten benutzen zu können, und sich kundig macht, wo sich die entsprechenden Automaten oder Lichtschalter befinden bzw. wo man einen Kustoden oder Mesner findet, der den Raum beleuchtet.

Zur Erhöhung des Erlebniswertes eines Kirchenbesuches kann man ein Orgelkonzert oder einen Gottesdienst in das Programm mit einplanen (z.B. Ostermesse in San Marco, Venedig; Gottesdienst mit Gregorianischer Liturgie in Santa Cecilia, Rom). Im Normalfall ist die Besichtigung von Kirchen jedoch auf Zeiten außerhalb von Gottesdiensten und Andachten zu legen.

Nach der Führung sollte noch Zeit für den Kauf von Informationsmaterial wie Postkarten oder Andenken und eine Toilettenpause gegeben werden.

Innenbesichtigung

Der Rundgang im Inneren beginnt normalerweise an der Innenseite der Westfassade, von wo aus man einen guten Gesamtüberblick über das Kircheninnere und ein Gefühl für die Größenausdehnung des Gebäudes bekommt. Ist die Gruppe diese Vorgehensweise gewöhnt, so kann der RL die ersten Minuten schweigen, und jeder Teilnehmer versucht für sich, den Raum auf sich wirken zu lassen. Normalerweise jedoch drängen die Teilnehmer auf einen Rundgang bzw. auf Erklärungen und sind eher bereit, nach Abschluss der Führung in Stille zu verharren.

Einen breiten Raum in den Erläuterungen des RLs nimmt die Beschreibungsphase ein, wobei die beschriebenen Bauglieder zu bestimmten Stilen und, ausgehend davon, zu dem geistesgeschichtlichen Rahmen in Beziehung gesetzt werden. Es dominiert das Prinzip der Anschaulichkeit, denn ausführliche weitergehende Erläuterungen zur Geschichte, philosophische Überlegungen u.Ä. können auch vor oder nach der Besichtigung, wenn alle Teilnehmer bequem sitzen, im Bus vorgetragen werden. Überhaupt sollte der RL eine Kirchenbesichtigung möglichst so aufbauen, dass die Teilnehmer in den Kirchenbänken Platz nehmen können, wenn eine längere Erklärung gegeben wird.

Ein guter Ansatzpunkt zur Beschreibung ist die Frage: „Inwiefern kann man vom Außenbau auf den Innenbau schließen – kann man die Konzeption des Außenbaues im Innenbau wiederentdecken?"[116] Durch diese Frage wird der Teilnehmer aktiviert, vor seinem inneren Auge noch einmal das Bild des Außenbaues erstehen zu lassen und ihn auf das Innere zu übertragen, wobei sehr bald die Bedeutsamkeit gewisser Motive, wie z.B. von Zwerchgalerien, erkannt wird.

Verbunden mit der Beschreibung der einzelnen Bauelemente, ihrer evtl. Ableitung aus der Antike (z.B. Triumphbogen-Motiv) oder anderen Stilphasen kann der RL auch Konstruktion, Statik und Baumaterialien erklären. Statische Probleme sind

---

[116] Kluckert, Ehrenfried: Kunstführung und Reiseleitung. Methodik und Didaktik. Oettingen 1981, S. 139.

ebenfalls soweit wie möglich zu visualisieren, indem der RL z.B. auf besonders starke Wände, Wand- und Strebepfeiler und sonstige Hilfskonstruktionen hinweist. In der nächsten Phase geht der RL auf spätere Veränderungen und Umbauten des Raumes ein, wobei er evtl. die Zerstörung des Barockkleides in vielen Kirchen zum Zweck der Sichtbarmachung des darunterliegenden mittelalterlichen Baues problematisieren und mit der Gruppe diskutieren könnte.

Der Rundgang in der Kirche zu den wichtigsten Ausstattungsstücken erfolgt soweit wie möglich zielgerichtet. Man beginnt mit dem südlichen Seitenschiff, gelangt nach Osten und kehrt über das nördliche Seitenschiff zurück. Kennt der RL die Kirche noch nicht, so geht er am besten in der gleichen Reihenfolge wie der von ihm benutzte Führer vor, um sich die Orientierung zu erleichtern. Wie bei einem Museumsbesuch ist auch bei einem Rundgang durch eine Kirche auf eine strenge Auswahl der Besichtigungsobjekte zu achten. Eine methodische Möglichkeit ist es aber auch, anhand von wenig bedeutsamen Altären, Bildern usw., die aufgrund ihrer geringen Qualität kaum in einem Museum zur Aufstellung gelangen würden, Schematismen und Eigenarten einer Stilphase herauszuarbeiten, was anhand zweitrangiger Werke oft einfacher als an Meisterwerken zu erläutern ist.

Der RL sollte sich gewisse ikonographische Grundtypen einprägen, die in der gesamten katholischen Welt immer wieder auftreten. – Falls der RL in anderen Kulturkreisen eingesetzt ist, gilt dies analog für entsprechende Bildtraditionen. – Die häufigsten Themen von Mariendarstellungen deuten an, wie komplex dieser Bereich ist: Maria als Gottesmutter; Thronende und Königin; Mutter der Barmherzigkeit; Braut des Hohen Liedes; hymnisch Gepriesene; Schöne Madonna; Schmerzensreiche: Schmerzensmutter (Mater Dolorosa) und Vesperbild (Pietà); Nährende Maria (Maria lactans); Krönung Mariä; Tod und Himmelfahrt Mariens; Maria auf der Mondsichel – Strahlenkranzmadonna; Himmelskönigin; Schutzmantelmadonna; Maria im Rosenhag[117].

Bei all dem ist zu beachten, dass für die meisten Teilnehmer die Kunst und die ästhetische Seite der Betrachtung bedeutsam sind, dass dabei aber die Frage nach dem Leben der Menschen, die diese Kirchen geschaffen haben, die in ihren Kunstwerken dargestellt sind, die in ihnen beteten und ggf. noch immer Gottesdienst feiern, nicht zu kurz kommen darf.

Besucht der RL mit der Gruppe einen griechischen oder römischen Tempel (oder eine Synagoge, Moschee, einen buddhistischen Tempel), so müssen auch die uns wenig bekannte Religion und die Zusammenhänge zwischen Tempel und Religion

---

[117] Themen nach: Schmidt, Heinrich und Margarethe: Die vergessene Bildersprache der Kunst. München: Beck 1982, S. 195–255.

erläutert werden, dies auch wieder möglichst anhand des Sichtbaren. Bei antiken Beispielen ist nach der Beschreibungsphase der Unterschied zwischen griechischen und römischen Tempeln herauszuarbeiten und, evtl. mit Hilfe von Rekonstruktionen, Fotos oder Zeichnungen, das ursprüngliche Aussehen, die Bemalung und Ausstattung vor dem inneren Auge wiederherzustellen. Ebenfalls mit Hilfe von Fotos ist, dies nur bei besonders wichtigen Anlagen, möglicherweise die Wirkungsgeschichte darzustellen: In welchen Bauwerken z.B. hat man versucht, das Pantheon zu kopieren? Bei besonders gut erhaltenen Tempeln ist zu fragen, ob ihr guter Erhaltungszustand auf eine (zeitweilige) Umwandlung in ein christliches Gotteshaus zurückzuführen ist.

Bei Gotteshäusern einer den meisten Reisenden weniger bekannten Religion sollte der RL, abgesehen von besonderen Ausstattungsstücken, eher typologisch vorgehen und eingehend die Funktion von einzelnen Teilen der Innen- und Außenarchitektur in Bezug auf den Ritus erläutern. Solche typologischen Grundkenntnisse zu Gotteshäusern der von ihm bereisten Region sollte sich der RL im Laufe seiner Tätigkeit systematisch erarbeiten. Diese haben den Charakter von „Versatzstücken" und können in vielen Bauten angewandt werden, was insbesondere dann hilfreich ist, wenn der RL einen Sakraltraum besucht, den er noch nicht kennt oder zum er nur wenig Informationen hat.

Themen für die Moschee sind z.B.:
- Das Minarett
- Der Brunnen für die Waschung im Hof der Moschee
- Der Predigtstuhl
- Die Gebetsnische
- Teppiche

Klöster: Ordensregeln und Baugestalt
Bei der Besichtigung von Klöstern ist zu überprüfen, inwieweit die Ordensregel und ihre Vorschriften Auswirkungen auf die Baugestaltung hatten[118], was besonders gut anhand von Zisterzienserklöstern (z.B. Zwettl in Österreich, Maulbronn in Baden-Württemberg) nachvollziehbar ist. Ausgehend von der Ordensregel fragt der RL nach der Hierarchie und dem Leben der Klosterbewohner in früheren Zeiten (und ggf. heute). Historisch und kunstgeschichtlich interessiert, inwieweit die Reformation, die Gegenreformation und die Säkularisation auf das Kloster und seine Organi-

---

[118] Vgl. zu diesem Thema auch das ausgezeichnete Buch von Badstübner, Ernst: Kirchen der Mönche. Die Baukunst der Reformorden im Mittelalter, Berlin: Evangelische Verlagsanstalt 1981sowie Braunfels, Wolfgang: Abendländische Klosterbaukunst, 3. Aufl. Köln: DuMont 1978.

sation Einwirkungen hatten. Wie ist bzw. war seine wirtschaftliche, politische und religiöse Situation (Finanzierung durch den Staat, die Gemeinden, Bettelorden, eigene Finanzierung, Ordensnachwuchs; Kirche als Tröster der Armen und von Katastrophen Heimgesuchten, Seelsorge)?

Fragestellungen zum Thema „Kloster"

Folgende Liste zeigt Fragestellungen und Themen[119] auf, die der Gästeführer bzw. RL im Rahmen einer Klosterbesichtigung bzw. als Einleitung in einem fahrtbegleitenden Kommentar behandeln könnte:

* Anfänge des Mönchtums in Ägypten, Byzanz und im Abendland
* Impulse für das abendländische Mönchtum durch Südgallien und die Mission der Iren und Angelsachsen
* Die Bedeutung der Benediktregel und Klosterreformen (Burgund: Cluny, Lothringen: Gorze), Erneuerung der Benediktregel
* Entstehung neuer Orden (z.b. Kamaldulenser, Kartäuser, Zisterzienser)
* Ordensregel und Baugestalt (z.b. Kartäuser und Zisterzienser)
* Entstehung der Bettel- oder Mendikantenorden als Mönchtum des Bürgertums
* materielle Grundlagen der Klöster
* Bedeutung des Mönchtums für Seelsorge, Sozialfürsorge, Wissenschaft, Kunst und Erziehung
* Mönchtum und Mission
* Orden und Inquisition
* unterschiedliche Typen von Klostergründungen
* Eigenkloster als „Versorgungsanstalt" des Adels
* Klosterpolitik und die Gründung von Reichsklöstern
* Privilegien (z.B. Immunität, freie Abtwahl) und Verpflichtungen der Klöster (z.B. Königsgastung, Kriegsdienst)
* Kloster als Lebensraum der Mönche (Klausur, Kreuzgang, Wirtschaftrakte usw.)
* Klostergemeinschaft (Bedingungen der Aufnahme, Rangordnung innerhalb des Konvents, Altersstruktur, Herkunft der Mönche, Verwaltung und Klosterämter, Beziehungen der Klöster untereinander und zur Außenwelt)
* Klosterleben (Gemeinschaftsleben, Askese, Tagesablauf, Handarbeit, Mahlzeiten, Zeichensprache[120], Körperpflege, Kleidung, Ordnung und Strafen)

---

[119] Ausführungen zu diesen Themen in: Goetz, Hans-Werner: Leben im Mittelalter, 3. Auflage. München: Beck 1987, S. 65–114.

[120] Vgl. dazu: Baxandall, Michael: Die Wirklichkeit der Bilder. Malerei und Erfahrung im Italien der Renaissance. Berlin: Wagenbach 1990.

Gotteshaus, Andacht und religiöse Feste

Während die kunstgeschichtliche Führung die Zeiten außerhalb der Gottesdienste wählt, ist der Besuch eines Gotteshauses zum Zwecke der Andacht ein Erlebnis völlig anderer Qualität. Häufig unterdrücken Reiseteilnehmer ein vorhandenes Bedürfnis, in einer Kirche zu beten oder niederzuknien. Der Wettbewerb im Bereich des Wissens hat so sehr von ihnen Besitz ergriffen, dass sie die ursprüngliche Bestimmung des Gotteshauses, das Gespräch mit Gott, nur noch entfernt ahnen oder absichtlich beiseitelassen, um keine kostbare Zeit zu verlieren.

Die Verfasserin ist der Ansicht, dass bei einer Bildungsreise, z.B. nach Italien, zumindest entsprechende Angebote nicht fehlen sollten: Viele italienische Kirchen sind einem Heiligen geweiht (San Zeno, Santa Rosalia, San Clemente, San Francesco etc.). Erzählt der RL die Heiligenlegende, so wird bei den Teilnehmern u.U. jenes Gefühl wiederbelebt, das die Legende (oder eine ähnliche Heiligengeschichte) in ihrer Kindheit ausgelöst hatte. Der Teilnehmer wagt es noch einmal, so naiv „wie ein Kind" (wie als Kind) zu glauben und zu empfinden. Er öffnet sich, wenn auch nur ganz kurz, für das „Heilige".

Wenn der RL über die entsprechende Reife verfügt, kann er in einem Gespräch auf die unterschiedliche Qualität des Kunst- und Gotteserlebens in der Kirche bzw. auf das hinweisen, was beides miteinander verbindet. – Wenn Teilnehmer Kreuze, Heiligenbildchen oder irgendwelche geweihten Gegenstände kaufen, ergibt sich manchmal ein Gespräch darüber, wem sie es mitbringen, was es bewirken soll, was es ihnen bedeutet. Ähnliche Gespräche werden im Zusammenhang mit Votivgaben ausgelöst, die in Kirchen ausgestellt sind: Irgendetwas geht dem Reisenden nahe. Es erinnert ihn an ein eigenes Leiden, an das Leiden von Menschen, die ihm nahestehen oder an Heilungen. Es „bewegt" ihn.

Religiöse Feste in (Süd-)Italien sind eine Mischung aus Volksfest und religiösem Zeremoniell. Viele Bestandteile solcher Feste sind antiken, also heidnischen Ursprungs. (Der Rennritus der „fujenti" in Madonna dell' Arco bei Neapel am Ostermontag leitet sich aus den Spielen des Neapolitanischen Gymnasiums her. Auf der „Festa del diavolo e della morte" in Prizzi und bei den Karfreitagsprozessionen in Enna – beides in Sizilien – wird uralter Dämonenglauben offenbar.) Solche Feste sind oft der einzige Höhepunkt im Jahr: Das Volk, das sonst unter der Fron eines mörderischen Klimas (Hitze, Trockenheit, heiße Stürme) und in der Angst vor Katastrophen (Erdbeben, Vulkanausbrüchen) lebt, kommuniziert auf diesen Festen nicht auf einer sozialen, sondern auf einer viel tieferen, archaischen Ebene (ES) miteinander.

Eine Reisegruppe, die Gelegenheit hat, so ein Fest mitzuerleben, wird vielleicht am eigenen Leib etwas von dem kathartischen Effekt solcher religiöser Feste verspüren.

6.6 Der touristische Rundgang im Kunstmuseum

Neben den Aufgaben des Sammelns, Bewahrens, Restaurierens, Dokumentierens, Forschens, Publizierens und Ausstellens ist in den letzten Jahrzehnten die Bildungsaufgabe sowie der Unterhaltungs- und Freizeitwert eines Museumsbesuches in den Vordergrund gerückt.

Die Sonderausstellung
Die Konzeption der Museumsführung hat eine unterschiedliche Struktur, je nachdem, ob es sich um die Besichtigung einer Sonderausstellung handelt oder um die Schauräume eines traditionellen, meist nach chronologischen Gesichtspunkten geordneten Kunstmuseums. Sonderausstellungen geben von ihrem Titel her das Thema der Gesamtkonzeption bereits vor und widmen sich zumeist entweder einem Künstler (z.b. Frida Kahlo im Martin-Gropius-Bau, Berlin 2010, einer politischen Persönlichkeit (z.b. „Götterdämmerung – König Ludwig II." im Neuen Schloss Herrenchiemsee 2011) oder einer bestimmten historischen oder kunstgeschichtlichen Epoche (z.b. „Orientalismus in Europa" in der Hypo-Kunsthalle, München 2010).

Zu diesem Hauptthema sucht sich der Museumsführer nun je nach Bestand der Ausstellungsstücke und der Art notwendiger Unterthemen repräsentative Objekte aus und setzt sie in Beziehung zum Hauptthema.

Die Schausammlung eines großen Kunstmuseums
Schwieriger ist die Erstellung eines Gesamtkonzeptes, eines „roten Fadens" in großen Gemäldesammlungen, wo in Form einer touristischen Überblicksführung Hauptwerke verschiedenster Epochen und Herkunft besprochen werden sollen. Die erste Möglichkeit, die Führung mit einem „roten Faden" zu durchziehen, ist die, dass der Museumsführer den Rundgang unter ein bestimmtes Thema stellt, das er z.b. in Zusammenhang mit der Stadtrundfahrt in der besuchten Stadt bzw. anderen Besichtigungen während einer Reise oder Exkursion auswählt (Beispiel Münchner Neue Pinakothek: Ludwig I. und seine Zeit: Architektur, Malerei, Skulptur, Aspekte der Herrschafts- und Alltagsgeschichte; Alte Pinakothek: Höhepunkte der Kunst Munchens vom 14. bis zum 18. Jahrhundert- die wichtigsten Phasen europäischer Kunstgeschichte).

Beim touristischen Rundgang, der den Besucher mit den Höhepunkten des Museumsbestandes vertraut macht, ist es in den meisten Fällen nicht möglich, ein Thema über die ganze Führung hin zu verfolgen. In diesem Fall ist es notwendig, ein Geflecht von mehreren „roten Fäden" zu entwickeln und dadurch die sehr unterschiedlichen Ausstellungsobjekte miteinander zu verbinden und in Beziehung zu setzen.

Leitlinien der Führung

Der Museumsführer hat vor allem drei Möglichkeiten, um Verbindungen zwischen ganz unterschiedlichen Museumsobjekten herzustellen. Diese sollen anhand von Beispielen verdeutlicht werden:

- der **zeitliche Anschluss** („gleichzeitig", „ein Lebensalter früher", „nur wenige Jahre später", „ein Jahrhundert darauf")
- der **Vergleich** („Ebenso wie Rogier arbeitet Altdorfer noch sehr kleinteilig ..."; „Nicht nur bei Dürer, auch angesichts dieses Tizian-Portraits von Karl V. ist es wichtig, die geschichtlichen Hintergründe der Reformationszeit zu kennen ...")
- die **Kontrastierung** („Während der Frauentypus bei Filippo Lippi noch sehr zerbrechlich wirkt, gibt Raffael in seinen Gemälden lebensvolle, kräftige Frauengestalten wieder ..."; „Während diese kleine Heiligenstatue für die Privatkapelle des Fürsten erstellt wurde, hatte dieses Schlachtengemälde in den Empfangsräumen eine ganz andere Funktion ...")

Nicht immer kann der „rote Faden" gleich am nächsten Objekt wieder aufgenommen werden. In diesem Fall sollte der Museumsführer bereits angesprochene Themen wieder ins Gedächtnis rufen, um sie vor dem neuen Objekt weiterentwickeln zu können („Denken Sie noch einmal zurück an ...; das Problem der Perspektive war dort noch ganz gefühlsmäßig gelöst worden." – „Im Gegensatz zur Kleinteiligkeit in den niederländischen Bildern, die wir in den ersten Räumen sahen, hat sich in der gleichzeitigen italienischen Malerei ein ganz anderer Kunstsinn durchgesetzt ...").

Im Sinne eines kommunikativen Führungsstils können auch Fragen und Impulse eingesetzt werden, um den „roten Faden" wieder aufzunehmen („Vergleichen Sie einmal diese beiden Portraits miteinander! Wie hat sich das Frauenideal gewandelt?" – „Wir haben vorhin ausführlich von dem Problem der Zentralperspektive gesprochen. Spielt sie in diesem Barockbild noch eine Rolle?" – „Die wichtigsten Kennzeichen manieristischer Malkunst, die wir vorhin schon bei Tintoretto angesprochen haben, sind auch in diesem Bild wieder zu erkennen ...").

Durch die Herausarbeitung der „roten Fäden" wird auch eine Überblicksführung zu einer größeren Anzahl von Gemälden (etwa 6–8 ausführlich, weitere 8–10 kürzer) in der Schausammlung eines großen Museums für den Besucher sinnvoll. Durch eine geeignete Strukturierung der Informationen wird jener für die Besichtigung motiviert und erhält Merkhilfen für die zum Teil sehr unterschiedlichen Ausstellungsobjekte.

Methoden der Vermittlung im Museum: Sinnen- und Erlebnisorientierung

Der Frankfurter Professor Horst Rumpf kritisiert die in unserer westlichen Kultur allgegenwärtige „**Gebärde der Besichtigung**":

Das „inoffiziell Gesehene" wird zumeist verdrängt gegenüber bestimmten Wahr-
nehmungs- und Einschätzungspflichten; Sprache in Form von Erklärungen und
Beschriftungen organisiert die Aufmerksamkeit, z.T. beobachtet man eine Sprache
ergriffener Ehrfurcht, die verdeutlicht, dass Museen und Besichtigungen heute einen
fast kultisch-religiösen Stellenwert einnehmen. Die Sprache der Information bzw.
der Belehrung erzeugt ein „Resultatwissen" und beschleunigt den Einordnungsblick.
Der Betrachter wird losgelöst von anderen Sinnen, so dass „unser Restkörper zur
Prothese der Augen, vielleicht auch noch der Ohren schrumpft"[121]. Diese körperlose
Besichtigungsform sei „gefräßig" und „gehetzt".

Bei Wanderführungen ist es sicherlich leichter als im Museum, die Sinne stärker
miteinzubeziehen – das Rauschen eines Gebirgsbaches und das Abkühlen der Arme
und Beine im eiskalten Wasser; das Balancieren über die rundgeschliffenen Steine
im Bach; das Singen der Vögel; der Geruch von Pfefferminz und Kamille; der Geschmack von Walderdbeeren und Himbeeren ... Die Motorik spielt allein durch das
Gehen und Ansteigen schon eine ganz andere Rolle als beim Sitzen im Reisebus
oder beim Stehen vor den Gemälden einer Kunstgalerie.

Vielfältige Anregungen geben die Methoden, die von der **Museumspädagogik für
Kinder**[122] entwickelt wurden, z.B. :

* Detektivspiele
* Such- und Forscheraufgaben, die im Museum oder in der Stadt zu lösen sind
  (z.B. Stadtrallye)
* Befragungen anderer Kinder, von Erwachsenen, des Museumspersonals über
  das Museum oder Interviews mit Menschen, die in dem besuchten Stadtteil
  wohnen
* Statistikspiele
* Sammeln und Zusammenstellen eigener Mini-Museen
* Kinder führen Kinder im Museum und erzählen, was sie wissen oder sich aus-
  denken
* Nachstellen von Bildern und Plastiken, von historischen Szenen
* Medien im Museum (Foto, Tonband, Film Video) und Herstellung kleiner Pro-
  duktionen
* Museumszeitung, von Kindern geschrieben und gedruckt
* Theaterspiele (Szenen aus der Stadtgeschichte, Talk-Show, Quiz, Kunst-Jury,
  Antiquitätenmarkt, Atelier, Museumsgründung usw.)
* Malatelier und kreative Eigentätigkeit der Kinder

---

[121] Rumpf, Horst: Die Gebärde der Besichtigung. In: erziehung heute, Heft 4 (1988), S. 30–40.
[122] Nach Weschenfelder, Klaus, Zacharias, Wolfgang: Handbuch der Museumspädagogik. Düsseldorf:
Schwann 1981, S. 105 f.

- Musik und Tanz zum Zuhören, Anschauen, Selbermachen
- Kochen in althergebrachter Art nach überlieferten Rezepten (z.b. Brotbacken im Freilichtmuseum)
- Verrichten von Tätigkeiten, wie sie früher üblich waren mit alten Geräten aus dem Heimatmuseum (z.b. Waschen und Bügeln)
- Werkstätten und Möglichkeit zur Bearbeitung von Materialien, die ähnlich auch im Museum zu sehen sind
- Puppentheater, in dem historische Szenen gespielt werden

Wenn sie solche spielerischen, animativen Formen der Stadt- und Objekterkundung durchführen wollen, sind die Verkehrsämter und Reiseveranstalter zu einer stärkeren Zusammenarbeit mit entsprechenden pädagogischen Initiativen aufgerufen.

Gerade bei einem Museumsbesuch, wo die Informationen sehr konzentriert aufeinander folgen, muss auf Methodenvielfalt geachtet werden, die den visuellen Wahrnehmungsprozess anregt und unterstützt. Methodische Eintönigkeit bewirkt rasche Ermüdung und stellt hohe Anforderungen an das Konzentrationsvermögen der Besucher. Vielfältige Aufgabenstellungen hingegen motivieren die Gruppe und sprechen den einzelnen immer wieder neu an, wie z.B. Deutungsversuche, Hypothesen, Schilderungen des persönlichen Eindrucks, Charakterisierungen, Vergleiche, Herstellen von Gegenwartsbezügen, Materialprüfungen, Auswertung von Quellentexten usw.

Der RL oder Museumsführer geht im Allgemeinen von der Beschreibung des Bildinhaltes aus. Nach einem ersten Überblick wird er in den meisten Fällen **induktiv** vorgehen, d.h. von Einzelheiten ausgehend das Ganze erschließen.

Am Beispiel von Albrecht Altdorfers „Alexanderschlacht" (1528) in der Alten Pinakothek möchte ich kurz aufzeigen, wie der Reiseleiter immer wieder auf die überprüfbaren Bilddaten zurückgreift und daraus dann induktiv einzelne Aspekte der Interpretation erschließt:

- Ästhetisches Erlebnis des Gesamtbildes > Erschließen der Komposition und der wichtigsten Bildbestandteile
- Herausgreifen der Gestalten von Alexander und Darius > historische Schlacht bei Issus 333 v. Chr. und ihre Bedeutung
- Perser mit Turbanen und Soldaten des Alexander in Landsknechtskleidung > gesellschaftlicher Bezug zur Zeit der Bildentstehung (Türken vor Wien)
- Landschaftsdarstellung > Versuch, die Welt geographisch zu erfassen als typisches Merkmal der Renaissance

Das **deduktive Verfahren**, das vom Überblick, vom Allgemeinen ausgeht und von hier aus die Einzelheiten erschließt, kann bei Gemälden, die typisch für eine bestimmte Gattung sind, wie z.B. das Stillleben, angewendet werden. Der Museumsführer wird in diesem Fall anfangs über die Geschichte und Entstehung des Stilllebens sprechen und erst dann auf die Einzelheiten im Bild eingehen. Vorteil der Deduktion ist ihre Systematik. Sie ist vor allem für die Erklärung komplexer Zusammenhänge geeignet, birgt aber die Gefahr, dass man sich vom Objekt und von der Anschauung zu weit entfernt und damit die Aufmerksamkeit der Teilnehmer nachlässt.

Wenn der RL die Gruppenteilnehmer noch nicht kennt, wird er im allgemeinen **direkte Verfahren** anwenden, d.h. die angestrebten Informationen vorwiegend durch Vorträge vermitteln. Die Aktivität geht hierbei ganz vom Vermittelnden aus, der sich direkt an die Teilnehmer wendet, wodurch die Informationen ganz im Sinne des RLs und zudem in möglichst kurzer Zeit vermittelt werden. Bei der direkten Vermittlungsmethode bleiben die Teilnehmer allerdings relativ passiv und sind stark auf den RL bzw. Museumsführer zentriert.

Mit zunehmendem Kennenlernen im Laufe einer Reise und auch einer Einzelführung können in höherem Maße **indirekte Methoden** mit eingebracht werden; das bedeutet für die Erklärung eines Gemäldes, dass die Teilnehmer durch gezielte Impulse und Fragen aktiviert werden, mitzudenken und selbst zu entsprechenden Ergebnissen zu gelangen. Bei einer herkömmlichen Führung besteht die Gefahr, dass das Publikum bei einem „romantischen Glotzen", wie Bertold Brecht das so treffend ausgedrückt hat, bleibt – echte Erlebnisse jedoch nicht stattfinden.

Das Gespräch vor den Museumsobjekten: Verschiedene Phasen bei der Erschließung eines Gemäldes:
Die am häufigsten verwendete indirekte Methode ist das Gespräch vor den Museumsobjekten. Dafür spricht, dass der monologisierende Museumsführer die Reaktionen einzelner Gäste weder aufgreifen noch deren selbständige Beobachtungen in den Vermittlungsprozess integrieren kann.

Motivation/Hinführung: Die Teilnehmer versuchen herauszufinden, wer oder was dargestellt ist und suchen im Gruppengespräch nach Argumenten für die Titelwahl. Dies setzt bereits eine Beschreibung und erste Interpretation voraus.

Erarbeitung: Die in der ersten Phase erworbenen Kenntnisse werden durch gezielte Fragen des RLs vertieft; evtl. kann er die Teilnehmer durch ein Ratespiel in spielerischer Weise zum Suchen nach Bilddetails anregen. In einem weiteren Schritt könnte der RL zusammen mit den Gästen versuchen, das Vorher und Nachher einer figürlichen Szene zu rekonstruieren, um auf diese Weise evtl. den Bildinhalt dramaturgisch zu steigern.

Übertragung und Weitung: In der Schlussphase können – wiederum durch Fragen und Impulse von Seiten des RLs – Zusammenhänge mit bereits Gesehenem, Ausblicke auf Ähnliches angeregt und, soweit wie möglich, Bezüge zur Gegenwart hergestellt werden.

Von einer Verabsolutierung der indirekten Methode ist abzuraten, denn sie ist zeitaufwendig. In größeren Gemäldegalerien, wo viele Gemälde besichtigt werden, ist sie nur ansatzweise einzusetzen, während sie sich vor allem in kleineren Galerien, die nur von drei oder vier wichtigen Werken dominiert werden, anbietet.

Unsicherheiten des Vermittelnden allerdings werden in einem Vortrag nicht so deutlich wie im Gespräch, in dem die Gäste ja nicht nur gefragt werden, sondern auch anfangen, selbst Fragen zu stellen. Der RL muss sich somit mehr exponieren, flexibler sein, aber damit kann die Führung für ihn auch spannender werden, als wenn er sein Programm einfach „abspult".

Wie führt der RL ein „Museumsgespräch"?

Die Fragen und Impulse dürfen nicht überfordern („Seit wann gibt es diese sehr seltene Art der Trinitätsdarstellung?"), andererseits auch nicht zu „läppisch" sein („Welche Farbe hat das Kleid der Muttergottes?"). „Was fällt Ihnen auf?" ist in den meisten Fällen keine gute Frage, weil dem Laien erst mal gar nichts auffällt oder aber alle möglichen unwichtigen Dinge, die zu einer übermäßigen Ausdehnung der Besichtigung führen.

Wichtig ist somit eine gewisse Gezieltheit der Fragestellung, da dann eine Linie in der Gesprächsführung erkennbar wird und nicht zu viel Zeit verloren geht. Auch führen zu langes Stehen vor einem Objekt und langes „Rumgerede" zu einem Motivationsabbau beim Teilnehmer. Besser wäre die Fragestellung z.B. so gewesen: „Wenn Sie an die Raumdarstellung in dem gotischen Gemälde von XY zurückdenken und sie nun mit diesem Bild vergleichen – welche Veränderungen fallen Ihnen auf?"

Gelegentlich mögen auch Wissensfragen, z.B. im Sinne von Wiederholungen, angebracht sein, es sollte jedoch die mit der Anschauung verbundene Frage dominieren, da sonst die Teilnehmer entmutigt werden, die das entsprechende Vorwissen nicht mitbringen. Auf diese Weise gibt der RL den Teilnehmern das Gefühl, selbst auch etwas zur Besprechung beizutragen. Dieses Beteiligt-Sein vermittelt ein Erfolgserlebnis, Verständnis für die Führungsgegenstände und motiviert zur weiteren Beschäftigung mit den Besichtigungsobjekten. Voraussetzung dafür allerdings ist, dass die Teilnehmer nicht durch eine streng-lehrerhafte Art der Museumsführung in eine Schulmädchen- oder -bubenrolle gedrängt werden, sondern sie sich durch eine charmante, lockere und humorvolle Art, durch eine dramaturgische Höhepunkte setzende, auch Irrationales zulassende Führung animiert fühlen.

Hinweise zur Organisation einer Museumsführung

Planung

- Stoffsammlung und Festlegung der Reihenfolge der Besichtigungsobjekte nach Saalfolge bzw. Museumsplan, die für den „roten Faden" geeignet sind (inhaltliche und zeitliche Ausgewogenheit)
- Überprüfen, ob Museumsplan bzw. Museumsführer noch gültig sind (gerade in Museen mit moderner Kunst, wie der Pinakothek der Moderne in München häufiger Wechsel der ausgestellten Objekte, um die Magazinbestände der Öffentlichkeit nahezubringen
- Öffnungszeiten? Feiertage? Ausnahmeregelungen?
- Schließung einiger Räume zu bestimmten Zeiten (z.B. über Mittag) oder über längere Zeit (z.B. wegen Renovierung)?
- Kabinette nur mit Kleingruppen zugänglich?
- Teilung der Gruppe für bestimmte Besichtigungsabschnitte notwendig?
- Gruppenanmeldung notwendig? Anmeldung durch Veranstalter oder durch Reiseleiter? Manche Museen müssen monatelang vorher reserviert werden (z.B. Picasso-Museum, Barcelona)!
- ggf. Sprecherlaubnis vom Museum einholen
- Überfüllung zu bestimmten Tageszeiten umgehbar? (z.B. in Mittagszeit)
- Parkmöglichkeiten für den Bus?
- Erfrischungsmöglichkeiten und damit Einplanung von Kaffeepause?
- Lage der Toiletten?
- Sitzgelegenheiten in einigen Räumen vorhanden? Stühle ausleihbar?
- Überfüllung des Museums zu erwarten? Schwierige oder fast unmögliche Führungssituation?
- Bestehen in diesem Fall Möglichkeiten der Teilnehmervorbereitung oder Unterstützung des Rundgangs durch Medien (z.B. fotokopierter Museumsplan mit hervorgehobenen „Highlights", kurze schriftliche Zusammenfassung des RLs oder des Museums, Powerpoint-Einführung durch den RL im Hotel, Audiosysteme ausleihbar, Audioguide)?

Durchführung einer Museumsführung

- Kurzreferat über Geschichte des Museums und seiner Sammlungen, evtl. bereits im Bus; wenn vor Ort: Porträts wichtiger Sammler und Mäzene als Anknüpfungspunkt
- kurze Erörterung des Programms und erste Orientierung anhand des Museumsplanes
- Bekanntgabe eines Treffpunktes nach der Führung

- Standpunkt vor Objekten so wählen, dass jene nicht durch Führer verdeckt werden, bei sehr großen Gemälden evtl. zwei verschiedene Standorte
- bei kleinen Objekten auf günstige Aufstellung der Teilnehmer, möglichst im Halbkreis, achten („Riesen in den Hintergrund!")
- besonders bei Gemälden Gefahr, dass der Führer zum Bild hin spricht und damit Kontakt zur Gruppe verliert, akustisch nicht mehr verständlich ist
- falls mehrere Gruppen in einem Raum: Ausweichen auf Ersatzobjekte, Absprache mit anderen Führern
- Anschluss von Fremden an die eigene Gruppe möglichst unterbinden
- Behinderung anderer Museumsgäste durch die eigene Gruppe und damit Störungen verhindern (z.b. Zu- und Ausgänge der Säle freihalten)
- Einplanung von Pausen in Verbindung mit Sitzgelegenheiten, einem Kaffeestopp, einem WC, Möglichkeit zum Kauf von Informationsmaterial

6.7 Der Besuch einer archäologischen Zone [123]

Schwierig in der Vorbereitung ist auch die archäologische Zone, weil sie häufig unübersichtlich ist, die Denkmäler nur fragmentarisch erhalten, oft unbezeichnet sind und hohe Anforderungen an das Vorstellungsvermögen des Besuchers gestellt werden. Ein ungewöhnliches, positives Beispiel ist die Niederösterreichische Landesausstellung 2010 „Erobern – Entdecken – Erleben im Römerland Carnuntum" mit rekonstruierter Thermenanlage bis hin zur Bemalung, Beheizung und den Liegen mit Sitzkissen im archäologischen Freilichtmuseum Petronell.

Planung
Zur methodischen Planung sind als Orientierungshilfen ein guter Plan mit Grundrissen der Tempel und Gebäude sowie Photographien der wichtigsten Baulichkeiten unerlässlich. Anhand des Planes wählt der RL die „Sternchen-Objekte" und dazu evtl. noch einige andere, die den thematischen Kontext abrunden, aus und verbindet sie auf den kürzesten Wegen miteinander.

Bei der Planung ist der Stellenwert der Führung im Gesamtprogramm zu berücksichtigen: Ist das zu besichtigende römische Theater das schönste, erste oder vielleicht sogar einzige auf der Reise, sollte hier eine längere Erklärung eingeplant werden. Ist dagegen z.B. bei einer Reise zum „Florenz der Renaissance" auch das Theater von Fiesole mit den antiken Ausgrabungen im Programm vorgesehen, so wird der RL

---

[123] Vgl. Dazu auch: Weis, Bertold K.: Die archäologische Studienreise. In: Günter, Wolfgang (Hrsg.): Handbuch für Studienreiseleiter. 3. Aufl. München, Wien: 2003, S. 246–267.

nicht so sehr ins Detail gehen, sondern das Antike hier eher zum Anlass nehmen, um über die Antikenrezeption in der Renaissance zu sprechen.

Weiterhin ist die zur Verfügung stehende Zeit zu berechnen. Die Führung selbst sollte, falls die Denkmäler nahe beieinander liegen, d.h. in relativ kurzen Abständen Informationen abgegeben werden, 1 1/2 bis 2 Stunden nicht überschreiten, um die Aufnahmefähigkeit der Teilnehmer nicht überzustrapazieren. In einer so wichtigen archäologischen Zone allerdings wie z.B. dem gigantischen Ausgrabungsgelände von Leptis Magna in Libyen ist eine längere Führungsdauer anzustreben; in diesem Falle jedoch müssen Pausen (mit Sitzgelegenheiten) eingeplant und die Teilnehmer dazu angeregt werden, sich eine Kleinigkeit zur Erfrischung mitzunehmen oder die Führung durch eine Kaffee- oder Mittagpause unterbrochen werden.

Der Besuch einer archäologischen Zone wird im Vergleich zu einem Museumsbesuch (oft Überforderung durch zu viele Objekte, langes Stehen, schlechte Luft und Beleuchtung) fast als Erholung angesehen, denn hier folgen die Sehenswürdigkeiten meist locker aufeinander, stehen in einem inneren Zusammenhang, der Betrachter bewegt sich in der Natur (die meisten Ausgrabungsstätten sind bepflanzt), in der frischen Luft. Bei besonders schwer begehbarem Gelände allerdings wirken sich die körperlichen Anstrengungen auch auf die geistige Aufnahmebereitschaft aus.

Ist es vom Tagesplan her zu ermöglichen, kann ein Ausgrabungsgelände auch am späten Nachmittag besichtigt werden. So vermeidet man die Mittagshitze, das Licht ist besonders schön (Photographen!) und bildet auf den Ruinen oft wunderbare goldene Farbtöne. Hat man genügend Zeit zur Verfügung, kann ein Abendbesuch, rein stimmungsmäßig, erlebnisbetont aufgefasst mit dem Reiseleiter (z.B. Spaziergang entlang der prähistorischen Alignements von Carnac), und am folgenden Tag eine mehr inhaltsbetonte Führung mit dem Local Guide vorgenommen werden.

Ist der archäologischen Zone ein Museum angeschlossen, so erfolgt dessen Besichtigung im Idealfall am Schluss der Führung, weil die Fundobjekte nun in den inzwischen bekannten örtlichen Zusammenhang gestellt werden können. Falls im Museum ein Modell der rekonstruierten Anlage ausgestellt ist, kann das auch anfangs schon sehr hilfreich sein.

Führung in einer dem Reiseleiter nicht bekannten archäologischen Zone
Ist der RL selbst noch nie in dem zu besichtigenden Ausgrabungsgelände gewesen (z.B. kurzfristig eingeplanter Besuch für entfallenen anderen Besichtigungspunkt), so gibt er das Einführungsreferat nicht im Bus, sondern im Ausgrabungsbereich, um auf diese Weise Zeit für die eigene Orientierung zu gewinnen und, evtl. auch ohne einen größeren Rundgang, den Eindruck einer „Führung" zu vermitteln, denn eine solche erwarten die Teilnehmer.

Anschließend führt der RL die Gruppe zu einem leicht zu identifizierenden Objekt, orientiert sich anhand des Planes weiter oder beschränkt sich auf wenige Schwerpunkte, anhand derer er mehr allgemein gehaltene Erklärungen, z.B. zum Typus des römischen Tempels oder Theaters, zum Aufbau einer Thermenanlage, zu den Riten, der Lebensweise, zur Mythologie gibt.

Der RL kann sein Tagesprogramm so einrichten, dass er vor der Besichtigung eine Mittags- oder Badepause in der Nähe macht, während der er das Gelände erkundet. Oder er organisiert ein Picknick im Ausgrabungsgelände, was sehr stimmungsvoll sein kann (Voraussetzung: Schöne Lage, Bepflanzung; allerdings in vielen Anlagen verboten). Auch in diesem Fall könnte sich der RL zwischenzeitig absetzen und informieren.

Eine andere Möglichkeit ist die, dass der RL nach dem Einführungsreferat und einer Kurzführung die Teilnehmer für das Ziel „sich alleine in einem Ausgrabungsgelände orientieren können" motiviert, Zeit zum Fotografieren und für eigene Entdeckungen und Hypothesen gibt und man sich anschließend wieder trifft und nun gemeinsam die Deutungen der Gebäudereste durch die Teilnehmer – der RL hat sich inzwischen gut informiert – bespricht. Voraussetzung für dieses Vorgehen ist, dass die Gruppe bereits vorher einmal in einem Ausgrabungsgelände vom RL geführt und von ihm mit Orientierungs- und Bestimmungshilfen ausgestattet wurde.

Hilfen bei der Erklärung

In Ausgrabungsgeländen empfiehlt sich die Bereithaltung von **Gebäuderekonstruktionen**, sei es in Form von Skizzen, Photographien von Modellen oder von Fotos des Jetzt-Zustandes mit überklappbarer Folie der gezeichneten Rekonstruktion. Mit Hilfe von Rekonstruktionen wird der ungeübte Teilnehmer dazu hingeführt, die Ruinen im Geiste wiederaufzubauen und sich das Leben in der Antike realistischer vorzustellen.

Auch eignet sich der Besuch einer archäologischen Zone, um **Grabungsmethoden** wie die Feldbegehung, Landesaufnahme, Luftbild- und Unterwasserarchäologie, die Arbeit mit Sonden zur elektronischen Messung des Erdwiderstandes oder mit Metalldetektoren sowie verwendete **Forschungsmethoden** wie die Stratigraphie, Osteoarchäologie, Pollenanalyse, Radiocarbonmethode zur Datierung zu erläutern.

Bei der Besichtigung von antiken Gebäuden ist auch der Einsatz von Bildern zum täglichen Leben, zur Kleidung, den Frisuren, den Rüstungen usw., wie man sie mitunter, übersichtlich dargestellt, in Kindersachbüchern findet, empfehlenswert. Solche Bilder können als Fotokopien an jeden Teilnehmer ausgehändigt oder bei geringer Teilnehmerzahl während der Führung herumgereicht werden. Bei archäologisch und kunstgeschichtlich besonders interessierten Teilnehmern kann zur Abrundung der Erklärungen auch photographisches Vergleichsmaterial eingesetzt werden, das gleichzeitig entstandene ähnliche Werke, Vorbilder und vom Besichtigungsobjekt beeinflusste Darstellungen von der Antike bis heute erhellt.

Um die Einübung wichtiger archäologisch-kunstgeschichtlicher **Fachtermini** zu erleichtern, kann der RL eine Zusammenstellung der entsprechenden Begriffe mit einer erläuternden Zeichnung austeilen. Zumindest mit folgenden häufig gebrauchten Fachworten sollte der Reisende, sofern er mehrere antike Tempel besichtigt, vertraut gemacht werden: Säule, Kapitell, Kannelierung, Architrav, Gesims, Metope, Triglyphe, Cella. Da die meisten dieser Begriffe auch für die Erklärung von Bauwerken aus späteren Zeiten herangezogen werden können, legitimiert sich die Auseinandersetzung mit ihnen.

Nach der Phase der Beschreibung und Erläuterung der Funktion eines antiken Bauwerks bietet sich die Problematisierung des klassischen Ideals an. Stellt man sich die antiken Tempel unbeschädigt und farbig bemalt vor (z.B: Bemalungsreste in Paestum), so wird diese Vorstellung bei den Teilnehmern möglicherweise auf Ablehnung treffen, weil unser Antikenbild durch Winckelmann, den Klassizismus und sein „edle Einfalt und stille Größe" geprägt ist. Den dionysischen Aspekt in der Antikenbetrachtung, das ausschweifende, ungezügelte, sinnenfreudige Element hat man trotz Friedrich Nietzsche gegenüber dem apollinischen, dem harmonischausgeglichenen verdrängt. Es siegte das unsinnliche Weiß, in der Antikennachahmung wie in der Vorstellung von der Antike.

Ein zweites Problem ist der normative Anspruch des Klassischen. Bis heute stellte sich autoritäre Herrschaft gerne durch klassische Formen dar (z.B. Trabantenstadt EUR bei Rom, begonnen in der Zeit Mussolinis; Monumentalbauten Hitlers).

In der Phase der Übertragung und Verallgemeinerung kann die Aktualität der Wirkungsgeschichte mit den Teilnehmern erläutert werden, z.B. anhand eines römischen Triumphbogens: Der RL zeigt auf, wie der Triumphbogen in der christlichen Kirche wiederkehrt, wie er in der Form von großartig gestalteten Eingangstoren (im Castello Nuovo in Neapel), in der Übernahme des Triumphbogenmotivs im Klassizismus (Arc de Triomphe in Paris, Brandenburger Tor in Berlin) und schließlich in der Sitte, für jemanden, den man besonders ehren will, die Eingangstür zu schmücken, bis heute weiterlebt.

Abschließend ist auf den ganz besonderen Reiz einer archäologischen Zone hinzuweisen. Für Goethe z.B. waren die antiken Tempel Italiens Hauptanziehungspunkte seiner Bildungsreise. Das spezifische Italienerlebnis der vergangenen Jahrhunderte, das für viele Reisende ein Antikenerlebnis war, sollte der RL versuchen auch dem modernen Touristen zumindest verständlich zu machen, dies evtl. durch Zitate aus alten Reiseberichten, die er im Gelände oder auf der Hin- oder Rückfahrt im Bus vorliest.

Auch sollte man daran erinnern, wie sehr das öffentliche Interesse an archäologischen Fakten in den letzten zwei Jahrzehnten gestiegen ist. Goethes Skizzenbuch seiner italienischen Reise zeigt vom Forum Romanum nur einige kümmerliche Gebäude- und Säulenreste. Erst Mussolinis gewaltige Grabungsaktionen haben zu Tage gefördert, was die Allgemeinheit als antikes Zentrum in Rom bewundert. Und die Grabungen anlässlich der Feier des Millenniums 2000 haben die offene Fläche des Forum Romanum um 40 % vergrößert, das Stadtzentrum von Rom verkehrsberuhigt und zur archäologischen Zone gemacht.

Die Empfindungen, die die Reisenden an einer antiken Stätte bewegen, haben zum Teil fast religiösen Charakter: Auch heute hat ein heiliger Hain, ein Tempel, eine Opfer- oder Kultstätte oft noch eine ehrfurchtgebietende Ausstrahlung, die längst Vergessenes und Vergangenes, Mythologisches im Betrachter lebendig werden lässt. Dies kann in einem Moment der Stille erfahren werden.

6.8   Die Landschaft

Marie-Luise Schmeer-Sturm und Gudrun Ude

Viele Gäste kommen aus städtischer Umgebung mit viel Grau und wenig Grün. Sehnsüchte nach „intakter Natur" sind also verständlich.

> „Man nennt dies auch Idylle und verkennt sehr leicht, dass dieser paradiesische Zustand in den meisten Fällen … die Folge materieller und technischer Unzulänglichkeiten bzw. der schlichte Mangel an Geld ist."[124]

Speziell auf Wanderreisen hat die Landschaft einen sehr hohen Stellenwert und eine ausgleichende Wirkung auf die Teilnehmer und die Kommunikation innerhalb der Gruppe, die sich bei Gehen immer wieder mit anderen ergibt. Ich kann die Beobachtung von Volker Born nur bestätigen, der beschreibt, wie er auf den Wanderungen mit Gruppen immer wieder Gelegenheit hat,

> „zu beobachten, wie anregend, ausgleichend, beruhigend, auch läuternd, immer aber positiv stimulierend, das Erleben und Genießen der durchwanderten Landschaft auf die Reisenden wirkt. Dabei ist so manche existentiell bedeutsame Entscheidung in Gang gekommen, wurden biographische Kurskorrektu-

---

[124]   Born, Volker: Praktischer Leitfaden. In: Kirstges, Torsten, Schröder, Christian, Born, Volker: Destination Reiseleitung. München Wien: Oldenbourg 2001, S. 77.

ren vorgenommen, fast immer mit Erfolg ... (somit) spreche ich bestimmten Reiselandschaften einen durchaus therapeutischen Effekt zu."[125]

Schon von dem Renaissancearchitekten und Kunsttheorektiker Leon Battista Alberti (1404–1472) wird berichtet, dass er sich in eine schöne Landschaft oder zu einem alten Baum begab, wenn er krank war und Genesung suchte.

Folgende Liste – ohne Anspruch auf Vollständigkeit – deutet verschiedene Gesichtspunkte an, von denen her Landschaften auf der Reise interpretiert werden können:

- ästhetischer Aspekt, Synthese, Idylle
- analytischer Aspekt
- Naturlandschaft – Kulturlandschaft – Raublandschaft
- Bestimmung der großräumlichen Lage
- Klima (Klima und Sonneneinstrahlung und ihr Einfluss auf Stimmung und Mentalität der Menschen, Vergleich Mitteleuropas mit dem bereisten Land; Klimaverhältnisse und ihr Einfluss auf das Entstehen von Kultur; Landschaft und Klima prägen die Art der Architektur bzw. der Behausungen – z.b. Pfahlbauten in der Lagune von Cotonou, Benin, Höhlen unter der Erde in Australien)
- Vegetationszonen
- Oberflächengestalt
- Erdgeschichte, geologische Gegebenheiten und ihre Entstehungsgeschichte (z.B. Tuffstein vulkanischen Ursprungs in Latium, Entstehung der Münchner Schotterebene, der Schwäbischen Alb)
- Bodenschätze und damit verbundene Industrie in der Gegenwart und Vergangenheit (z.B. Bayerische Eisenstraße)
- Bodenschätze und ihr Abbau (Einfluss auf Flora und Fauna, Naturschutzgebiete, Reservate für Ureinwohner: Indianer Nordamerikas, Aborigines Australiens)
- Gewässer und Wasserressourcen und ihre Bedeutung für die Besiedlung und das menschliche Leben
- der Mensch formt die Landschaft in der Geschichte (Erosion in den Mittelmeerländern, Abholzung schon zur Zeit der Römer; Flurbereinigungen) und in der Gegenwart (Aufforstungen zum Stoppen der Erosion, Art der Landwirtschaft, Bewässerungen, Import von Tieren und Pflanzen nach Australien, Umstrukturierung durch Hotelbauten, Abholzen von Edelhölzern)
- Lehrpfade und Geschichtsstraßen (z.B. die Straße der Staufer in Baden-Württemberg, die alte Seidenstraße, der Goldene Steig)

---

[125] Born, a.a.O., S. 80.

- Befestigung und Verteidigung einer Landschaft (Dämme an der Nordsee; Ter-rassierung von Weingärten; Verteidigungstürme gegen sarazenische Piraten an der kalabresischen Küste, Nuraghentürme auf Sardinien)
- Schutzmaßnahmen für die Landschaft in der Vergangenheit und Gegenwart
- Verwahrlosung einer Landschaft (Landflucht, verlassene Siedlungen, Reste ehemaliger Kultivierung)
- Bodenbesitzverhältnisse und ihre sozialen Auswirkungen sowie ihr Einfluss auf das Erscheinungsbild der Landschaft (z.b. Erbformen für bäuerliche Anwesen)
- Landschaft als Spiegel von Wirtschaftsformen (z.b. ehemals Mezzadria-Halbpacht in der Toskana, Großgrundbesitz in der Poebene, Dreifelderwirt-schaft, „die neue Toskana" ab 1985 – Weinbau mit Kapital aus Kalifornien)
- Nutzung der Landschaft in Abhängigkeit von den Absatzmärkten – Industrie-landschaft
- die Landschaft prägt die Art der Landwirtschaft (z.B. Größe und Nutzung der Farmen) und jene wiederum die regionale Küche
- bäuerliches Wohnen und Arbeiten (Hofformen, z.b. niederbayerischer Vierseit-hof, Fachwerkbauten in Niedersachsen; Funktion der Gebäudeteile, Dorffor-men, Freilichtmuseen)
- der Mensch wird durch die Landschaft geformt (z.B. Inselbewohner, Mentalitä-ten)
- Freizeit und Landschaft (Erholungsaspekte, Landschaftsverbrauch, Kritik des „sanften Tourismus", Landschaft und Klima prägen die Art des Freizeitverhal-tens)
- Musealisierung von Landschaft (Freilichtmuseen, Schutzgebiete, Biotope, Na-tionalparks, Zoos, Wildlife sanctuaries)
- Umweltschutz und Ökologie (z.B. Überdüngung der Flüsse, der Nordsee)
- natürliche und kultivierte Vegetation
- Strukturen (Infrastruktur, Verkehrswege früher und heute, Rhein-Main-Donau-Kanal)
- Flora und Fauna (Benennung der Pflanzen und Tiere, ihrer Geschichte, die Ver-arbeitung der Pflanzen, z.B. Olivenhaine, Agrumenanpflanzungen, Lavendel in der Provence; Entwicklungsgeschichte bzw. Geschichte ihrer Anpassung an die sich verändernde Umgebung mit ihren Gegebenheiten, Zusammenspiel von Fauna und Umgebung, z.B. Australien: Reproduktionsstop in Trockenzeiten)
- Besiedlungspolitik, Besiedlung, Siedlungsformen
- Projekte (Be- bzw. Entwässerung, Entwicklungsdienst, Staudämme, Kanalbau)
- Landschaft und ihre Gefahren (Krankheiten, z.B. Malaria; Springfluten der Nordsee)
- Mensch und Naturerlebnis (Entdeckung der Berge im 19. Jahrhundert)

- Landschaft und Literatur, Beschreibungen der Dichter (z.B. Petrarca: Quelle von Vaucluse, Besteigung des Mont Ventoux; Goethes Italienreise)
- Landschaft und Maler (z.B. van Gogh, Niederländer, venezianische Vedoutenmaler)
- Landschaft und Lied (Volkslieder wie z.B. Loreley, Arrivederci Roma, Schleswig-Holstein-meerumschlungen, Kufsteinlied)
- Kunstlandschaften (z.B. Kontrastierung Florentiner Malauffassung und der venezianischen Malerei in Beziehung zur Mentalität, Kunst und Kultur der jeweiligen Landschaft[126])
- historische Ereignisse, die sich in der Landschaft abgespielt haben oder durch die landschaftlichen Gegebenheiten in ihrem Verlauf bestimmt wurden (Schlachten, Kriege, z.B. Schlacht am Trasimenischen See, Gräben von Verdun)
- Sagen, Spukgeschichten zu einer Landschaft (Moore)
- Landschaft und Naturvölker von heute (z.B. Australien: Anpassung und Überleben der Ureinwohner in extrem karger Natur)
- Landschaft und Religion/Weltanschauung (z.B. Orte der griechischen Mythologie: Avernersee bei Neapel als Eingang zur Hölle)
- Landschaft und menschliche Versorgung (z.B. Australien: Flying Doctors, School of the Air, Nahrungsmittel- und Wasserversorgung)
- Jahreszeiten und die Veränderung des Landschaftsbildes
- Ausdehnung, Entfernungen, Weite und Unterschied zum eigenen Land, Auswirkungen auf das menschliche Leben, die Transportmittel, die Nachrichtenübermittlung (z.B. Argentinien)
- kontinentale Isolation (Australien) und ihr Einfluss auf Politik, Menschen, Tiere, Landschaft

6.9   Vorträge und Informationen

Bei einer Busfahrt bietet sich sehr viel besser als bei anderen Verkehrsmitteln die Möglichkeit, die Fahrt unterhaltsam und informativ zu gestalten. Auch wenn der RL mit örtlichen Guides zusammenarbeitet und selber nicht führt, wird im Rahmen der Busbetreuung erwartet, dass Informationen zu Programm und Organisation, zu Land und Leuten sowie Einführungen zu den besuchten Orten gegeben werden.

---

[126] Harald Keller hat den Gedanken der von einer Landschaft ausgehenden formenden Kräfte auf ihre Bewohner und ihre Kultur meisterhaft dargestellt in: Die Kunstlandschaften Italiens. München: Prestel Verlag 1960.

Eine wichtige Rolle spielt die Begrüßung: Die Reisegäste, die sich erst noch zu einer Gruppe formieren müssen und anfangs manchmal unsicher, nervös, vielleicht sogar ängstlich, zumindest etwas desorientiert sind, richten auf den RL in dieser ersten Phase der Gruppenbildung besonderes Augenmerk, erwarten sich von ihm einen Orientierungsrahmen, klare, freundliche Informationen. Den Gästen sollte hier von der Reiseleitung das Gefühl von Sicherheit und Vertrauen vermittelt werden.

Ebenfalls sehr wichtig ist die **vorbereitende (antizipatorische) Rede**: Durch geschickte Einstimmung der Teilnehmer auf Umstände, die sie im fremden Land erwarten, die Vorwegnahme von evtl. peinlichen Situationen, von ungewohnten Sitten und Gebräuchen wird jenen die Orientierung im fremden Land erleichtert, werden unrealistische Erwartungen korrigiert und damit allzu große Enttäuschungen und Frustrationen vermieden. Manchmal sind es nur Kleinigkeiten: Wenn der Gast sie kennt, wird er sie akzeptieren, wenn der RL nicht Bescheid weiß und die Gäste z.B. erst an der Rezeption des Hotels erfahren, dass sie sich in einem Clubhotel befinden und in den nächsten Tagen ein Plastikarmband tragen und eine Getränkekarte im Voraus mit Geld aufladen müssen, so kann das zu heftigen Reaktionen bei einer Studienreisegruppe führen.

Dabei sollten unangenehme Mitteilungen positiv verpackt werden. Zum Beispiel für ein optisch wenig schön gelegenes Hotel direkt zwischen Bahngleisen und Strasse: „Bald kommen wir mit dem TGV in Paris an. Unser Hotel liegt ganz nah an der Gare de l'Est, so dass wir zu Fuß in fünf Minuten dorthin kommen. Natürlich ist am Bahnhof rund um die Uhr viel Verkehr und Betrieb. Mit offenem Fenster werden Sie deshalb nicht schlafen können. Das Hotel hat natürlich Lärmschutzfenster und eine Klimaanlage. Diese zentrale Lage hat den Vorteil, dass wir mehrere Metrolinien in der Nähe haben, eine sogar direkt neben dem Hotel, und damit schnell ins Zentrum gelangen."

Nicht unbedingt notwendig, aber von den Reisegästen geschätzt, ist eine **Zusammenfassung der Programmpunkte und Erlebnisse am Ende eines Tages** durch den RL.

Vor einer RL-Berufskrankheit ist zu warnen, nämlich das Mikrophon als Machtmittel zu missbrauchen, ständig hineinzusprechen – auch unfertige Überlegungen zur Organisation und Anweisungen an den Fahrer, hinein zu husten und bei Privatunterhaltungen nicht abzuschalten. Störend ist auch, wenn Fragen einzelner Gäste per Mikrophon beantwortet werden, ohne dass die Frage für die Allgemeinheit wiederholt wird.

Folgende Liste enthält Hinweise, welche Inhalte in die Vorträge und Informationen während der Reise mit einbezogen werden können.

Die Begrüßung:
- namentliche Vorstellung (im allgemeinen Vor- und Nachname)
- Begrüßung im Namen des Reiseveranstalters und Vorstellung des Fahrers („als Partner")
- Eingehen auf Befindlichkeit der Gäste und Ausdruck der Hoffnung, dass gute Anreise gehabt
- Andeutung der eigenen Sachkompetenz und Ausdruck positiver Grundeinstellung zu der Reise, dem Reiseprogramm und der Gruppe und erstes Erzeugen eines „Wir-Gefühls"
- evtl. ganz dringende organisatorische Hinweise
- Einweisung in Bustechnik (Sitzverstellung, Belüftung, Toilettenbenutzung, Getränkeverkauf an Bord, Abfallkörbe) zumeist durch den Fahrer (Bustechnik: RL oder Hostess demonstriert, was der Fahrer erklärt) und Sicherheitsvorrichtungen des Busses (bei amerikanischen Reisegruppen analog zu Erklärungen der Stewardess im Flugzeug allgemein üblich)

Der Einführungsvortrag
- Erläuterungen zu Sehenswürdigkeiten des Abfahrtsortes
- Vorstellung des Reiseprogramms
- Besonderheiten der Reise (evtl. vorwegnehmende Rede)
- Ratschläge, Hinweise (z.B. Trinkgelder), persönliche Bitten

Der fahrtbegleitende Kommentar
- Erwähnung und Charakterisierung von: Orten auf der Strecke, markanten Landschaftsformen, typischen Pflanzen, Siedlungs- und Wirtschaftsformen, Eigenheiten des Landes, auffälligen Bauwerken, Benimm-Knigge
- „Aufhänger" zu Kurzvorträgen über die angeschnittene Problematik

Das Vorlesen während der Fahrt
- Zweck: Vor- und Nachbereitung von Führungen, Gestaltung einer längeren Busfahrt
- Voraussetzungen: gute Verständlichkeit (evtl. Streichungen und Kürzungen vornehmen), nicht zu lang, gute Akustik, geeignetes Umfeld mit geringen Ablenkungen
- Themengebiete: Märchen und Sagen, Auszüge aus Epen, Romanen, Novellen, Kurzgeschichten, Gedichte, dichterische Texte zu Landschaften oder Besichtigungsobjekten, Texte zur Mentalität der Bewohner, Texte zu sozialen Fragen der Gegenwart und Vergangenheit, historische Reisebeschreibungen, Auszüge aus

modernen Reiseführern, historische Quellen, Texte über das Reisen, Reisephilosophie, aktuelle Presseberichte über Politik, Wirtschaft und Kultur, Glossen.

Der Überblicksvortrag

*   Zweck: Begründung von Grundlagenwissen, Entlastung der Einzelführung von notwendigen Hintergrundinformationen und damit Zeitersparnis vor Ort, Strukturierungshilfe für bevorstehende Besichtigungen, Abrundung der bei der Einzelführung gewonnenen Erkenntnisse.
    Da es heute in zunehmendem Maße notwendig ist, vor Ort lokale Gästeführer einzuschalten, ist es sehr nützlich, wenn der RL während der Busfahrt ein Gesamtkonzept vorträgt und einen „roten Faden" durch die einzelnen Programmpunkte der Besichtigung legt, damit die Führungen vor Ort durch Dritte richtig bewertet und eingestuft werden können.
*   Gebiete: Geschichte, Kunstgeschichte, Kultur, Geographie, Wirtschaft, Sozialpolitik, Biographie eines hervorragenden Künstlers oder einer „prägenden Persönlichkeit" usw.
*   Ort: Bus, Hotel, vor Ort
*   Voraussetzungen: Ruhe, keine Störungen, Sitzgelegenheiten, evtl. Verfügbarkeit von Medien

Kurzinformationen während der Fahrt

*   wichtig: möglichst endgültige Informationen ohne Versprecher und keine widersprüchlichen, korrigierten Angaben!
*   Modi der Zimmerverteilung
*   Treffpunkte nach Besichtigungen, Zeitpunkt der Mahlzeiten und Abfahrtszeit vom Hotel
*   Fotostopp
*   Organisatorische Besonderheiten (Grenzformalitäten, Einschiffung)
*   Bekanntgabe des Tagesprogramms
*   Information, Angebot und Verkauf von Zusatzausflügen, Stadtrundfahrten usw.
*   Informationen zu den öffentlichen Verkehrsmitteln, Post, Telefon, Öffnungszeiten, Einkaufsmöglichkeiten
*   Bericht/Übersetzung aus aktueller Zeitung
*   im Notfall: möglichst positiv dargestelltes Ersatzprogramm

Die Verabschiedung

*   Rückblick auf die Reisehöhepunkte (Programm, Gruppenerlebnisse)
*   Ausdruck positiver Grundeinstellung zum Programm und zur Gruppe, allgemeine Dankesworte

- Zukunftspläne: Hinweis auf andere Programme des Veranstalters, evtl. Bekanntgabe eines Fototreffs
- Verabschiedung, auch im Namen des Veranstalters
- Wunsch einer guten Heimreise
- Bitte, nichts liegenzulassen und Plätze genau zu kontrollieren
- Ausdruck der Hoffnung, die Gäste auf einer anderen Reise wieder begrüßen zu dürfen

6.10   Der Einsatz von Anschauungs- und Informationsmaterial

Zur Ergänzung von Besichtigungen sind folgende Medien einsetzbar: Bücher, Zeichnungen und Skizzen, Plakate, Prospekte, Landkarten, einzelne (fotokopierte) Blätter, Audio- und Video-Kassetten (nur noch in alten Bussen), CD, DVD, MP3-Player.

Einführung und Materialien durch den Veranstalter
Gelegentlich erhalten die Teilnehmer bereits nach der Buchung vom Veranstalter Informationsmaterial in Form einer Literaturliste zum bereisten Land, eines im Reisepreis inbegriffenen Reiseführers, einer Landkarte oder einer vom Veranstalter selbst herausgegebenen Veröffentlichung. Dies hat für den Kunden den Vorteil, dass er bereits vor der Reise Anregungen erhält, sich selbst mit den Reiseschwerpunkten zu beschäftigen; für den RL bedeutet es, dass er das spezielle Vorwissen der Teilnehmer je nach Niveau dieser Bücher einzuschätzen weiß, evtl. auf dort Geschriebenes Bezug nehmen kann.

Bei Volkshochschulreisen oder Fahrten, die einen Kundenkreis aus einer eng begrenzten Region ansprechen, werden diese Materialien z.T. vom RL erstellt, der den Kunden oft schon als Dozent bekannt ist. Hier kann die Vorbereitung der Teilnehmer über Powerpoint-Vorträge oder Filme gestaltet werden.

Manche Reiseveranstalter organisieren einmal im Jahr an einem Wochenende ein Treffen von Gästen verschiedener Gruppen in einem großen Hotel und lassen von ihren RLn in Kurzvorträgen mit Bildern ihre Reisen vorstellen, wobei auch der Anreiz zur Buchung neuer Fahrten geboten wird. Veranstaltungen dieser Art sind jedoch bei den meisten Großunternehmen nicht möglich, weil sie Kunden aus ganz Deutschland ansprechen und die Anmeldung zum großen Teil über Reisebüros erfolgt. Das bedeutet, dass sie die Adressen der Kunden nicht verfügbar haben, um sie über ein Treffen zu informieren. Abgesehen davon würde eine solche Aktion von den Reisebüros als Abwerbung betrachtet werden (Direktbuchung beim Veranstalter).

Informationsblätter des RLs
Vorteilhaft und schnell aktualisierbar sind fotokopierte Blätter, die der RL entworfen und zusammengestellt hat und die in vielfacher Hinsicht (ggf. gegen Unkostenbeitrag des Veranstalters) eingesetzt werden können, z.B.:

- detaillierte Tagesprogramme mit Zeitangaben und Erläuterungen (zu Anfang der Reise oder am Vorabend des jeweiligen Tages; hiermit wird der Programmverlauf vorweggenommen, und die Kunden haben eine Hilfe beim Rekapitulieren der Besichtigung und beim Ordnen ihrer Fotos). Problem: Umstellungen und Änderungen sind schwierig, da alle Teilnehmer den geplanten Ablauf kennen
- fotokopierte Stadtpläne und Auszüge aus Landkarten (am Abend oder kurz vor der entsprechenden Stadtbesichtigung)
- historische Landkarten (während eines Vortrages zu der entsprechenden Epoche)
- Grundrisse und Rekonstruktionen (während der Führung)
- Statistiken z.B. zur wirtschaftlichen Lage des bereisten Landes (begleitend zu einem Vortrag)
- Graphiken und Skizzen
- Erklärung von Fachbegriffen (vor, während oder nach der Führung einsetzbar)
- Zeitungsartikel (begleitend zu einem Referat, zur selbständigen Vor- und Nachbereitung)
- Rezepte zu typischen Gerichten, die in einem Spezialitäten-Lokal probiert werden
- Suchaufgaben, Fragen (bei der Besichtigung)
- Zitate und Prosatexte oder Gedichte von Dichtern des bereisten Landes oder von deutschen Autoren, die in Zusammenhang mit den Besichtigungen stehen
- eine Bibliographie
- Zusammenfassung eines Vortrags oder einer Führung
- Referate (nach dem Halten eines Referates, am Ende der Reise, zuschicken)
- eine Gesamtzusammenfassung der Reise mit Kurzbeschreibung der besichtigten Objekte und Informationen, die die Gruppe besonders interessiert haben (am Ende der Reise oder zuschicken)

Reiseliteratur, Landkarten und andere Materialien
In den letzten Jahrzehnten erscheinen immer mehr „Reisebücher" auf dem Markt: Globetrotter-Broschüren, alternative Reiseführer, Reiseanthologien aus der klassischen Literatur, völkerkundliche Berichte, Logbücher von Entdeckerreisen, soziologische Betrachtungen über den Massentourismus und Romane, die eine Reise zum

Anlass haben. Die Qualität der Reiseführer ist unterschiedlich. Häufig sind sie ohne jegliche Literaturangaben voneinander abgeschrieben, Informationen sind zu einseitig auf Kunst gerichtet, Öffnungszeiten und technische Hinweise überholt. Durch die Vielzahl der neuen Publikationen zu besonders beliebten Ferienregionen ist es oft schwierig für die Teilnehmer, einen Überblick zu bekommen und das für ihre Bedürfnisse „Passende" zu finden. Der RL – dies gilt insbesondere für Studienreisen – kann die Teilnehmer aktivieren, indem er ihnen vorschlägt, „ihre" Vorbereitungsliteratur vorzustellen.

Eine herumgereichte Landkarte oder, wie z.B. auf Elba erhältlich eine plastische Reliefkarte der Insel – dient als sinnvolle Anschauung zu geographisch orientierten Informationen und Vorträgen. Ebenfalls auf Elba gibt es Mineralienkarten mit aufgeklebten Gesteinsproben der Insel, die man im Bus herumreichen könnte.

CDs und MP3-Player

In modernen deutschen Reisebussen ist im Allgemeinen ein CD-Player vorhanden. Hier können vom RL Gedichte, vorgetragen von namhaften Schauspielern, Erzählungen, Märchen sowie kabarettistische Sketche (z.B. Qualtinger zu Wien, Pfleiderer-Dialoge zu Stuttgart, Karl Valentin und Liesl Karlstadt zu München) u.ä. zu Gehör gebracht werden.

Weiterhin einsetzbar sind gute Radiosendungen, die ein Teilgebiet der Reisethematik behandeln. Politiker, Wissenschaftler, Künstler und Schauspieler werden mit ihrer eigenen Stimme lebendig. Auch ein kurzer Sprachkurs mit den wichtigsten Worten und Wendungen, die der Tourist im Restaurant und beim Einkaufen braucht, kann so vermittelt werden.

Während die bisher genannten Möglichkeiten von den meisten RLn kaum eingesetzt werden, teils aufgrund fehlender Vorbereitungszeit, wird die Musik-CD relativ häufig verwendet. Leider besteht vielerorts die Unsitte, dass beliebige deutsche Schlager in jedem Land der Welt vorgespielt werden. Sinnvoll einsetzbar sind hingegen populäre Schlager, Volkslieder einer bestimmten Region (z.B. griechische Volkslieder, spanische Gitarrenmusik), Musik aus einer bestimmten Epoche als Einstimmung auf eine Stadt oder ein Kunstwerk (z.B. „Die Moldau" bei der Anfahrt nach Prag, Strauß-Walzer bei der Fahrt nach Wien, Liszts Ungarische Rhapsodie bei der Fahrt nach Budapest, italienische Renaissance-Musik bei der Anfahrt nach Florenz, „Innsbruck, ich muss dich lassen" bei der Fahrt nach Innsbruck). In bester Erinnerung ist mir hier eine Reise nach Warschau mit Tagesausflug zum Geburtsort von Chopin. Die An- und Rückreise wurde mit einer sehr anregenden und abwechslungsreichen CD des Fremdenverkehrsamtes mit Texten zu seinem Leben und Musikstücken aus einzelnen Lebensphasen gestaltet. Schließlich eignen sich auch Opern bzw. prägnante Auszüge daraus zum Vorspielen im Bus, z.B. berühmte Arien aus „Aida" bei der Fahrt nach Verona, Auszüge aus „Tosca" bei der Anfahrt auf die Engelsburg. Musikstücke können vor oder nach der Besichtigung des Wohnhauses eines berühmten Komponisten, im Zusammenhang mit der Besichtigung eines Opernhauses zu Gehör gebracht werden.

Audiosysteme
Vor allem in vielbesuchten Museen und Ausstellungen mit bunter Geräuschkulisse von Gruppen und Schulklassen bietet sich der Einsatz von Audiosystemen an, die von manchen Museen inzwischen für Gruppen auch vorgeschrieben und dort ausleihbar sind. Es können entweder besprochene Audioguides sein, die jeder Besucher für sich selbst nach eigenem Rhythmus benutzt (z.B. sehr gut besprochen der Audio-Guide im Reichsmuseum in Amsterdam, viel zu ausführlich und ins Detail gehend im Grünen Gewölbe in Dresden) oder Systeme, bei denen der RL mit einem Headset mit Mikrophon ausgestattet ist und die Gäste mit Kopfhörern (z.B. im Musée d'Orsay in Paris vorgeschrieben).

Vorteile sind:

• Bessere Verständlichkeit des Guides.
• Der Führer kann seine Stimme schonen.
• Der Teilnehmer kann sich zum Fotografieren oder für eigene Besichtigungen bis zu 100 m entfernen, ohne den Kontakt zur Führung zu verlieren.
• Der Reisegast muss nicht in der bedrängenden Enge einer Gruppe stehen, sondern versteht auch von einem etwas weiter entfernten Standort.
• Alle Teilnehmer können die Führung in gleicher Qualität erleben.

Nachteile:

• Führer hat weniger Kontakt zum Gast, weniger Blickkontakt, weil jeder mehr auf sich selbst gestellt ist, und damit weniger Rückmeldung.
• Senioren haben manchmal Schwierigkeiten mit der Benutzung der Geräte.
• Akkus müssen bei längerem Gebrauch aufgeladen werden.
• Geräte sind oft nicht gut gewartet, funktionieren nicht oder haben schlechte Wiedergabequalität.

Weier[127] beschreibt als weiteres Informationssystem die **High-Tech-Gästeführer**: Der Gast kann bei einer Stadtbesichtigung über eine Telefonnummer Informationen zu einem bestimmten Standort abrufen (z.B. auf der Essener Dominsel). Oder der

---

[127] Weier, Michael: Gäste professionell führen. Ein Leitfaden für die Tourismuspraxis. 4. Auflage Gerlingen: KSB Media 2011.

Gast überspielt sich aus dem Internet Dateien auf seinen MP3-Player oder iPod (z.b. Hörtour der Straßenbahnlinie 107 in Essen) und hört sie sich vor Ort an.

Powerpoint-Präsentationen und Filme
Powerpoint-Präsentationen sind gut als Einführung zu einer Region, einer Stadt oder einem Museum und zu Teilthemen der Reise einsetzbar. Allerdings stellt die Beschaffung geeigneter Räume und entsprechender Geräte (Laptop, Beamer, Leinwand) wie auch der notwendigen Vortragsunterlagen für den RL eine große Zusatzbelastung dar und wird deshalb eher bei Vorbereitungsvorträgen in einer Volkshochschule, bei Standortreiseleitungen (Visualisierung von fakultativen Ausflügen) oder während einer Schiffsreise realisiert. Auch zur Entlastung bei Objekten, in denen der RL nicht führen darf oder kann (zu voll, zu laut), bietet sich eine mediale Präsentation als Alternative zur Erklärung vor Ort an.

Es gibt inzwischen immer häufiger Busse, die mit DVD-Player (nur noch selten mit Videoabspielgerät) ausgestattet sind. Über das Medium Film kann während der Fahrt ein Besichtigungsobjekt beleuchtet und eine Einführung dazu gegeben werden (z.b. Film über Vulkanausbruch des Ätna). Politische Ereignisse werden erklärt und visualisiert oder, in einem tier- und pflanzenkundlich orientierten Film, Anregungen zur Beobachtung der einheimischen Flora und Fauna gegeben. Oder aber, es wird zur Erheiterung der Teilnehmer, die Gruppe selbst, z.b. vom Fahrer während einer Besichtigung, gefilmt.

Bevor sich der RL viel Mühe mit audiovisuellen Medien für die Fahrt macht, sollte er eruieren, über welche Abspielmöglichkeiten der Bus verfügt.

7 Geschichtliche Daten und Fakten und ihre Präsentation in der modernen Gästeführung

Bei Besichtigungen, die nicht auf außergewöhnliche Führungsgegenstände (z.B. Botanischer Garten in München) oder auf ein Fachpublikum hin ausgerichtet sind, steht im Vordergrund die Vermittlung von geschichtlichen und kunstgeschichtlichen Monumenten, Daten und Fakten – dies sowohl vom Interesse der Besucher, von den Erläuterungen der Programme, die sich meist auf Denkmäler der Vergangenheit beziehen, wie auch von den Erklärungen der Gästeführer her gesehen.

Der Wert der Beschäftigung mit Geschichte liegt darin, dass sie uns das Bewusstsein vom Menschen und seinen Gegensätzen vermittelt, ein Bewusstsein, das sich nach Marrou[128] in zwei Hauptorientierungen realisiert: der „Wiederherstellung einer Entwicklung" und der „Wiederfindung der Werte". Mit ersterem meint er die Arbeit des Historikers, der versucht, die einzelnen Phasen seines Studienobjekts zu rekonstruieren, handle es sich um das Geschick einer Einzelperson, einer Gruppe, eines sozialen Systems oder eines beliebigen Zweiges der menschlichen Aktivität. Diese chronologischen Stationen versucht er zu verstehen, ihre Entwicklung zu erklären und die Folgen der Ereignisse einsehbar zu machen. Mit der „Findung der Werte" ist gemeint, dass wir unsere ästhetischen und moralischen Werte aus der Vergangenheit erwerben.

Die Beschäftigung mit der Geschichte kann uns weiterhin helfen, das Verhältnis zwischen Vergangenheit und Gegenwart besser zu verstehen.

7.1 Grundsätze der geschichtlich orientierten Führung

Der RL oder Gästeführer kann, z.B. in einem einführenden Vortrag, ausgehend von den Anfängen, Epochen der Expansion und der Stagnation herausarbeiten, Zeiten

---

[128] Marrou, H.J.: La conoscenza storica. Bologna 1962, S. 1486, zitiert nach Gallia, Adriano: Sapere storico e insegnamento della storia. Rom 1976, S. 79 ff.

der Einflussnahme auf andere Länder und Zeiten der Fremdherrschaft, einschneidende Ereignisse und epochemachende Erfindungen und die daran beteiligten Persönlichkeiten. Dabei reicht es nicht aus, dass der Gästeführer und RL – wie vielfach noch üblich- den Besuchern eine lückenlose Zeitabfolge „serviert": Diese dient weder dem Ziel anspruchsvoller Unterhaltung noch bietet sie Einsicht in geschichtliche Zusammenhänge oder Sinnhaftigkeit. Die Wirkung auf die Gäste sieht eher so aus, wie der Dichter Gottfried Benn es anschaulich schildert:

> „Einmal Seesieg, zweimal Waffenstillstand, dreimal Bündnis, zweimal Koalition, einer marschiert, einer verbündet sich, einer vereinigt seine Truppen, einer verstärkt etwas, einer rückt heran, einer nimmt ein, einer zieht sich zurück ..., einer wird hingerichtet, einer tötet sich – alles dies auf einer einzigen Seite, das Ganze zweifellos die Krankengeschichte von Irren.".[129]

Die üblichen chronologischen Leitfäden – leider sind die meisten geschriebenen Führer nicht anders – müssen vom Gästeführer und RL „aufbereitet" und nach geschichtsdidaktisch angemessenen Prinzipien, die im Folgenden vorgestellt werden, dargeboten werden.

7.1.1   Bezüge zur Gegenwart

Im Vergleich von Bau-, aber auch Denkweisen der Vergangenheit mit denen der Gegenwart, wird die Relativität der eigenen Geschichtsbetrachtung deutlich.

Der Gästeführer wählt also Themen der geschichtlichen Betrachtungen auch danach aus, ob sie eine Kontinuität zwischen damals und heute aufzeigen können. So können beispielsweise die heute vor uns liegenden Landschaftserscheinungen wie Erosion, Bepflanzung usw. dialektisch aus Gründen, die in der Vergangenheit liegen (Anerbenrecht: Höfe werden ungeteilt vererbt) contra Realteilung (Grundbesitz wurde bei jedem Generationenwechsel zwischen allen Kindern aufgeteilt) und solchen der Gegenwart erklärt werden.

(Weitere) Beispiele:

* Einrichtung der Universität in München Anfang des 19. Jh., damals nur männliche Studenten, Stellung der Frau im Bildungswesen im 19. Jh.. Und heute: Anzahl der Studentinnen im Vergleich zu den Studenten in bestimmten Fächern, Stellung und Situation der Studenten in München (Lebensstandard, Unterstützung durch Bafög, Bildungseinrichtungen, Wohnungssituation, Besonderheiten)

---

[129]   Benn, Gottfried: Gesammelte Werke. Hrsg Wellershof, Dieter. Wiesbaden 1959, Bd. 1, S. 14.

- Veränderungen der Landschaft durch große Bauvorhaben (Rhein-Main-Donau-Kanal, Eisenbahn, Autobahn, Reaktionen der Bevölkerung darauf früher und heute)
- Rechtsprechung im Mittelalter – rechtliche Grundsätze heute
- Mittelalterliches Straßennetz in einer Region im Vergleich zum Verlauf der heutigen Schnellstraßen
- Bettelwesen früher – soziale Versorgung heute
- Köln: Stadtmauern der Römerzeit – Kosten der Erhaltung heute
- Reisen (bzw. Wallfahrten) früher – Tourismus heute
- Umweltprobleme im Mittelalter, in der Barockzeit und heute
- Verkehrsprobleme früher (z.B. auf der alten Salzstraße) – heute
- Strafen: randalierende Jugendliche heute (Sachbeschädigung) würden früher viel drastischer bestraft (z.B. bei Beschädigung der Stadtmauer Abhacken der Hand)

7.1.2 Anschaulichkeit

Viele Gästeführer und RL unterschätzen die Schwierigkeiten, die geschichtliches Denken darin ungeübten Menschen bereiten kann. Kinder z.B. sind bis zum 12. Lebensjahr stark auf sich selbst bezogen und können „nur über konkrete materiell existierende Objekte und Menschen nachdenken" (Piaget). Manche Menschen, die sich wenig mit Geschichte beschäftigen, bleiben weitgehend auf dieser Stufe, weshalb bei Schülergruppen, aber auch bei geschichtlichen Laien am Anschaulichen einzusetzen ist, die Stufe der Abstraktion auf die des leicht fassbaren Beispiels folgen sollte. Zur Erklärung von Geschichten und abstrakten Begriffen sucht der Gästeführer nach einem visuellen „Aufhänger" und folgt damit der Forderung Pestalozzis, **vom Nahen zum Entfernten, vom Konkreten zum Abstrakten** vorzugehen. Er „synchronisiert" seine Informationen mit dem passenden Objekt der Anschauung.

Beispiele:

- Stadtwappen mit Mönch in München – Geschichte der Stadtgründung am einem Ort, wo sich bisher nur eine Mönchsiedlung befunden hatte
- Denkmal Pettenkofers – Hygienezustände im München des 19. Jh. und Einrichtung einer modernen Wasserversorgung und Kanalisation durch Pettenkofer
- Der Hirtengott Pan in einem Gemälde von Böcklin erschreckt eine Nymphe – Redensart „panischer Schrecken"
- Wirtschaft „Zur Harmonie" in Tübingen – Donauschwaben schlossen sich zu pietistischen Auswanderungsvereinen, sog. „Wanderharmonien", zusammen
- Alte Tübinger Hausschilder – z.T. Steuerklasse A-D ablesbar
- Stadtmodell – Anlage einer mittelalterlichen Stadt, Stadtgeschichte

- Fischerbastei – Verteidigungsaufgaben der Zünfte und der Fischerzunft, Bedeutung des Fischfangs heute
- Straßennamen, z.B. Gerbergasse in Schwäbisch Gmünd – Ansiedlung der Gerber am Wasser, ehemals Ortsende (Geruch!); Lage des Schlachthauses heute
- Silberbergwerksstadt Schwaz: Die Gästeführerin zeigt einen silberhaltigen Stein aus dem Bergwerk und lässt ihn herumgehen.

Der Gästeführer veranschaulicht also Geschichte, indem er sie mit Personen, Büsten, Grabmälern, Familienpalästen, Kirchen, Plätzen, Bildern, Skulpturen u. a. in Verbindung setzt, aber auch, indem er seine Sprache anschaulich hält und somit Fremdwörter vermeidet und bildhaft und nicht abstrakt formuliert. Dies lässt sich z.B. durch die vorwiegende Verwendung von Verben statt Substantiven, von kurzen statt langen Sätzen, von Sätzen im Aktiv statt im Passiv erreichen.

Beispiel:

„Die Realisierung dieser Fassade im Sinne der Renaissance erfolgte durch Einflüsse aus Italien, wobei die Gedanken der Betonung der Horizontalität sowie der Verwendung von Rustizierung eindeutig auf Florenz und seine Palastfassaden verweisen."

Besser:

„Inwiefern gehört diese Fassade nun schon ganz dem italienischen Stil der Renaissance an? Wir bemerken folgende Eigenarten: Die dunklen Gesimse betonen besonders die waagrechte Linie. Das ist typisch für florentinische Paläste, ebenso wie die einzelnen herausgearbeiteten Steine. Durch jene wirkt die Fassade mächtig und rustikal. Diese Technik nennt man deshalb ‚Rustika'."

7.1.3   Sachliche Richtigkeit

Dass die vom Gästeführer bei den besichtigten Objekten verwendeten Materialien fachwissenschaftlich korrekt sein müssen, sollte eine Selbstverständlichkeit sein. Weit verbreitet jedoch sind insbesondere Anachronismen, z.B. wird ein Kulturdenkmal aus der Zeit des Spätmittelalters dazu benutzt, das frühe Mittelalter zu erklären, obwohl die erklärten Ereignisse evtl. Jahrhunderte zurückliegen.

Eine weitere Quelle für sachliche Unkorrektheiten sind Druckfehler oder irrtümliche Behauptungen u.ä. in der Reiseliteratur sowie einseitig tendenziöse Darstellungen, in denen die Standpunkte anderer Gruppen nicht berücksichtigt werden. Dazu gehören auch sprachliche Undeutlichkeiten und Suggestionen, vor allem falsche Verallgemeinerungen und Vereinfachungen.

7.1.4 Darstellung gegensätzlicher Standpunkte

Geschichtsbetrachtung sollte nicht nur Tatsachen nennen, sondern diese als Ergebnisse von Konflikten darstellen. Quellen und Dokumente können widersprüchlich und tendenziös sein, Dokumente der Gegenseite wurden womöglich ausgerottet.

Themen, die bei undifferenzierter Behandlung Anlass zu unliebsamen Diskussionen bei einer Führung geben, sind z.b. politische und religiöse Fragen, die Zeit des Dritten Reichs sowie Minderheiten- und Ausländerprobleme. Hier kann es sinnvoll sein, dass der Gästeführer verschiedene Betrachtungsweisen nennt und es dem Gast überlassen wird, welcher Meinung er sich anschließt.

Einige Themen mögen die dialektische (Pro und Contra berücksichtigende) Betrachtungsweise verdeutlichen:

*   Kaiser Friedrich II. aus der Sicht seiner Freunde und Gegner
*   Pro und contra zur Ansiedlung bestimmter Industriezweige in unserer Region
*   Frage von Restaurierungen: Soll man Gebäude in dem Zustand, in dem man sie jetzt vorfindet, erhalten oder soll man sie in den Zustand bringen, den man sich als damaligen Neuzustand vorstellt? Konservierung contra Totalrenovierung.
*   Altbausanierung: schönere Fassaden, aber höhere Mieten, Verdrängung der ehemaligen Wohnbevölkerung

7.1.5 Exemplarisches Vorgehen

Das exemplarische Prinzip erfordert, dass der Gästeführer aus der Vielzahl der Fakten und Inhalte solche auswählt, die beispielhaften Charakter haben, und alles Nebensächliche, außer es trägt zur Veranschaulichung und Verlebendigung des dargestellten Sachverhalts bei, weglässt. Ein Zuviel an Detailinformationen, z.B. bei einer Schlossführung, „erschlägt" den Zuhörer: „Dieser böhmische Leuchter ist von 1730, dieses chinesische Porzellan von 1633, dieser Wandteppich von 1750 aus der Manufaktur von Arras mit Darstellungen der vier Jahreszeiten und dieses Gemälde zeigt uns den Graf von XY, der von 1780–1800 Besitzer des Schlosses war." Hier wäre es besser, ein Thema herauszugreifen und z.B. nur über den Grafen, sein Leben und seine Bedeutung zu sprechen.[130]

---

[130] Vgl. die praktische Umsetzung in Schmeer-Sturm, Marie-Louise, Strüber, Reinhard: Florenz. Metropole der Renaissance. München: Reisen und Bildung: 1994 und Schmeer-Sturm, Marie-Louise: Die Alte Pinakothek. Führungslinie zu 20 Hauptwerken. München: Reisen und Bildung 1987 und Dies.: Die Neue Pinakothek. Führungslinie zu 20 Hauptwerken. München: Reisen und Bildung 1987 sowie Dies.: Oberbayern; Kunstführer zu Städten, Klöstern, Kirchen und Museen (ohne München). München: Reisen und Bildung 1990.

7.1.6   Personalisierung

Wenn die Träger der Geschichte auch vor allem handelnde Gruppen sind, so bietet sich die Personalisierung, z.b. im Sinne des Vor- und Leitbildes (Heinrich Roth), im Rahmen der Führung an, weil Geschichte für den Laien dadurch leichter fassbar wird. Möglichkeiten zur Personalisierung bieten sich z.B. vor dem Denkmal, dem Wohnhaus, dem Grab einer berühmten Persönlichkeit; auch ist die Personalisierung insofern ansprechend, als der Gästeführer versucht, einen Zeitabschnitt der Geschichte aus der Sicht einer verbürgten, einer literarischen, vielleicht sogar einer möglichen, aber erfundenen Person oder eines Personenkreises zu schildern. Dies wird z.T. in Führungen, manchmal sogar in zeitgenössischer Kleidung, umgesetzt:

Der Gästeführer schlüpft „in die Rolle einer historischen Figur … und agiert als diese Person. Die historische Person muss auf jeden Fall zum Ort passen und zum Gästeführer … Seine Biographie sollte vorher sehr genau studiert werden … Bei der Darstellung einer Figur, die in historischer Zeit so gelebt haben könnte, ist der Gästeführer in den Inhalten und spielerischen Möglichkeiten wesentlich freier, als bei einer tatsächlichen historischen Persönlichkeit … Auf eines ist zu achten, nämlich die Rolle während der gesamten Führung und unter Umständen auch unmittelbar nach der Führung nicht zu verlassen. Dann ist es eine **szenische Führung** … Für den Gast stellt diese Form der Führung ein besonderes Erlebnis verbunden mit einem hohen Erinnerungswert dar."[131]

Dafür reicht es aber nicht, nur die historischen Kostüme überzuziehen! In modernen Schulungen für Gäste- und Museumsführer wird das theatralische Moment betont, manchmal auch in Audioguides wie auf Schloss Tratzberg, wo die Räumlichkeiten von verschiedenen historischen Persönlichkeiten erklärt werden, unter ihnen Kaiser Maximilian, der „letzte Ritter", höchstpersönlich!

Wenn der Gästeführer eine geschichtliche Person sehr schätzt oder verehrt, ist eine begeisterte, vielleicht dadurch überstilisierte Darstellung (Kolorierung) erlaubt, sofern er sich selbst mit einbringt und erklärt, warum ihn diese Person so fasziniert und somit die Idealisierung als eine persönliche kennzeichnet. Solche „Sympathie-Erklärungen" bleiben den Besuchern am besten in Erinnerung. Auch die Verarbeitung von „-ismen" vollzieht sich beim Gast leichter, wenn er sie in Verbindung mit hervorragenden Vertretern erklärt bekommt.

Beispiele sinnvoller Personalisierung sind auch bekannte Dichter und Musiker bzw. Werke aus Literatur und Musik, die von historischen Persönlichkeiten und ihrem

---

[131]   Weier, Michael: Gäste professionell führen. Ein Leitfaden für die Tourismuspraxis. 4. Aufl. Gerlingen: KSB-Media 2011, S. 29.

Schicksal handeln. Der Gästeführer gibt Anknüpfungspunkte an Bekanntes bzw. Anregungen für die Nachbereitung der Reise, indem er über einen Dichter und sein Werk berichtet, eine Zusammenfassung evtl. mit kurzen Textbeispielen eines Theaterstücks (z.B. Augsburg oder Straubing „Agnes Bernauer" von Hebbel oder Carl Orff), einer Oper, eines Romans, eines Filmes gibt, eine Geschichte über historische Persönlichkeiten vorliest, Teile auf DVD oder mit MP3-Player im Bus vorspielt usw.

Beispiele:

- Goethe in Frankfurt und Weimar
- Wagner in Bayreuth
- Lübeck: Thomas Mann
- Meersburg: Annette von Droste-Hülshoff
- Salzburg: Mozart
- Prag: Kafka
- Warschau: Chopin

7.1.7 Quellenbefragung

Quellen sind nicht nur sprachliche, sondern auch musikalisch, bildliche, plastische und architektonische Zeugnisse der Vergangenheit.

Sprachliche Quellen, die der Gästeführer einsetzen kann – er könnte Textstellen von Karteikarten ablesen -, wären:

- Gedichte, Auszüge aus Novellen, Romanen etc.
- Amtliche Verordnungen
- Notizen und Chroniken, Tagebucheintragungen
- Briefe
- Flugblätter
- Rechnungen
- Polizeiberichte, Urteile
- Zeitungsausschnitte, Nachrichten
- Beschreibungen von Reisenden in der Vergangenheit
- Speisen und Menükarten

Dadurch können die geschichtlichen Hintergründe, z.B. einer Stadtgeschichte, schwerpunktmäßig illustriert werden. Quellen können auch wiedergegeben werden, um problematische Zielorte (z.B. Besuch des Konzentrationslagers in Dachau) zu erläutern und gegebenenfalls als Grundlage für die Diskussion mit der Gruppe dienen.

7.1.8   Elementarisierung

Vereinfachte, konkrete Einzelfälle sind für die Teilnehmer leichter aufzunehmen als Generalisierungen. Sowohl ihre eigenen Erfahrungen als auch ihr bildhaftes Vorstellungsvermögen werden dadurch angesprochen. Es ist notwendig, dass nach der Konkretisierung die Übertragung auf die allgemeinen Zusammenhänge vorgenommen wird, um nicht in Einzelfällen stecken zu bleiben.

Nebensächliches, soweit es die Erklärungen nicht verlebendigt (besondere Aufzählungen von Daten), muss weggelassen werden. Der Gästeführer sollte nur noch Schlüsseldaten nennen, möglichst in verschiedenen Zusammenhängen, damit sie sich besser einprägen. Auch sollte er Daten und Zeiten nicht mehr als absolute Zahlen, sondern in ihrem Verhältnis zu anderen nennen, wenn möglich im Verhältnis zu Zahlen- und Größenverhältnissen, die der Erfahrungswirklichkeit der Teilnehmer entsprechen.

Beispiele:

- „15 Jahre vor der Entdeckung Amerikas"
- „Bereits 10 Jahre nach dem Thesenanschlag Luthers"
- „Ein Menschenalter vorher"
- „Als gerade der Dreißigjährige Krieg ausgebrochen war"
- „50 Jahre später"
- „Dieses Bild ist 5x6 Meter groß – hat also die Fläche einer Einzimmerwohnung"
- „Dieses Gebäude hat eine Grundfläche von 2000 Quadratmetern, d.h. es würde 4 durchschnittliche Einfamilienhäuser, jedes mit einem Grund von 500 Quadratmetern, umbauen"
- „Diese Theater hat nur halb so viele Sitze wie das in X"
- „Als Graf B gerade 15 Jahre alt geworden war"
- „Der Künstler wurde sehr alt und starb im Alter von 90 Jahren."

Die hohe Kunst der guten Gästeführung besteht darin, schwierige Inhalte so zu erklären und zu „übersetzen", dass jeder sie versteht: Nicht das brillante Zahlengedächtnis des Gästeführers ist hier von Interesse, sondern dass das, was er sagt, auf der „anderen Seite" auch ankommt und verstanden wird.

Elementarisierung bedeutet deshalb auch eine Vereinfachung, eine Konkretisierung der Sprache: Fremdwörter werden möglichst wenig benutzt bzw. erklärt, Zitate und Quellen danach ausgesucht, ob sie leicht verständlich sind, und schwierige Stellen entweder gestrichen oder vereinfacht.

Nicht nur Sprache und Texte, auch Bilder, Grafiken, Schemata, Karten, Rekonstruktionen, Kunstwerke u. Ä. müssen danach befragt werden, ob sie nicht möglicherweise zu abstrakt, unauswertbar, undeutlich, vielleicht doppeldeutig sind und vom Wesentlichen fortführen.

7.2 Geschichte und Sozialwissenschaften im Hinblick auf die Gästeführung

Beachtet werden in der neueren Geschichtsbetrachtung nicht nur die von den Menschen geschaffenen Kulturdenkmäler, Institutionen und Erfindungen, sondern auch wichtige Bereiche des Alltagslebens, wie Familie und Kindheit, Stellung der Frau, Wohnen, Ernährung, Hygiene, Sexualität und Tod sowie Produktion, Verteilung, Konsum und Kommunikation – das Alltagsleben in seiner Eingebundenheit in soziale Ordnungen, religiöse Weltbilder, politische und wirtschaftliche Systeme und schließlich in seiner Abhängigkeit von biologischen und geographischen Faktoren.

Sehr interessant sind hierzu Projekte der „experimentellen Archäologie", bei denen Besucher oder auch Gruppen von Geschichtsstudenten mit den Werkzeugen und Hilfsmitteln der Vergangenheit versuchen, das damalige Alltagsleben nachzuvollziehen und die Beschreibungen antiker Schriftsteller zu verifizieren. Derartige Techniken werden heute schon in einigen „Geschichtsparks" der Öffentlichkeit vorgestellt (z.B. Carnuntum bei Wien, Limesmuseum Aalen, seit 2011 auch im bayerisch-tschechischen Geschichtspark Bärnau/Tachov).

Diese neue Art der Geschichtsbetrachtung ist umso wichtiger, als die politische Geschichte am wenigsten dem Erfahrungshorizont des Reisenden entspricht.

Beispiele:

- **Geschichtliche Demographie**: Wie viele Einwohner hatte mein Fremdenverkehrsort zur Zeit seiner Blüte, in welchem Größenverhältnis steht diese Zahl zu anderen Städten damals und heute? Inwieweit ist die Bevölkerungsentwicklung mit sozialen und wirtschaftlichen Umständen verbunden?
- **Statistiken und ihre Interpretation**, z.B. Geburts- und Sterbestatistiken: Verhältnis dieser Zahlen zur Einwohnerzahl, durchschnittliche Kinderzahl der Familien früher. Von welchen Umständen hängt die hohe bzw. niedrige Kinderzahl ab (z.B. Heiratsalter – Fruchtbarkeit verringert sich mit steigendem Heiratsalter)? Welche gesellschaftliche Stellung hatten Frauen und Männer, die sich nicht verheiraten (z.B. relativ hohe Zahl von Nonnen und Mönchen bis zur Zeit der Aufklärung)? Wie war die Rolle der Frau (ihre Fruchtbarkeit nimmt ab in dem Maße, wie sie außerhalb der Familie arbeitet und/oder ihr kulturelles Niveau steigt)? Gab es Formen der Empfängnisverhütung? Die Statistik der Todesfälle hingegen erlaubt Rückschlüsse auf die sanitäre, hygienische und ernäh-

rungsmäßige Lage der Bevölkerung zu einer bestimmten Zeit (z.B. Kindersterblichkeit und häufige Infektionskrankheiten, Kinderbettfieber, Hungersnöte und Pestzeiten, Arbeitsunfälle und traditionelle Arbeiten in einem Gebiet, die mit bestimmten Gefahren verbunden sind, Problem von Emigration und Rückwanderung).

- **Geschichtsgeographie**: landschaftliche und klimatische Bedingungen für Geschichte und Mentalität. Inwieweit prägen Besitzverhältnisse das Gesicht der Landschaft (z.B. Latifundien, Bodenreformen und Flurbereinigung)? Anpflanzungen: Ihre Geschichte, ihre Verbreitung, günstige oder ungünstige Handelsbedingungen (Vorhandensein von großen Handels-, Wasser- oder Seestraßen, Verlagerung der Handelswege in der Geschichte). Inwieweit beeinflusst die Art der Bepflanzung Siedlungsformen? Haben manche Landschaften und Klimasituationen das Auftreten bestimmter Krankheiten (z.B. Malaria) begünstigt? Inwieweit hängt die moralische Einstellung der Bewohner mit der geographischen Lage eines Ortes zusammen?

- **Materielle Lebensbedingungen**: Geschichte der Ernährung aus biologischer, sozialer, kultureller und symbolischer Sicht, z.B. Vorlieben und Tabus und ihr Einfluss auf die Wirtschaft. Welche Pflanzen bildeten zu einer bestimmten Zeit die Ernährungsgrundlage einer Bevölkerung? Wie ernährte sich der Bauer des Mittelalters in unserer Region? Welche Faktoren begünstigten oder verschlechterten die Ernährungslage? Welche Unterschiede in der Ernährung bestanden zwischen arm und reich? Essgewohnheiten und Ablehnung unbekannter Speisen, Auswirkungen proteinreicher Ernährung auf das Aussehen, insbesondere des Längenwachstum der Menschen. Geschichte der Krankheiten und ihrer Verbreitung, z.B. mittels der Verkehrswege. Inwieweit schuf der Mensch eine Umwelt, die Krankheiten begünstigte? Geschichte der Medizin und der sanitären Einrichtungen, ernährungsbedingte Krankheiten, Alkoholismus, Aids und Drogenprobleme. Anwendung und Stand der Technologie heute und in der Geschichte, z.B. Geschichte der Energiequellen, der Baustoffe, bestimmter Geräte, der Berufsbildung, der Verkehrswege, der Kommunikationswege- und -techniken. Sozialwesen und Kultur der Familie, z.B. Geschichte des Wohnens, des Mobiliars, der Kleidung, der Tischsitten, der Sexualpraktiken, der Hygiene in Beruf und Familie, Fragen der Alters- und Krankenversicherung, der Arbeitslosigkeit, des Schul- und Bildungssystems etc.

- **Wirtschaft**: wo liegen die wirtschaftlichen Schwerpunkte in meinem Fremdenverkehrsort bzw. der Region heute und in der Geschichte, z.B. Verdienste früher und heute, Arbeitslosigkeit, Verteilung des Eigentums, Export und Import, verschiedene Sektoren des Wirtschaftsbereichs, Dominanz bestimmter Wirtschaftszweige, wirtschaftliche Probleme usw.

8 Allgemeine pädagogische Grundsätze für Führungen

8.1 Strukturierung und Zeitplanung

Die Ausarbeitung eines Programms für eine Führung erfolgt einerseits auf der inhaltlichen Ebene und andererseits, parallel dazu, auf der organisatorisch-methodischen Ebene. Auf dieser versucht der Reiseführer folgende Fragen zu lösen: Wie kann ich die Führungsgegenstände gliedern? Welche Schwerpunkte kann ich setzen? Welche Querverbindungen könnten hergestellt werden? Wie sind komplizierte Zusammenhänge aufzulösen?

Eine unstrukturierte Lernmasse, unverbundenes, isoliertes Faktenwissen, z.b. über eine Kirche, das keine historischen Zusammenhänge zur Einordnung in die Geschichte des Ortes oder in die Kunstgeschichte aufzeigt, wird leicht vergessen, weil zu hohe Anforderungen an das mechanische Gedächtnis gestellt werden. Es ist deshalb sehr wichtig, dass der Führer sich so vorbereitet, dass er allgemeine Beziehungen und Zusammenhänge zwischen den einzelnen Objekten und Führungselementen herstellen kann, so dass die Reiseinformation am Schluss als ein geordnetes System erscheint.

Strukturierung durch klare Begriffe
Neues kann allerdings nur dann gelernt werden, wenn die in ihm erhaltenen Begriffe eindeutig, klar und präzise abgrenzbar sind. Dies geschieht z.b., indem der Gästeführer Vergleiche anstellt, Unterscheidungen heraushebt, analysiert, ordnet oder genau beschreibt.

Die Begriffsbildung bei der Gästeführung geht vorwiegend von der Anschauung aus; Das Tun kann dann mit einbezogen werden, wenn z.B. verschiedene Gesteinsarten zu den Besichtigungsobjekten gehören, die von den Gästen auf ihre unterschiedliche Körnung hin, ihr unterschiedliches Gewicht usw. befühlt werden können. Dies gilt auch für Pflanzen (z.B. an Lehrpfaden), die evtl. angefasst und berochen werden können.

Grundsätzlich sollten Begriffe, die nicht allgemein verwendet werden, vom Gästeführer nicht vorausgesetzt, sondern evtl. sogar mehrmals erklärt werden.

Strukturierung durch Fragen: die kommunikative Führung
Die Strukturierung wird erleichtert, wenn der Gästeführer häufig das angenommene Vorwissen der Besucher bzw. zurückliegende Erklärungen ins Gedächtnis ruft und so Altes mit Neuem verknüpft. Dies ist allerdings nur an Orten möglich, wo keine engen zeitlichen Vorgaben die Handlungsfähigkeit des Gästeführers einschränken und er, wie bei manchen Schlossführungen, pro Raum nur zwei Minuten zur Verfügung hat.

Bei Stadtführungen mit kleinen Gruppen, mit Schulklassen oder auch bei Museumsbesichtigungen dagegen wirken Fragen und Anregungen zu eigenen Beiträgen der Teilnehmer von Seiten des Gästeführers motivierend und aktivierend, können Gespräche zwischen Gästeführer und Besuchern auslösen und somit mehr als nur „passive Berieselung" bieten. Gemeint ist hier allerdings nicht das obligatorische „Haben Sie noch eine Frage?" am Ende einer Führungseinheit, auf das meist niemand oder nur „Profilierer" eine Frage stellen, die für die anderen Teilnehmer oft zu sehr ins Detail führt.

Der Besucher weiß im Allgemeinen nicht schon in voraus, unter welchem Aspekt er ein ihm neues Objekt betrachten soll. Oder aber die von ihm angewendeten Fragestellungen führen nicht zu eigentlich wichtigen Einsichten. Durch die **didaktische Frage**[132] wird nicht vorgetäuscht, dass der Gästeführer die Antwort nicht weiß, sondern er fordert den Besucher durch die Frage – möglichst spielerisch animativ – auf, ein Besichtigungsobjekt unter einem bestimmten Gesichtspunkt zu betrachten.

Die Alternative zur Frage des Gästeführers ist nicht die, dass der Teilnehmer fragt und der Gästeführer antwortet, da ersterer vor einer neuen Gegebenheit im Allgemeinen nicht weiß, was es zu fragen gibt. So ist bei Führungen auch immer wieder festzustellen, dass nicht die Laien, sondern die Sachkundigen die meisten Fragen stellen, unter anderem auch, um ihr eigenes Wissen zu zeigen. Die wirkliche Alternative ist die, dass der Gästeführer den interessierenden Tatbestand einfach mitteilt und ihn anhand des Gegenstandes illustriert. Er nimmt damit das Ergebnis des Erkenntnisaktes vorweg und fordert den Teilnehmer höchstens zur Nachprüfung seiner Aussage auf. Demgegenüber werden in der kommunikativen Führung nicht nur fertige Ergebnisse mitgeteilt, sonder der Gästeführer leitet den Besucher zur Anwendung verschiedener Gesichtspunkte an, von denen er weiß, dass sie zum gewünsch-

---

[132] Praktische Beispiele in: Schmeer-Sturm, Marie-Louise: Die Alte Pinakothek. München: Reisen und Bildung 1987 und Dies: Die Neue Pinakothek. München: Reisen und Bildung 1987.

ten Ergebnis führen. Aus der Antwort des Teilnehmers kann er schließlich auch entnehmen, ob jener die Thematik richtig verstanden hat.

Es ist eine Frage des Selbstverständnisses des jeweiligen Gästeführers, ob er sich durch Konzentrierung der Gruppe auf seine Person in den Mittelpunkt stellen will oder ob er mit Hilfe der Frage auch die Teilnehmer an der Führung beteiligt und sich somit mehr in den Hintergrund stellt. Manche Gästeführer haben Angst, dass ihnen dann die Autorität verlorengeht und haben Schwierigkeiten, mit den Gästen auf gleicher Ebene zu kommunizieren. Auch ist bei der Verwendung der Fragetechnik fundiertes Wissen, Souveränität und Flexibilität von Seiten des Gästeführers Voraussetzung, da er ja vorher die Antworten, Vermutungen, Rückfragen der Teilnehmer nicht kennt.

Es muss also deutlich zwischen der echten Frage und der didaktischen Frage, die den Besucher zur Betrachtung anleitet, unterschieden werden. Neben der Frage gibt es noch die Möglichkeit der **Aufforderung** und des **Impulses**. Inhaltlich gesehen gibt es keinen Unterschied, da jede Frage in eine Aufforderung umgesetzt werden kann und umgekehrt. In der Beantwortung unterscheiden sie sich dadurch, dass zur Beantwortung der Frage oft ein einziger Ausdruck oder nur ein Wort ausreicht, was für zurückhaltende Teilnehmer eine große Hilfe bedeuten kann. Die Aufforderung dagegen wirkt weniger suggestiv auf die Formulierung der Antwort und erweist sich somit als willkommene Alternative zur Frage.

Eng gefasste Fragen und Aufforderungen haben den Nachteil, dass die einzelnen gedanklichen Schritte genau vorgeschrieben und die Erfassungsschemata einzeln angegeben werden. Ist genügend Zeit vorhanden, z.B. bei einer Bildbetrachtung, so empfiehlt es sich deshalb, zuerst allgemeine Beobachtungsaufträge an die Gruppe zu richten.

Für den Anfang bieten sich leichte Fragen an, die mit größter Sicherheit richtig beantwortet werden können und somit die Hemmung vor dem Antworten nehmen. Ungünstig sind reine Wissensfragen, günstig solche, die sich auf die Alltagskompetenz der Teilnehmer bzw. schon besprochene Inhalte beziehen. Am Anfang einer Führung können auch Fragen zum Vorwissen der Gäste angemessen sein (z.B. Bayreuth: „Was wissen Sie von Wagner?")

Weitere Beispiele:

- Wie alt war Goethe wohl, als dieses Bild von ihm gemalt wurde?
- Welches Gefühl drückt das Gesicht aus?
- Aus welcher Gesellschaftsschicht stammen die dargestellten Menschen wohl?
- Inwieweit entspricht die Wandgliederung hier im Inneren der Kirche dem Aufbau der Fassade, die wir eben betrachtet haben?

Der kommunikative Führungsstil und die damit verbundene Fragetechnik wollen erlernt sein und zeigen möglicherweise nicht gleich bei den ersten Versuchen die gewünschten Reaktionen der Teilnehmer. Erst mit der Zeit lernt der Gästeführer, mit der Fragetechnik umzugehen, und erwirbt sich ein Gefühl dafür, welche Fragen beim Gast „ankommen", welche ihn zum Gespräch oder zu eigenen Beiträgen anregen und welche zu allgemein, zu schwierig oder zu kompliziert sind, so dass der Gast nichts mit ihnen anzufangen weiß. Auch gehören Fingerspitzengefühl, Charme und Humor dazu, die didaktische Frage nicht in lehrhaftes Abfragen abgleiten zu lassen, sondern quasi unmerklich im Fortschreiten des Dialogs Informationen zu vermitteln.

In diesem Bereich der Strukturierung des Geschehens und des Miteinbeziehens der Teilnehmer durch Fragen gehört auch die **Provokation und Förderung von Teilnehmerfragen**. Allerdings müssen diese Fragen der Gäste von allgemeinem Interesse sein; ansonsten müsste der Frager auf einen späteren Zeitpunkt vertröstet werden und sich für den Moment mit einer Kurzantwort zufriedengeben. Wenn allgemein interessierende Fragen gestellt werden, so sollten diese vom Gästeführer noch einmal laut (oder im Bus am Mikrophon) wiederholt und vor allen erklärt werden.

Wünschenswert ist weiterhin die Verwendung von **rhetorischen Fragen im Sinne von Zielangaben**: Der Gästeführer gliedert seinen Vortrag, indem er einem neuen Sinnabschnitt eine Frage voranstellt, die er im Folgenden in seiner Erklärung beantwortet. Rhetorische Fragen haben den Vorteil, dass sie auch bei Zeitnot gestellt werden können und doch, zumindest indirekt, den Teilnehmer einbeziehen und bei ihm eine Fragehaltung erzeugen können.

Beispiele:

• Wie sah nun das Leben der Menschen aus, die in diesen Gebäuden wohnten?
• Der Baumeister hatte vor allem eine Frage zu lösen: Wie werde ich mit dem abschüssigen Terrain fertig?
• Wie sah der Tagesablauf eines Studenten aus, der hier im 16.Jahrhundert studierte?
• Den Bildhauer beschäftigte vor allem ein Gedanke: Wie schaffe ich es, den Konkurrenten auszuschalten und selber den Auftrag zu bekommen?

Die zeitliche Strukturierung des Besichtigungsprogramms
Folgende Grundvoraussetzungen müssen bei der Zeitplanung der Besichtigung berücksichtigt werden:

• Das Programm der Reisegruppe, die den Fremdenverkehrsort besucht
• Evtl. Programmankündigungen in Prospekten des Verkehrsamtes

- Eine evtl. im Fremdenverkehrsort übliche Route und ihre Begeh- bzw. Befahrbarkeit
- Wegstrecken zwischen den Besichtigungsobjekten und die dafür notwendige Zeit
- Gegebenenfalls Regenerationszeiten (Kaffeepause, Toilettenpause, Fotopause etc.)
- Möglichkeiten, sich vorübergehend auszuruhen (z.b. Park- oder Kirchenbänke)

Ein Manko vieler Führungen ist die mangelhafte Zeitplanung: Die Gruppe hat meistens ziemlich genaue Zeitvorgaben (Weiterfahrt, Mahlzeiten, andere Programmpunkte), und es ist ärgerlich, wenn von der Gästeführung, oft in bester Absicht, die vorher abgemachte Zeit überschritten wird, auch wenn Gründe dafür vorliegen (wie z.B. eine große Gruppe, die nicht so schnell vorwärtskommt wie eine Kleingruppe). Die Zeitplanung sollte also verschiedene Varianten vorsehen (z.B. kleine Gruppe, Seniorengruppe, Schulklasse, besonders interessierte Besucher), die je nach Wetter verschieden ausfallen, und auch Hinweise dafür enthalten, was notfalls (z.b. bei Verspätung der Gruppe) ganz gestrichen werden kann, ohne dass der Gästeführer in ein Lamento ausbricht.

Beispiel für die flexible Kürzung von Führungseinheiten
Dom XY, normalerweise Dauer des ausführlichen Rundganges 70 Minuten > Kürzung um 40 Minuten lt. Plan auf eine halbe Stunde

Treffen mit der Gruppe vor der Fassade, Erklären der Westfassade	07 Min. > Verkürzen auf 02 Min.
Vorraum: Absprachen, Organisatorisches, Eintrittskarten	05 Min.
Kirchenbänke als Sitzgelegenheit: Einführung zur Baugeschichte, Baubeschreibung	10 Min. > Verkürzen auf 05 Min.
Altäre Kategorie B (bei Zeitnot weglassen)	15 Min. > ersatzlos streichen
Hauptaltar	10 Min.
Grablegen Kategorie B (bei Zeitnot weglassen)	5 Min. > ersatzlos streichen
Dom-Kreuzgang	10 Min. > Verkürzen auf 05 Min.
Kapelle Kategorie B	05 Min. > ersatzlos streichen
Rückweg zum Ausgangspunkt der Besichtigung und Verabschiedung	03Min.

8.2   Motivierung und Bezüge zum Lebenshorizont der Teilnehmer

Ein gewisses Interesse der Teilnehmer kann man bei Führungen im Allgemeinen voraussetzen, nachdem jene die Führung freiwillig unternehmen (bei Schulklassen und Betriebsausflügen nicht immer) und Zeit, Geld und Mühe dafür einsetzen.

Dieses im Teilnehmer liegende Interesse (**Primärmotivation**) reicht aber bei längeren Besichtigungen nicht aus, wenn sich Unannehmlichkeiten häufen, wie z.b. langes Stehen, Wartezeiten, Hitze, evtl. weniger Komfort als zu Hause oder womöglich schwierige, unverständliche oder einfach langweilige Erklärungen der Gästeführung. Unannehmlichkeiten müssen vom Gästeführer so gering wie möglich gehalten werden, um die Primärmotivation der Besucher nicht zu beeinträchtigen oder zu zerstören.

Welche Aspekte und Vorgehensweisen können für den Teilnehmer motivierend sein?

Stark motivierend wirkt die **interessenbedingte Wertschätzung** bestimmter Themenkomplexe bei der Besichtigung. Dies ist eine relativ dauerhafte Variable beim Teilnehmer, durch unterschiedliche Berufe, Altersgruppen, Erfahrungen und Interessen naturgemäß sehr verschieden. Es ist davon auszugehen, dass bei einer Studienreise mit vorwiegend kunstgeschichtlichen Zielen die Interessen der Teilnehmer meist im geistesgeschichtlich-musischen Bereich, bei einer Reise mit sozialpolitischen Zielen mehr im wirtschaftlichen und politgeschichtlichen Bereich liegen werden.

Wesentlich ist, dass der Gästeführer hinter dem, was er sagt, steht, dass er sich mit den Inhalten des Programms und seiner Arbeit identifiziert. Was der Gästeführer nicht schätzt, das wird oft auch von den Teilnehmern gering geachtet werden, wenn sie keine anderen Informationsquellen besitzen. Der Teilnehmer möchte weitgehend die Ziele der Führung zu seiner eigenen Sache machen. Für ihn stellt eine gelungene Reise auch ein Prestigeobjekt dar, das nur etwas gilt, wenn „alles schön" war. Von einem guten Gästeführer wird emotionales Engagement erwartet, ein distanzierter Guide wird die Teilnehmer kaum für seine Stadt begeistern können. „Lehren ist zum Großteil **professionalisierte Emotionalität**."[133]

---

[133]   Wiedemann, Bernd: Emotionen von Lehrern in einem Handlungskonzept. In: Hofer, Manfred (Hrsg.): Informationsverarbeitung und Entscheidungsverhalten von Lehrern. Beiträge zu einer Handlungstheorie des Unterrichtens, München, Wien, Baltimor 1981, S. 225.

Wie kann der Gästeführer das Interesse der Teilnehmer an dem Führungsgegenstand wecken und fördern?

In der Auswahl der Inhalte und Ziele könnte sich der Gästeführer von dem Goethe-wort „Übrigens ist mir alles verhasst, was mich bloß belehrt, ohne meine Tätigkeit zu vermehren oder unmittelbar zu beleben" leiten lassen. Das Lernen während der Reise wird motivierend und sinnvoll, wenn es dem Teilnehmer „nützlich" erscheint.

Die Auswahl erfolgt u.a. nach dem Kriterium, ob Bezüge zum Lebenshorizont der Teilnehmer, z.b. ihrem Wohnort, ihren Arbeitsbedingungen, ihrem Lebensstandard, der Geschichte ihrer Heimat hergestellt werden können. Diese Bezüge können sowohl auf inhaltlicher wie auf emotionaler Ebene liegen.

Ausländische Touristen suchen oft deutsche „Gemütlichkeit". Man sollte sie dabei nicht unbedingt desillusionieren. Besucher aus anderen Kulturkreisen haben kaum Wissen von der europäischen Geschichte, von abendländischen Sakralbauten und christlicher Ikonographie. Dementsprechend sollte der Gästeführer nur Grundkenntnisse der hiesigen Kultur vermitteln und sich zugleich in die Geschichte des Herkunftslandes der Gäste einarbeiten.

Indem der Gästeführer Bezüge zum Lebenshorizont der Teilnehmer herstellt, rücken die Besichtigungsobjekte in deren Interesse, und sie werden zu einer aktiven Auseinandersetzung damit angeregt. Das Herstellen von Bezügen ist sehr anspruchsvoll und macht damit auch einen Rundgang, der sich immer wieder in den gleichen Räumen abspielt, inhaltlich für den Gästeführer aufs Neue interessant und abwechslungsreich. Für aktuelle Bezüge ist die regelmäßige Lektüre von Tageszeitungen, aber auch landeskundliche Literatur zu den Herkunftsregionen der Gäste nötig; für eine Übersicht zu möglichen Bezügen zwischen verschiedenen Ländern im Laufe der Geschichte kann der „Kulturfahrplan"[134] hilfreich sein, wo synoptisch Ereignisse aus Politik, Literatur, Philosophie, Kunst, Musik, Wissenschaft, Technik, Wirtschaft und Sport dargestellt werden.

Zum Reiz eines Besichtigungsobjektes kann auch sein **Aktualitätsgehalt** gehören. Eine ungewöhnliche Naturerscheinung, ein unvergleichliches Volksfest, ein typisches Essen – in ihrer Besonderheit vom Gästeführer geschildert – wird die Teilnehmer sicherlich motivieren, Unbequemlichkeiten in Kauf zu nehmen. Auch unterschiedliche Fortbewegungsarten können motivierend wirken: ein unvermuteter Spaziergang, eine Boots- oder Dampferfahrt, eine Fahrt mit der Metro, der Zahnradbahn, ein Ritt auf einem Esel.

---

[134] Stein, Werner (Hrsg.): Der neue Kulturfahrplan. Die wichtigsten Daten der Weltgeschichte. München: Herbig 2004.

Auf **sachfremde Motivierung** sollte, soweit möglich, zugunsten der Primärmotivation verzichtet werden. Manchmal, am sogenannten „toten Punkt", kann der Gästeführer bewusst Methoden einsetzen, die außerhalb eines direkten Bezugs zum Besichtigungsprogramm stehen, um seine Gruppe für die Fortführung der Besichtigung zu motivieren:

- Aufmunterung und In-Aussicht-Stellen von angenehmen Dingen, wie z.B. eines ausgezeichneten Mittagessens, einer gemütlichen Kaffeepause etwa in dieser Form: „Wir befinden uns im Endspurt, noch eine Viertelstunde geistige Nahrung, dann wartet ein exzellentes Mittagessen in einem kühlen Biergarten auf uns!"
- Auflockerung der Stimmung durch das Erzählen eines Witzes oder einer lustigen Geschichte

Eine wichtige Voraussetzung für die Motivation ist die **Befriedigung elementarer physischer Bedürfnisse** des Teilnehmers. Nach der „Bedürfnispyramide" von Maslow sind auf der untersten Ebene die Elementarbedürfnisse (Berücksichtigung von Ruhepausen, rechtzeitige Essenspausen, Toilettenpausen, Information, ob es an manchen Besichtigungspunkten besondere Bedingungen gibt, z.B. sehr kalt, sehr warm, glitschig, steil, dunkel, um Unfälle und schlechtes Befinden der Teilnehmer zu verhindern). Wenn diese Bedürfnisse befriedigt sind, treten an ihre Stelle soziale und Ich-Bedürfnisse, also das Streben nach Geselligkeit und Anerkannt-Sein. Dem Geltungsbedürfnis, bezogen auf die Reisegruppe das Geltungsstreben des einzelnen gegenüber dem Gästeführer und den anderen Teilnehmern, kann durch gleichmäßig freundliche Behandlung wie durch Möglichkeiten der Selbstbestätigung entsprochen werden (z.B. eigene Aktivitäten oder ein positives Sich-Profilieren vor der Gruppe während einer dialogischen Führung).

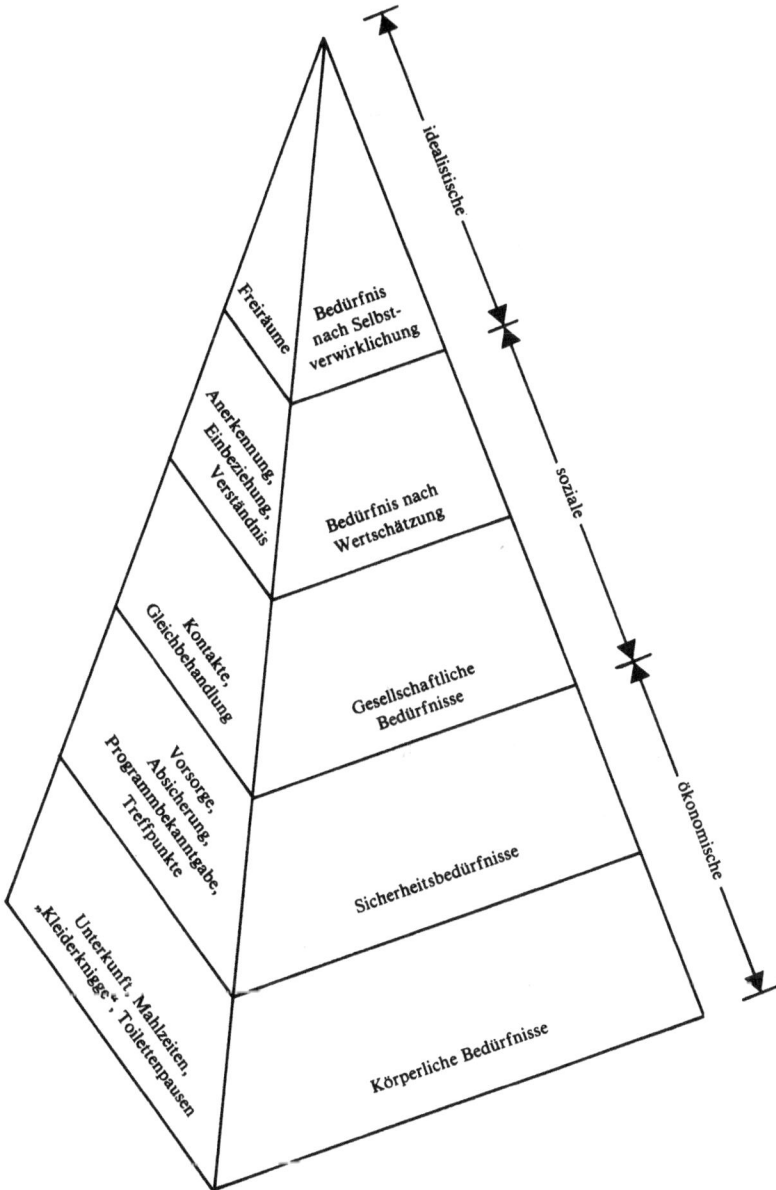

Abb. 8.1: Bedürfnispyramide nach Maslow in Bezug zur Gestaltung einer Gruppenreise durch den Reiseleiter und Gästeführer

Verbindungen zum Lebenshorizont der Teilnehmer

Als günstig und motivierend erweist es sich beim Prozess des interkulturellen Lernens, wenn es der Reiseleitung gelingt, Beziehungen zum Lebenshorizont der Teilnehmer herzustellen. Hierbei gibt es folgende Möglichkeiten:

- Bezüge zum Lebenshorizont des Reisenden und seinem Alltag
- Bezüge zum Gesellschaftssystem des Reisenden
- Bezüge zwischen der Geschichte der Heimat des Reisenden und der besuchten Region
- Bezüge zwischen dem Leben der Menschen heute in dem bereisten Land und einer vergangenen Zeit bei uns

Die Auswahl der Bezüge erfolgt nach dem Wissensstand, den Interessen, dem Alter, der Herkunft und der sozialen Schicht der Reiseteilnehmer. Im Folgenden sollen in einer Liste mögliche Bezüge zu Alltagssituationen sowie zum Gesellschaftssystem aufgezeigt werden.

Bezüge zum Leben des einzelnen und zu Alltagssituationen:

- persönliche Lebensumstände
- Wohnformen, Wohnkultur, Bauwesen, Materialien, Wohnungssituation
- Arbeitsbedingungen, Arbeitslosigkeit, Einstellung zur Arbeit, Arbeitsalltag, unterschiedliche Arbeitsdefinitionen, Arbeitszeiten
- sozialer Status bestimmter Berufsgruppen, Vergleich von Berufssparten, Betriebsstrukturen, Berufe früher
- Mindesteinkommen, Verdienste, Lebenshaltungskosten, Lebensstandard, Preisniveau
- Kontrast Idylle-Technik
- Rolle der Frau, des Mannes, des Kindes, der Familie, der alten Leute und ihre soziale Situation sowie Familienstrukturen und der entsprechende Umkreis (z.B. Hausangestellte)
- Rolle des Kindes, Erziehung, Jugendkultur, Kinderarbeit, Kinderreichtum, Kindergeld, Ausbildung
- Lebensrhythmus und „Zeittypen", Tagesablauf, Zeitaufwand für Lebenserwerb
- menschlicher Umgang
- Herstellen von Mann-Frau-Beziehungen
- Art und Besonderheiten der Kommunikation
- Moral
- verschiedene Volksgruppen
- Umgang mit Minderheiten
- Verhältnis zu Werten wie „Großzügigkeit" und „Gastfreundschaft"
- Konsumverhalten, typische Produkte

- Glücksbegriff
- Esoterik, Glaube, Aberglaube (Schmuck, Amulette, Sagen, Märchen), Riten, religiöse Kulthandlungen
- Stellenwert der Religion, Kirchensteuer, Kirchenaustritt, politischer Einfluss der Kirche, Nebeneinander verschiedener Religionen bzw. Sekten und ihre Kultstätten
- Brauchtum
- Mode und Besonderheiten der Kleidung und Tracht
- lebendiger Bezug zur Sprache
- Essen und Trinken und damit verbundene Gewohnheiten und Vorstellungen und Besonderheiten, Tischsitten, Trinkgewohnheiten
- Verbindung zur Natur und zu Tieren, Umweltbewusstsein
- Sauberkeit
- Freizeitbeschäftigungen (z.b. bevorzugte Sportarten und Vorstellungen, Besonderheiten wie die Jagd, Fußball, Nachtleben, Verhältnis Freizeit – Arbeit)
- Reiseverhalten der „Bereisten"

Bezüge zur Gesellschaftsorganisation:
- die Gruppe betreffendes aktuelles Tagesgeschehen (z.B. nationale Feiertage, Demonstration, Streik, Plakate, Umzüge, Militäreinsatz)
- politisches System (Parlamentsgebäude, Amtsgebäude, Wohngebäude von Politikern, Plätze, Platznamen, Gebäude, wo politische Ereignisse stattfanden, Denkmäler, Debatten, Wahlveranstaltungen, Repräsentanten der staatlichen Gewalt: Carabinieri, Bobby)
- Politik des Landes im Vergleich zum eigenen Land
- Beteiligung verschiedener Schichten am politischen Geschehen (Bürgerinitiativen)
- Berufe und Berufsbilder
- Schul- und Bildungssystem
- Lage der Intelligenz – Intelligenzflucht
- soziales Versorgungswesen, „Fürsorgestaat", Gesundheitswesen, Altersversorgung (Krankenhäuser, Gefängnisse)
- Steuerwesen
- Versicherungen
- Kunst, Kultur, gegenwärtige kulturelle Situation (Stadtteilfeste)
- Umweltprobleme und -schutz (Smog, verschmutzte Fassaden, Flüsse, Waldbegehung, Kraftwerke)
- Agrarstruktur, Landflucht, Landwirtschaft, Flora, Fauna, Anbauformen

- Infrastruktur (Verkehr, Wasser- und Lebensmittelversorgung, Müllabfuhr, Sanierungsprojekte, Erholungsflächen, Spielplätze
- Märkte und Versorgungslage (Warenangebot in Läden, Märkten und Kaufhäusern – Lohn- und Preispolitik, Import-Export)
- Grenzstreitigkeiten
- Parteien und Politik
- Alltag in diktatorischen Systemen (Kultbilder, Parolen)
- Tourismuspolitik (z.b. Initiativen gegen Rucksacktourismus)
- Entwicklungspolitik, Nord-Süd-Gefälle, Kolonialgeschichte (z.b. deutsche Industrie im Ausland, Monokulturen, atypische Wirtschaftssysteme)
- Pressewesen, Massenmedien, Art der Werbung
- weltliche und religiöse Systeme und Hierarchien
- Besonderheiten der weltlichen und religiösen Gesetzgebungen
- Verhältnis zu anderen Ländern
- Grad der Verwestlichung
- kulturelle Identität
- Verhältnis zu NATO und EU
- Industriestruktur, Wirtschaft und ihr Verhältnis zur Bundesrepublik Deutschland

8.3   Aktivierung

Betrachtet man den Ablauf einer herkömmlichen Besichtigung, so fällt auf, dass der Gästeführer erklärt, spricht, zeigt und sich die Teilnehmer die meiste Zeit rezeptiv verhalten: Sie bleiben, abgesehen von ein oder zwei besonders Wissbegierigen und den „Fotografen", in einer aufnehmenden, weitgehend passiven Rolle und haben nach der Führung ein starkes Bedürfnis nach Kommunikation sowie nach gegensätzlichem Tun. Oft sind sie durch ihre lange Zuhörerrolle auch so erschöpft, dass sie keine Kraft für eigene Unternehmungen mehr aufbringen.

Aus der Schulpädagogik weiß man längst, dass häufige Tätigkeitswechsel die Spannung und Aufnahmebereitschaft der Schüler steigern – im Gebiet der Gästeführung bleibt man diesbezüglich meist konservativ. Tatsächlich hat eine ganz von der Gästeführung bestrittene Führung und Programmabfolge den Vorteil, dass Zeit gewonnen wird und die Informationen ohne Verzögerung weitergegeben werden können. Für den Teilnehmer hat diese Art des Reisens den vordergründigen Vorzug, dass er sich nicht engagieren, nicht aus sich herausgehen muss.

Andererseits spielt die spontane Aktivität des Zuhörers eine kaum zu unterschätzende Schlüsselrolle. In langjährigen Untersuchungen erwies es sich, dass wir nur

20 % dessen, was wir hören, 30 % dessen, was wir sehen, aber 90 % dessen, was wir selbst getan haben, langfristig in unserem Gedächtnis behalten.

Es hängt vom Führungsort und -objekt ab, ob eine Selbsttätigkeit der Besucher möglich oder sogar vorgesehen ist. In Museen z.b. gibt es nur ganz selten Originale, die angefasst werden dürfen; fast genauso rar sind Kopien, die gelegentlich für Schulklassen oder blinde Besucher zur Verfügung gestellt werden.

Die Förderung der Selbsttätigkeit während einer kommunikativen Führung sollte sehr vorsichtig geschehen, jeder Eindruck von Zwang und Leistungsstreben vermieden werden. Häufig geschieht es, dass Teilnehmer vom Gästeführer gestellte Fragen falsch beantworten. Hier sollte der Gästeführer entweder durch einen Scherz die falsche Antwort entdramatisieren, oder durch eine Geste andeuten, dass der Teilnehmer noch nicht ganz das Richtige getroffen hat, ohne die Antwort zu kommentieren. Eine Möglichkeit besteht darin, seinen Beitrag aufzugreifen, wenn möglich einen Zusammenhang mit der Frage und der (falschen) Antwort herzustellen und diese konstruktiv zu besprechen. Keinesfalls wird er den entsprechenden Teilnehmer vor der Gruppe bloßstellen und somit entmutigen, weiterhin sein Interesse zu zeigen.

Aktivierung der Teilnehmer zur Mitgestaltung bei der Programmgestaltung, wenn z.B. aufgrund von Pannen Programmänderungen notwendig werden, kann jedoch problematisch sein. Gudrun Löw schildert drastisch die möglichen Folgen:

„Sie alleine bestimmen das Ersatzprogramm. Lassen Sie keinesfalls eine Entscheidung durch Abstimmung zu, sonst gibt es Mord und Totschlag in Ihrem Bus; Sie selbst sind am Ende ein Nervenbündel und nicht mehr fähig, einen einzigen der 15 verschiedenen Wünsche in die Tat umzusetzen. Selbst wenn Sie Ihre Gruppe nur unter zwei verschiedenen Möglichkeiten wählen lassen, gibt es Schwierigkeiten: Die in demokratischer Abstimmung unterlegene Gruppe ist erfahrungsgemäß für den Rest des Tages schlecht gelaunt und ‚spielt nicht mehr mit‘ – entscheiden Sie dagegen allein, wird man sich Ihrem Entschluss beugen und dem neuen Programm gute Seiten abgewinnen können.“[135]

Für den Gästeführer heißt das, dass er sich nur mit der Begleitperson der Gruppe, also dem Reiseleiter oder Fahrer, wegen des Ersatzprogrammes abstimmt und jener dann diese Entscheidung möglichst positiv argumentierend der Gruppe nahebringt.

Ein großes Plus der Gruppenreise ist, dass diese Reiseform gute Chancen bietet, gleichgesinnte Menschen kennenzulernen. Auch der Gästeführer sollte sich als „Animateur" für mehr Kommunikation zwischen den Gästen betrachten: Er ist oft

---

[135] Löw, Gudrun, Greiffenhagen, Silvia: Der Reisebus-Fahrer. Neue Aufgaben – neue Chancen. München: Vogel Verlag 1985.

die erste Person des Urlaubsortes, mit dem der Reisegast Kontakt hat, und falls es ihm gelingt, Fremdheiten zu überwinden und Gespräche zwischen den Urlaubern zu fördern, ist dies in vielen Fällen ebenso wichtig für den einzelnen wie eine gut vorgetragene Führung.

Beispiele für die Aktivierung:
im geistig-inhaltlichen Bereich
* Mitsprache bei der Programmgestaltung (Gäste – soweit wie möglich – in den Programmablauf einbeziehen aber Vorsicht vor Profilierung einzelner zu Lasten der Gruppe bzw. vor Gruppenspaltung!)
* Beiträge (Kurzreferate) von Teilnehmerspezialisten
* Anregung zu eigenen weiteren Besichtigungen in Kleingruppen
* Sammeln von Quizfragen zur Reisethematik für den letzten Abend
* kommunikative, dialogische Führung
* Diskussionen anregen, „Gesprächsstoff" anbieten, Erfahrungs- und Gedankenaustausch in der Gruppe fördern. Aber Vorsicht vor zu kontroversen Diskussionen, z.B. in Syrien über Palästinenser – Israelis. Die örtlichen RL wissen schon, weshalb sie diese politischen Themen oft nur kurz ansprechen!
* kleiner Sprachunterricht durch die Reiseleitung
* „Erforschung" bestimmter Fragestellungen in Kleingruppen
* Betriebsbesichtigungen (z.B. dt. Firmen im Ausland)
* Einbezug von Sehenswürdigkeiten außerhalb des Programmes. Aber abklären, ob evtl. Routenabweichungen von der Busfirma her gestattet sind!
* Quizabend
* botanische Führung
* Gespräche mit deutschen Emigranten
* organisierte Gespräche/Diskussionen mit Einheimischen

im Bereich der Kommunikation und Geselligkeit
* Beeinflussung der Sitzordnung, Reiseleitung und Gäste wechseln Tische (ohne Zwang), Flexibilität in der Sitzordnung
* Gruppentische zusammenschieben lassen
* beim Essen ggf. Plätze gezielt verteilen (Einzelstehende, schwierige Gäste)
* Rotieren im Bus, je nach Ausschreibung im Prospekt
* Zeit zum Reden miteinander geben (Mikrophonbenutzung, Musik im Bus einschränken)
* Anregung zu Gesprächen und Diskussionen
* Delegieren von Aufgaben an Untergruppen (Geld wechseln, Einkaufen für ein Picknick)

- Anregung für die Freizeit- und Abendgestaltung in Kleingruppen
- Begrüßungs- und Abschiedstrunk
- Reiseleitung stellt die Gäste einander vor, merkt sich möglichst bald die Namen, Zusammenführen von Einzelpersonen und Kleingruppen
- Besuch oder Organisation eines Tanzabends
- Marktbesuch, Besuch eines Fischerhafens
- Pilze/Beeren suchen, bei Weinlese/Ernte mithelfen
- kleiner Kochkurs
- örtliche Veranstaltungen (Modeschau, Miss-Wahl)
- Besuch einer Folkloreveranstaltung oder eines örtlichen Festes (Prozessionen, Umzüge)
- Besuch einer Opernvorstellung
- Organisation eines besonderen Essens (festliches Abendessen in Spezialitäten-restaurant, kaltes Buffet, einheimische Küche, originelles Lokal, Grillen, Strandfest, Picknick, Lagerfeuer, Weinprobe)
- Besuch einheimischer Lokale in kleinen Untergruppen
- Animieren zum Anwenden der Sprache (einkaufen, Geld wechseln, nach dem Weg fragen) und zur Selbständigkeit
- Sprachspiele, Namensspiele
- Kennenlern-, Rate- und Suchspiele
- Stadtralley in Kleingruppen

im Bereich Bewegung, Sport, Spiel
- Spaziergang oder Wanderung (Rundgang oder Abholung durch Bus am Zielort), Nachtwanderung (z.B. Rom: nach dem fakultativen Abendessen in Trastevere Rückfahrt mit Taxis/öffentl. Bus oder Spaziergang über die ganze Altstadt bis zum Hotel am Bahnhof, Wanderung in Assisi bei Morgengrauen zur Rocca zum Sonnenaufgang)
- Gymnastik und isometrische Übungen
- Fahrradausflüge
- Bootsfahrten
- Bergtouren und Besuch einer Alm
- Tanz, Diskothek, Standardtänze
- Esel- oder Kamelritt
- Baden im Meer, Hallenbad, Saunen
- Ballspiele („niedrig" organisiert, keine Ausscheidungsspiele)
- Interaktionsspiele
- Gesellschaftsspiele im Hotel, Geschicklichkeitsspiele

im Bereich des Musisch-Kreativen

- szenischer Bereich: improvisiertes oder vorbereitetes Theaterstück (Ausschnitt), z.b. in einem antiken Theater
- passendes Rollenspiel oder Stegreifspiel
- Vortrag eines Gedichtes durch vorbereitete Teilnehmer in stimmungsvoller Landschaft
- Einüben eines typischen Volksliedes
- Zeichnen (z.b. mit Kohle oder Bleistift)
- Malen (z.b. mit Wasser-, Plaka-, Ölfarben)
- Fotografieren, Motivsuche, Fotokurs, fotografische Techniken
- Töpfern, Basteln usw. (Räume?)
- Einüben eines typischen (leichten) Volkstanzes
- Besuch von Theater-, Opern-, Musik-, Tanzvorführungen
- landesübliche Spiele mitmachen (Boules in Frankreich)

8.4   Anpassung und Zielgruppenorientierung

Der Gästeführer muss es in besonderem Maße verstehen, sich auf unterschiedlichste Gruppen, Menschen und Erwartungen, Interessen usw. einzustellen, und kann weniger, wie z.b. ein Reiseleiter, der für einen Spezialveranstalter arbeitet, bereits von bestimmten Gästetypen ausgehen. Andererseits hat es der Reiseleiter schwerer als der Gästeführer, da er einen größeren inhaltlichen Überblick haben muss und nicht, wie der Gästeführer, in einem relativ umgrenzten Gebiet seine Kenntnisse vertiefen kann.

Es zeugt von geringer Flexibilität, wenn ein Gästeführer, ganz egal, ob nun ein angeheiterter Kegelclub, eine Pfarrgemeinde, ein wissenschaftlicher Kongress oder eine Schulklasse kommt, immer das gleiche erzählt und die gleichen Witze abspult. In solchen Fällen ist er über kurz oder lang durch ein gut besprochenes Tonband ersetzbar: eine Methode, die vielfach auf mehrsprachigen Stadtrundfahrten und Audioguides in Museen und Ausstellungen schon angewendet wird.

Nicht immer ist das Verkehrsamt oder die vermittelnde Agentur in der Lage, für verschiedene Gruppen jeweils spezialisierte Führer bereitstellen zu können, etwa für Seniorenausflüge einen Pensionär oder Rentner, für Schulklassen einen sportlich-legeren Studenten oder für akademische Kongressteilnehmer einen Kunsthistoriker, also Personen, die sowohl äußerlich, d. h. durch Kleidung und Verhalten, als auch vom intellektuellen Niveau her, d. h. durch angemessene Sprache und die Qualität der Inhalte, eine Identifikationsmöglichkeit für die Gruppe bieten.

Der Gästeführer muss in der Lage sein, sich auf verschiedene Zielgruppen einzustellen, d.h. verschiedene Interessen der Zielgruppen zu erkennen, unterschiedliche Motivationsstrategien auszuarbeiten und Methoden zu entwickeln, um „Problemfiguren" der einzelnen Gruppen zu „entschärfen" und in die Gruppe zu integrieren.

Im Folgenden werden nun von Walter Springer, Gästeführer und Kunsthistoriker in Tübingen, drei mögliche Zielgruppen analysiert und Vorschläge zur Motivation und Integration problematischer Teilnehmer gegeben[136]. Diese Gruppen sind zur Veranschaulichung in extremen Typen karikiert dargestellt, entsprechen also nicht der Realität, in der die Grenzen fließend und die Gruppen nie homogen sind. Die Gruppencharakterisierung darf hier nicht als soziale Wertung missverstanden werden.

Zielgruppe I: Schüler

Bildung, Alter: Realschule, 10–15 Jahre

Hauptinteressen: Disko, Comics, Lehrer ärgern, Flirt mit Mitschüler/in, Rittertum, Waffen, Computer

Motivation zur Führung: gering, vom Lehrer zur Führung gezwungen

„Problemfiguren" und Besonderheiten: Streber und Null-Bock-Typen, Boykotteure, Profilierer

„Entschärfen" der Problemfiguren: Rädelsführer „schnappen" – sie durch direktes Ansprechen aus ihrer Außenseiterrolle lösen. Die Jugendlichen als „Erwachsene" ansprechen und ernstnehmen.

Strategien zur Motivation: Identifikationsmöglichkeiten schaffen durch Präsentation von ungewöhnlichen Objekten (Graffitis, Disko), Bezüge Geschichte – Schüleralltag heute herstellen: „…während man heute dafür einen Eintrag ins Klassenbuch oder allenfalls einen Brief an die Eltern bekommt, mussten die armen Kerle damals drei Wochen im Karzer schwitzen … Schule gab's damals noch gar nicht, dafür Feldarbeit von morgens ab fünf – seht wie schön ihr's doch habt."

In der Sprache auf die Jugend eingehen. Aber nicht anbiedernd übertreiben! „Diese Bezeichnung 'Goldene Bulle' war keine Auszeichnung für den smartesten Schupo der Nation, sondern ein Schriftstück, so eine Art Reichsgrundgesetz … In diesem barocken Ballsaal fand der Schwoof statt …"

---

[136] Dieses Beispiel zu den Zielgruppen und der Tübinger Burse von Walter Springer übernommen aus: Schmeer-Sturm, Marie-Louise unter Mitarbeit von Springer, Walter: Gästeführung. Grundkurs zur Vorbereitung und Durchführung von Besichtigungen. Dritte Auflage München, Wien: Oldenbourg, 1996, S. 94–108.

Redewendungen herleiten: „Durch diese Öffnungen schüttete man heißes Pech auf die Angreifer hinab. Die Öffnungen heißen Pechnasen, und die unten haben eben Pech gehabt."

Quizfragen stellen: „Das Fass fasst 245 Eimer, das heißt aber nicht, dass man damals Rieseneimer benutzte, Eimer ist eine alte Maßeinheit, die 285 heutigen Litern entspricht. Also wie viel Liter gehen rein? Welche Maßeinheiten gibt es sonst noch?

Zielgruppe II: Akademischer Kongress
Bildung, Alter: Akademiker, 30–60 Jahre

Hauptinteressen: Kunst, Kultur, Geschichte, aktuelle Politik, das „Schöne"

Motivation: Bildungsdrang, Entspannung und Genuss, Prestige

„Problemfiguren" und Besonderheiten: Besserwisser, Vielfrager, Fehlersucher, Vorwegnehmer und Profilierer, Ins-Gespräch-Verwickler, Spezialisten

„Entschärfen" der Problemfiguren: Ins-Gespräch-Verwickler: Die Gruppensituation betonen: „Wenn ich jetzt nicht Ihre ganze Gruppe zu betreuen hätte, würde ich mich liebend gerne mit Ihnen darüber unterhalten ..." Besserwisser und Vielfrager: Das eigene „Unwissen" ironisch bedauern (aber vorsichtig!) „... tut mir leid, das übersteigt mein bescheidenes Wissen, aber vielleicht weiß ja jemand von Ihnen das genaue Datum des ersten Vatikanischen Konzils ...". Vorwegnehmer und Profilierer: Humorvoll entschärfen: „Sie sollten sich bei unserem Chef für eine Stelle als Schlossführer bewerben, der würde sich freuen."

Strategien zur Motivation: Bestätigung des Vorwissens: „Wie Sie natürlich wissen, war ..." Zitieren von in diesen Kreisen immer präsenten Geistesgrößen „... als Goethe diese Chorfenster sah, notierte er folgendes ...", „... als man Thomas Mann einmal darauf befragte ...", „Luther soll über diese Weltuntergangsprognose folgendes gesagt haben ...". Vorstellen der eigenen Meinung des Gästeführers: „... ich persönlich würde ...". Einräumen von gewissen Interpretationsspielräumen für die Gruppenmitglieder: „Nachdem ich Ihnen diese zwei extreme Standpunkte vorgestellt habe, möchte ich es Ihnen selbst überlassen, sich ein Bild darüber zu machen."

Zielgruppe III: Ausflug ins Blaue
Bildung, Alter: relativ geringe Allgemeinbildung, 30–60 Jahre

Hauptinteressen: Wein und Witz, Unterhaltung und Geselligkeit, Illustrierte (Adel und Gesundheit), Sensationen

Motivation: Unterhaltung, Gruppenerlebnis, selbsterlebte Geschichte

„Problemfiguren" und Besonderheiten: Witz- und Trunkenbolde, Ins-Wort-Faller, Aus-dem-Konzept-Bringer

„Entschärfen" der Problemfiguren: Witz- und Trunkenbolde: ab und zu ein ernstes Wort an die Gruppe richten: „Doch Spaß beiseite, besonders lustig war die Situation von Graf Heinrich wirklich nicht, Intrigen am Hof, draußen nichts als Feinde, dem armen Mann, und wer will's ihm verdenken, war das Lachen gründlich vergangen ..."

Strategien zur Motivation: In Aussicht stellen einer Belohnung für die „Anstrengung, eine Führung zu überstehen": „Bevor Sie zum gemütlichen Teil Ihres Betriebsausflugs in den 'Hirsch' hinübergehen, erst mal etwas geistige Kost, damit Sie Ihren Lieben zu Hause auch etwas über unsere schöne Burg erzählen können ..."

Aufbereitung eines Führungsobjektes für verschiedene Zielgruppen
Für die Präsentation eines Objekts muss der Gästeführer das Objekt im Sinne der Interessen und Erwartungen der Zielgruppe aufbereiten. Diese Technik der Aufbereitung lässt sich vereinfacht folgendermaßen darstellen:

Der Gästeführer sollte zuerst alle verfügbaren Informationen über sein Objekt sammeln. Diese Informationen lassen sich nun in zwei Gruppen aufteilen:

- in **„hard facts"**, also Informationen, die jeder Gast über das Führungsobjekt erhalten sollte: Art, Funktion und Alter, Bedeutung, die wichtigsten Daten, wichtige mit dem Objekt verbundene Personen und mit dem Objekt im Zusammenhang stehende geschichtliche Ereignisse,

- in **„soft facts"**, das sind Informationen von zweiter Präferenz, Informationen, die über die „hard facts" hinausgehen. Dazu sind zu zählen: Anekdoten, historisch nicht unbedingt gesicherte Begebenheiten, Informationen, die über die „wichtigsten", d.h. historisch sanktionierten Fakten hinausgehen, Witze, Bemerkungen früherer Gäste zu dem Objekt, im Objekt liegende allgemeine historische Tatsachen (Beispiele: Badesitten, Essgewohnheiten, Gläubigkeit im Mittelalter), Einschätzung und Rezeption des Objekts im Wandel der Geschichte, historische Zitate, kunsthistorische Beschreibung der Fassade etc.

Für die Zielgruppe werden nun Informationen zusammengestellt, die aus beiden Bereichen bestehen. Für alle Zielgruppen sind die Informationen der ersten Gruppe verbindlich, es sind die Informationen, die das Objekt des Sehens würdig machen. Diese „hard facts" werden nun mit den „soft facts" für diejenigen Zielgruppe ausgewählt, deren Vorwissen, Interesse, Lebens- und Erfahrungsbereich, Humor, intellektuellem Anspruch oder Freizeitbedürfnis sie entsprechen.

Exemplarische Präsentation eines Führungsobjektes für drei verschiedene Zielgruppen am Beispiel der alten Burse der Tübinger Universität
Im Folgenden soll ein Führungsobjekt für die drei zuvor charakterisierten Zielgruppen aufbereitet werden. Lernziel für alle drei Gruppen sind folgende „hard facts": Bedeutung des Namens, Gründung der Universität, Person des Grafen Eberhard, die Fakultäten, die Studenten im Spätmittelalter, Studenten früher – Studenten heute.

Diese „hard facts" werden nun entsprechend der Interessen, der Vorbildung und Erwartung mit „soft facts" angereichert, z.b. Trinksitten der Studenten im Mittelalter, Vergehen und Strafen, Graf Eberhard und seine adelige Verwandtschaft, Musik an der Universität, berühmte Persönlichkeiten in der Geschichte der Universität, Probleme der Universität heute u.a.m.

Die im Folgenden angegebenen Beispiele deuten nur Möglichkeiten an, sind aber nicht verbindlich – in der Regel lernt der Gästeführer die Interessen seiner Gruppe erst während der Führung kennen, sein Vortrag wird sich also aus individuellen Zwischenlösungen zusammensetzen.

Zielgruppe I: Schulklasse

Einleitung:	Alle mal kurz herhören.
Prinzip der sachfremden (extrinsischen) Motivation:	Wenn ihr ein bisschen mitmacht, dann geb ich euch nachher auch ein paar Tipps, was man bei uns in der Stadt noch so alles machen kann.
Wann war die Entdeckung Amerikas? Jemand ärgert sich!	Wenn ich hier mit einer Gruppe von Amerikanern stehe und denen klarmache, dass die Tübinger Universität schon 15 Jahre vor der Entdeckung Amerikas gegründet wurde, so kann man denen ansehen, dass sie sich ärgern.
Schaffung von Identifikationsmöglichkeiten	Kurz, wie es zu dieser Gründung kam: Als unser Graf Eberhard im Bart 14 Jahre alt war, also so alt wie ihr, beschloss er, sich nicht länger von seinem Vormund am Gängelband führen zu lassen, und nahm nun die Regierungsgeschäfte selbst in die Hand.
Übertragbar auf die eigene Situation	Er beschloss nun, wohl unter dem Rat seiner Mutter Mechthild, mit der er sich übrigens sehr gut verstand, eine Universität zu gründen. Er musste damals erst den Papst um Erlaubnis fragen. Eine Universität war in dieser Zeit noch etwas anderes als die Uni heute. Dieser Palast, vor dem wir jetzt stehen, war das erste Gebäude, das für die Universität gebaut wurde. Es heißt Burse.
Vergleich zur Gegenwart:	Die Studenten, die damals Burschen hießen, wohnten, aßen und lernten in diesem Haus wie in einem Internat.

Rhetorische Frage im Sinne einer Zielangabe	Wie sah nun der Tag im Leben eines solchen Burschen aus?
Prinzip der Personalisierung	Bevor man hier aufgenommen wurde, musste man eine ziemlich unangenehme Prozedur über sich ergehen lassen. Dem ungebildeten Jungstudenten wurde ein Fell mit Kuhhörnern über den Kopf gezogen. Dann wurden die Hörner abgesägt. Der arme Kerl wurde nun von seinen älteren Kollegen noch gezwickt und sogar in ein Wasserfass getaucht. Zu guter Letzt musste er ihnen sogar noch einen Schmaus, d.h. ein Abendessen, zahlen. Nun erst war er in die Gemeinschaft der Studenten aufgenommen.
	Er bekam nun hier im Haus ein Zimmer zugewiesen, das er mit vierzehn Mitstudenten teilen musste. Es gab damals nur vier Studienfächer: Theologie, Medizin, Rechtswesen und Artistik. Hier in diesem Haus waren die Artisten untergebracht. Artistik heißt nun aber nicht, dass die Studenten etwas das Seiltanzen über den Neckar geübt hätten. Die Artistenfakultät entsprach ungefähr dem heutigen Gymnasium. Als Hauptfremdsprache wurde Latein unterrichtet, heute ist es Englisch. Dazu kam noch Astrologie, griechische und römische Sagen, Redekunst, Mathematik und Musik. Im Haus durfte nur Latein gesprochen werden.
Vergangenheit – Gegenwartsbezug:	Darüber wachte ein Aufpasser, der Lupus genannt wurde. Weiß jemand was das heißt?
Streiche und Strafen	Die Ordnung in der Schule war auch damals schon ein großes Problem. Aus alten Dokumenten wissen wir Einiges über Streiche und Strafen. Verboten war z.B. das Tragen von anderer Kleidung als der vorgeschriebenen mönchsähnlichen Kluft. Beliebt unter den Studenten war vor allem die bunte Landknechtskleidung. Wie die aussah, werde ich euch nachher am Altar der Stiftskirche zeigen. Verboten war auch das Tragen von Jagdfalken im Haus. Das Vergehensregister geht von Randalieren bis zum tätlichen Angriff auf die Professoren.
	Als Strafen gab es nun nicht wie heute einen Eintrag ins Klassenbuch oder einen Brief an die Eltern. Damals gab es Geld- oder Karzerstrafen. Der Karzer ist ein kleines Gefängnisgewölbe, in das man bis zu drei Wochen bei Wasser und Brot einsitzen musste.
Vergleich heute – Mittelalter:	Aufgestanden wurde damals um fünf Uhr morgens. Die Studenten, die jetzt gerade hier rein und rauslaufen, sehen eher so aus, wie wenn sie nicht vor zehn aus dem Bett kommen.
	Wir gehen jetzt mal hoch zu den Theologen und schauen, was bei denen so alles los war.

Zielgruppe II: Akademische Kongressteilnehmer

Einstimmung durch Zitieren deutscher Geistesgrößen	Meine Damen und Herren, als Goethe anlässlich eines Besuches bei seinem Verleger Cotta in Tübingen weilte, notierte er folgende Zeilen über die Tübinger Universität und ihre Professoren: „Ich habe mehrere von hiesigen Professoren kennengelernt, sehr schätzbare Männer, die sich in ihrer Lage gut befinden, ohne dass sie einer bewegten akademischen Circulation nötig hätten. ... Die großen Universitätsgebäude stehen wie ruhige Kolosse und bringen keine lebhafte Tätigkeit hervor. Die Akademie ist hier sehr schwach ... allein die alte Form widerspricht jedem fortschreitenden Leben." Wir stehen nun hier vor dem ersten Gebäude, das für die Universität gebaut wurde: der Bursa.
Ablesen des Zitats von einer Karteikarte	
Kritischer Kommentar Goethes	
Etymologische Herleitung	Der Name lässt sich aus dem Vulgärlatein herleiten, der byrsa, dem Ledersack, der das Stipendium enthielt, heute noch im Italienischen die borsa, die Tasche. In diesem Zusammenhang der Bursche, die alte Bezeichnung für den Studenten.
Bestätigung der Vorbildung	Graf Eberhard im Bart, der die Universität nun 1477, d.h. in der Zeit des Übergangs vom Mittelalter zur Neuzeit gründete, bedurfte der Erlaubnis des Papstes Sixtus IV. Sie kennen ihn als Auftraggeber für die Erbauung der Sixtinischen Kapelle. Eine Universität im Spätmittelalter war primär eine kirchliche Institution.
Bestätigung kunsthistorischer Grundkenntnisse	In diesem Haus, das, wie Sie sehen, um 1800 durch den Klassizismus verändert wurde, war die Artistenfakultät, die Rangniedrigste von den vier Fakultäten (Artisten, Jura, Medizin und Theologie), untergebracht. In der Bursa wurden nun die damals vierzehnjährigen Studenten in den septem artes liberales, den sieben freien Künsten (Logik, Rhetorik, Grammatik, Arithmetik, Musik, Geometrie und Astronomie) ausgebildet.
Bestätigung der humanistischen Bildung	
Bezug zur Gegenwart	In dem Haus, in dem (wie heute noch in amerikanischen Universitäten) gewohnt, gegessen und unterrichtet wurde, durfte nur Latein gesprochen werden.
Kontrastierung früher – heute	Die Universität hatte damals 130 Studenten – heute haben wir über 23000 Studenten. Aus den ursprünglichen 4 Fakultäten sind heute 16 Fakultäten geworden. Die Aufnahme der Studenten ging ein sogenannter Depositionsakt voraus, bei dem dem Neuankömmling symbolisch die Hörner des Ungebildeten abgesägt wurden.
Interesse Akademischer Grade und Prüfungen	Es waren folgende Studienabschlüsse möglich: das Lizentiat, das Bakkalaureat – heute noch die Bezeichnung für das Abitur in Frankreich –, der Magis-

	ter und Doktor. Höchstes Ansehen hatte der Doktor der Theologie. Prüfungsfeierlichkeiten wurden mit großem Aufwand in der Stiftskirche gefeiert.
Interesse Philosophie, Geschichte	In der Burse, aus der sich die philosophische Fakultät entwickelte, gab es entsprechend der spätmittelalterlichen Geistesgeschichte zwei Lehrrichtungen. Diese zwei, sich teilweise gegenseitig bekämpfenden, philosophischen Strömungen, der alte und der neue Weg, die Schulen des Realismus und des Nominalismus, waren durch eine Mauer in der Mitte des Hauses getrennt und hatten eigene Eingänge.
Vorstellen berühmter Geistesgrößen	Berühmte Persönlichkeiten, die in der Burse studiert oder unterrichtet haben, sind z.b. Reuchlin, einer der großen Humanisten, oder Philipp Melanchthon, die rechte Hand Luthers. Wilhelm Schickhardt erfand hier die erste mechanische Rechenmaschine, den Vorläufer des heutigen Computers.
Liebling der Bildungsbürger F. Hölderlin	Am Anfang des neunzehnten Jahrhunderts wurde in der Burse die erste Klinik eingerichtet. Prominentester Patient war Friedrich Hölderlin. Über dessen Behandlung berichtet Peter Härtling in seinem Buch „Hölderlin". Ein Stück Medizingeschichte.
Vorstellen einer umstrittenen Persönlichkeit	Einer der letzten großen Männer in der Burse war der Philosoph Ernst Bloch, der hier noch bis kurz vor seinem Tode Seminare abhielt. Heute befinden sich in der Burse das Kunsthistorische Seminar und die Philosophische Fakultät.
Aktuelle Politik	In den vergangenen Jahren hat es immer wieder Versuche gegeben, die finanziellen Mittel für die Philosophische Fakultät zu kürzen und Stellen abzubauen. Die freiwerdenden Mittel werden in den „produktiven" Bereichen der Universität, z.B. der Entwicklung neuer Technologien, eingesetzt.
Offenlassen einer Frage für eigenen Interpretationsspielraum	Die Wertung solcher Tendenzen möchte ich Ihnen selbst überlassen.

Zielgruppe III: Ausflug ins Blaue

	Meine Damen und Herren, wir kommen nun zur Tübinger Burse, dem ersten Gebäude, das für die Universität gebaut wurde.
Emotional getönter Einstieg	Gegründet wurde die Tübinger Universität vom Grafen Eberhard im Bart, einem Landesherren, der beim Volk ungemein beliebt war und an dessen Grab Kaiser Maximilian folgende Worte sagte: „Hier liegt ein Fürst, dem ich im ganzen Reich keinen zu vergleichen weiß."
Familiengeschichte des jungen Grafen	Der junge Eberhard, der durch seine Mutter Mechthild, eine Tochter des Pfalzgrafen, einen Sinn für Kunst und Wissenschaft auf den Weg mitbekommen

	hatte, beschloss nun im Jahre 1477, also 15 Jahre vor der Entdeckung Amerikas, eine Hohe Schule, eine Hochschule, zu gründen. Er benötigte dazu das Einverständnis des Papstes. Die Tübinger Universität war nun nicht die erste im Lande, aber es war das erste Mal, dass ein so junger und noch unbedeutender Fürst eine Universität gründete.
Herleitung des Namens	Diese Burse, Sie kennen das Wort im Zusammenhang mit der alten Burschenherrlichkeit oder der Burschenschaft, war nun Wohnheim mit Speisesaal und gleichzeitig Unterrichtsgebäude.
Kontrastierung	In den ersten Tagen hatte die Universität 130 Studenten, Tübingen ungefähr 3000 Einwohner, heute sind es 23 000 Studenten, Tübingen hat 70 000 Einwohner. Das Leben der damaligen Studenten unterschied sich sehr vom heutigen Studentenleben.
Elementarisierung	Die Studenten waren in unbeheizten Räumen, zu 14 Mann in einer Stube, untergebracht. Um fünf in der Frühe wurde aufgestanden. Dann begann der Unterricht, der aus Griechisch, Latein, römischen und griechischen Sagen, Mathematik und Musik bestand. Um zwölf wurde gemeinsam zu Mittag gegessen, dazu wurde in lateinischer Sprache vorgelesen.
Passender „soft fact"	Zum Mittagessen hatte jeder Student Anrecht auf einen Liter Tischwein. Ob dann allerdings nachmittags noch weiterstudiert wurde, ist nicht überliefert.
Soziale Unterschiede	Noch besser ging's in dieser Beziehung den Studenten in der Ritterakademie. Dort erhielten die adeligen Studenten ein Mittagessen mit zehn Gängen und „genug Wein, um damit den Durst zu löschen". Einer dieser Studenten, ein Prinz von Sachsen, brachte sogar 30 Mann Personal nach Tübingen mit. Aber diese Unterschiede gibt es heute zum Teil immer noch.
Bezug zum Interesse der Teilnehmer (Pflanzen und Garten)	Neben der Burse war der erste Botanische Garten, der hortus medicus. Hier arbeitete der Botaniker Leonard Fuchs, nach dem die Fuchsie benannt wurde. Auch die Geschlechtlichkeit der Pflanzen wurde hier entdeckt.
Emotionale Präsentation	Auch Musik war Studienfach der Studenten, und ein Mann, den Sie sicher alle kennen, war hier lange Zeit Musikdirektor: Der Komponist von „Ännchen von Tharau" oder „Ich weiß nicht, was soll es bedeuten". Wer war's? Friedrich Silcher.
Kritische Anmerkung	Silcher komponierte nun aber nicht nur schöne Volkslieder, er dirigierte hier auch die Marseillaise, das Kampflied der Französischen Revolution. Damit wäre er nach heutigen Gesichtspunkten eigentlich unter den Radikalenerlass gefallen.
	So viel zur Tübinger Burse.

Anpassung an die physische Situation der Gruppe oder einzelner Teilnehmer
Der Gästeführer sollte sich in seinem Verhalten an das Alter der Teilnehmer, ihre
Erwartungen sowie die atmosphärischen Gegebenheiten in der Gruppe anpassen.
Alter, Leistungskraft und Auffassungskapazität der Teilnehmer sind bei Gruppen
bisweilen sehr unterschiedlich. Oft hat es der Gästeführer mit älteren Menschen zu
tun, die Hitze, Steigungen und große Anstrengungen nicht vertragen.

Forschungsergebnisse über Ermüdungsfaktoren und typische Leistungsschwankun-
gen können dem Gästeführer helfen, anstrengende Besichtigungen vom Tages-
rhythmus so zu legen, dass die Aufnahmebereitschaft der Teilnehmer möglichst groß
ist (z.B. am Vormittag und am späten Nachmittag).

Auch im Verlauf einer Reise ändert sich die körperliche Disposition: In den ersten
Tagen ist das Bedürfnis nach Erklärungen und einer Vielzahl an Besichtigungsmo-
numenten im Allgemeinen sehr groß, gegen Ende der Reise wollen die Teilnehmer
oft keine detaillierten Erklärungen mehr hören und wünschen sich ein stark schwerpunktmäßig ausgerichtetes Programm.

Um sich darauf einstellen zu können, sollte sich der Gästeführer zu Beginn seines
Rundganges beim Fahrer oder der Gruppe erkundigen, welchen Stellenwert seine
Führung im Gesamtprogramm der Gruppe hat.

Nicht jeder Teilnehmer hat die gleiche Leistungsfähigkeit, und es könnte gefährlich
werden, einen alten Menschen z.B. mit einem langen Stadtrundgang über holpriges
Pflaster mit Steigungen oder einer langen Wanderung in der Sonne zu überanstren-
gen. Hier bietet sich eine äußere Differenzierung als Aufteilung in zwei oder mehr
Kleingruppen an.

Differenzierung
In der **Differenzierung bezüglich der körperlichen Leistungsfähigkeit** können
auch nicht erkennbare Auffälligkeiten, Erkältungskrankheiten, Fieber oder Neigung
zu Kopfschmerzen usw. berücksichtigt werden: Der Gästeführer klärt die Besucher
über Etappen, die besonders anstrengend sind auf, und empfiehlt, soweit dies vom
Programm her möglich ist, ggf. nur die wichtigsten bzw. weniger anstrengenden
Besichtigungsteile mitzumachen. Er unterstützt die Gäste darin, indem er Ein- und
Aufstiegsmöglichkeiten zum Hotel bzw. Treffpunkte zur Weiterfahrt oder zur Fortsetzung des Rundgangs anbietet.

Besichtigungen, die von den Objekten her nicht im Programm präzisiert sind, kann
der Gästeführer in zwei Abschnitte teilen: einen „obligatorischen" Teil mit den wichtigsten Objekten und einen Zusatzteil mit ergänzenden Besichtigungen für besonders
Interessierte einerseits, Möglichkeit zu Shopping oder Kaffeepause andererseits.

Innere Differenzierung bedeutet, dass die Gruppe im Verband bleibt. Hier handelt es sich vor allem um eine inhaltliche Differenzierung nach unterschiedlichen Interessen und unterschiedlichem Vorwissen. Der Gästeführer stellt z.b. Fragen ungleichen Schwierigkeitsgrades und spricht Teilnehmer, von denen er weiß, dass sie sich für ein bestimmtes Fachgebiet interessieren, auf Zusammenhänge während einer Führung an und regt sie evtl. zu eigenen kurzen Beiträgen an.

8.5   Rhythmisierung

Ein weiteres Prinzip der Führung ist die Rhythmisierung (des Besichtigungsverlaufes, der Inhalte, der Methoden), d.h. eine abwechslungsreiche Gestaltung, die dazu beiträgt, Ermüdung und Langeweile bei den Teilnehmern zu vermeiden.

Wird über einen längeren Zeitraum die gleiche Tätigkeit ausgeübt, so erfährt die Aufnahmefähigkeit der Teilnehmer eine Beeinträchtigung. Vorträge sollten deshalb, nach Schwierigkeitsgrad, 10 bis maximal 20 Minuten nicht überschreiten und bei längeren Passagen in zwei Teilen dargeboten werden, um von einer möglichst hohen Rezeptionsfähigkeit der Teilnehmer ausgehen zu können.

Für Besichtigungen ist eine Rhythmisierung von Phasen des Gehens, Stehens und Sitzens, Zeiten intensiver Konzentration und lockerer Unterhaltung anzustreben, eine Alternation zwischen Sehen, Hören – Sehen und Sehen – Sprechen.

Die Erfahrung zeigt, dass aufeinanderfolgendes Besichtigen von mehreren ähnlichen Kunstdenkmälern (z.B. Barockkirchen) leicht zu Ermüdung und Interferenz führt, d.h. der Teilnehmer verwechselt nach der Besichtigung die Bauten miteinander. Der Gästeführer sollte deshalb versuchen, sein Programm inhaltlich abwechslungsreich zu gestalten, auch bei zielorientiertem Vorgehen zur Abwechslung ganz anders geartetes, wie z.B. den Besuch eines Marktes, eines Betriebes, eines sportlichen oder folkloristischen Ereignisses, mit einzubeziehen.

Werden ähnliche Monumente nacheinander besichtigt, so gibt der Gästeführer Merkhilfen für unterscheidende Merkmale (z.B. ihre Lage, einfachere bzw. reichere Ausstattung, mehr oder weniger Farbigkeit, größerer bzw. kleinerer Raum, frühere bzw. spätere Erbauungszeit).

Eine weitere Möglichkeit der Rhythmisierung hat der Gästeführer, indem er bei den einzelnen Einheiten der Führung einen unterschiedlichen Aufbau verwendet, verschiedene Schwerpunkte setzt, z.B. einmal mehr auf mythologische Zusammenhänge und Anekdoten eingeht, ein anderes Mal auf landeskundliche Details, Verbindungen zur Künstlerbiographie, ein anderes Mal die Maltechnik bespricht.

Auch methodisch ist auf Abwechslung zu achten. Es wäre z.b. nicht sinnvoll, bei einer Museumsführung in jedem neu betretenen Raum die Teilnehmer erst zirkulieren zu lassen, um sich anhand einer Problemfrage die Bilder anzusehen bevor sie gemeinsam besprochen werden. Diese Methode kann einmal angewendet werden, sollte aber im Weiteren abgewechselt werden, z.b. mit einem Kurzvortrag, mit Fragestellungen an die Teilnehmer, Diskussionen über ästhetische Wertmaßstäbe, einem kurzen Suchspiel oder Kurzpausen zur eigenen Orientierung der Gäste usw.

8.6 Vertiefung und Sicherung

Das neuerworbene Wissen und Können wird für den Teilnehmer nur verfügbar, wenn es auch gesichert wird. Eine Voraussetzung dafür ist, dass die unterschiedliche Lernweise der verschiedenen sensuellen Typen (optisch-visuell, akustisch-auditiv, kinetisch-motorisch, taktil und Mischformen) während der Besichtigung berücksichtigt und nicht eine einseitig lehrhaft-vortragende Lehrweise angewendet wird.

Aus diesen lerntheoretischen Gründen empfiehlt es sich, Abstraktes mit Sichtbarem zu verbinden, um Wort und Bild miteinander zu verbinden und Gedächtnisstützen zu schaffen.

Als mnemotechnisches Grundgesetz beachte der Gästeführer weiterhin, dass dann, wenn Strukturen und Beziehungen – eine Art gedankliches Gerüst – hergestellt werden, das langfristige Behalten gefördert wird.

Ein besonders engagierter Gästeführer/RL könnte die Führung auch auf einem Papier zusammenfassen und, falls das Fremdenverkehrsamt oder der Auftraggeber die Kosten für die Kopien übernimmt, diese an die Gäste verteilen. Mit dem Namen des Gästeführers versehen, ist dies eine Erinnerungshilfe für die Gäste und eine gute Werbung für den Gästeführer!

Wiederholung
Neueingeführte Begriffe und wichtige Fakten sollten nicht nur einmal, sondern mehrmals erklärt werden. Immer wieder sollte der Gästeführer Sätze einstreuen wie:

• „Das haben wir schon in X gehört ..."
• „Sie erinnern sich, dass wir den gleichen Meister schon in Y kennengelernt haben ..."
• „Wie Sie noch von X und der Kirche in Y in Erinnerung haben, ist das Schema der gotischen Kathedralen ..."

Das Prinzip der Wiederholung gilt auch für wichtige organisatorische Hinweise, z.B. auf Treffpunkte usw.

Der pädagogische Transfer: die Übertragbarkeit
Führungen folgen häufig folgendem Dreischritt: Beschreibung, Interpretation, Übertragung auf ähnliche Gegebenheiten bzw. Vergleich, Herausarbeiten von Unterschieden.

Die Führungsinhalte werden dann als „nützlich" und interessant empfunden, wenn sie auf eine möglichst große Anzahl von Situationen und Gegebenheiten übertragen werden können, so z.B. Fachbegriffe und Bauprinzipien des römischen Tempels auf möglichst viele andere Tempel römischer Herkunft. Je unähnlicher die neuen Situationen der Ausgangssituation sind, desto schwerer wird die Übertragung (z.B. Unterschiede zum griechischen Tempel, Einflüsse römischer Tempel in der Baukunst der Renaissance und des Klassizismus). Simpel ausgedrückt geht es um das Anbieten von „Bildungs-Versatzstücken", von allgemeinen Einsichten und Inhalten, die zwar exemplarisch an einem speziellen Ort erklärt werden, aber nicht im Detail hängenbleiben.

Beispiele:

- Hameln, Stiftsherrenhaus: Technik und Geschichte des Fachwerkhauses
- Tölzer Floßlände: Geschichte und Bedeutung der Flößerei von den Anfängen bis heute (Isar und andere Flüsse)
- Straßburger Münster: die gotische Kathedrale
- Ludwigsburg, Schlosspark: Ideologie, Geschichte und Bedeutung der barocken Parkanlangen
- Glasbläserei im Bayrischen Wald: Technik der Glasherstellung früher und heute, Bedeutung der Glasproduktion in der Geschichte

Wertung und persönlicher Bezug
Eine wichtige Aufgabe der Gästeführung ist es, einen persönlichen Bezug zwischen den Sehenswürdigkeiten und Erlebnissen im Urlaubsort („Wie gefällt Ihnen diese umstrittene Statue persönlich?", „Was mich hier in diesem Museum besonders fasziniert, ist …, und vielleicht geht es Ihnen ähnlich …") und den Besuchern herzustellen. Werden die Besichtigungsobjekte nur verstandsmäßig erfasst, vergrößert sich zwar das Wissen des einzelnen (allerdings bleibt auch dieses besser haften, wenn es emotional vermittelt ist), aber er ist nicht „bereichert", sondern nur „belehrt".

Ein guter Ansatzpunkt für den Gästeführer, der auch etwas für den Abbau von Vorurteilen tun möchte, ist der, dass er ausländischen Gästen gegenüber nicht so sehr die Andersartigkeit von Reisenden und „Bereisten" hervorhebt – dies wirkt kontakthemmend; dass er vielmehr – kontaktfördernd – Ähnlichkeiten und gleiche normative Erwartungen unterstreicht und bewusst macht.

Auch für den deutschen Besucher mag der Abbau regionaltypischer Vorurteile in der „Wertung des Gesehenen" eine Rolle spielen. Für ihn kann sich aus einer qualitätvollen Führung die Erkenntnis ergeben, dass das „Wahre, Gute und Schöne" oft gar nicht so fern lieg, und er erhält Anregungen dazu, sich mit seiner eigenen Umwelt und seiner eigenen Geschichtlichkeit auseinanderzusetzen, auch über die Führung hinaus.

9 Reisetechnik und Organisation

9.1 Die Vorbereitung des Reiseleiters

Das Zusammenstellen der Inhalte

In der ersten Phase studiert der RL das Programm des Veranstalters im Zusammenhang mit den Katalogbeschreibungen und wählt, soweit die einzelnen Besichtigungspunkte nicht bereits im Programm spezifiziert sind, diese anhand eines Kurzführers, wie z.b. Polyglott, Baedeker oder ADAC-Reiseführer aus.

Falls die Programmpunkte bereits festliegen, kann er schon in dieser Phase auf dem Weg liegende, nicht vorgesehene Sehenswürdigkeiten kennzeichnen, die er, je nach Interessen des Publikums, nach Zeit oder auch als möglichen Ersatz für Programmpunkte, die evtl. nicht erfüllt werden können, ins Programm aufnehmen wird.

In der zweiten Phase der Vorbereitung besorgt er sich die gängigen Reiseführer und -beschreibungen, sucht in ihnen und im Internet nach weiteren Hintergrundinformationen, nach Anregungen für geschichtlich-literarische Quellen und nach Anekdotischem. Schließlich fotokopiert er die entsprechenden Seiten aus den Reiseführern, versieht sie mit einem Literaturhinweis und ordnet diese Exzerpte in der Reihenfolge der Besuchstage in ein Ringbuch.

Als Format empfehlen sich schmale DIN-A5- oder DIN-A4-Mappen. Die üblichen Aktenordner sind oft schwer im Gepäck unterzubringen, während die kleinen Mappen ohne Beschwernis auch im täglichen Handgepäck mitgeführt werden können. Das Fotokopieren ist gerade bei Rundreisen günstig, weil durch die Verschiedenartigkeit der Städte und Kunstlandschaften sehr viel Literatur notwendig ist, Bücher das Gepäck des RLs in unangemessener Weise belasten, wenngleich sie auch den Vorteil bieten, dass sie ggf. als Illustration für die Reisenden herumgereicht werden können.

Das Fotokopieren und Aufteilen auf jeweils eigene Seiten pro Besichtigungsobjekt hat den Vorteil, dass sich der RL während der Führung rasch und unauffällig informieren kann, dass er die Reihenfolge in die von ihm benötigte Form bringen und eigene Ergänzungen einbringen kann. Die Reisegäste können aus den Kopien nicht sofort ersehen, welche Literatur der RL benutzt hat. In manchen Orten mag es, wenn der RL das entsprechende Hintergrundwissen besitzt, durchaus genügen, die Informationen aus einem kleinen Kurzführer zu beziehen. Trüge der RL jedoch diesen Führer während der Besichtigung mit sich, würde dies keinen guten Eindruck machen.

Das relativ genaue schriftliche Festlegen der Führung, sei es in Form von handschriftlichen Notizen oder aus verschiedenen Büchern und aus dem Internet entnommenen und zusammengestellten Exzerpten, hat den Vorteil, dass der RL am Morgen vor der Besichtigung diese Führungsbeschreibungen und Referate im Detail noch einmal nachlesen kann und dadurch eine sehr gute Erinnerungshilfe hat, auch wenn er die Reise nur relativ selten leitet. Der Nachteil nur stichpunktmäßiger Aufzeichnungen besteht darin, dass dann, wenn der RL längere Zeit aussetzt, ihm häufig die Hintergrundinformationen zu diesen Stichpunkten entfallen.

Um nicht dazu verleitet zu werden, das genau Festgelegte einfach vorzulesen, empfiehlt es sich, die Schlüsselwörter mit Markierstift hervorzuheben und dann anhand dieser Schlüsselbegriffe und Gliederungspunkte die Führung frei zu halten. Falls der RL den Vortrag nicht frei hält, sollte er darauf achten, seine schriftlichen Unterlagen nicht zu auffällig zu benutzen und ständig einen Ordner mauerartig und damit blockierend vor dem Körper zu halten. Er sollte jenen eher seitlich des Körpers tragen und die aktuell benötigten Informationen mit einer Klammer auf dem Deckel des Ordners befestigen (besser: Mappe mit Gummiband) oder überhaupt nur die jeweils benötigten Blätter oder Karteikarten in der Hand halten. Für den Ordner empfiehlt sich eine auffällige Farbe – sonst bleibt er leicht, während des Vortrags abgelegt, in den Kirchenbänken liegen! Schnelles, unauffälliges Hantieren mit den schriftlichen Unterlagen ist für ein professionelles Auftreten wichtig: Andernfalls hat der Gast den Eindruck, einen nervösen Neuling vor sich zu haben.

Parallel sollte man Routenplaner (am besten unter www.setra.de, für den Bus mit Lenkpausen einstellbar) unter Eingabe „LKW" oder evtl. „Pkw mit Anhänger" verwenden, um realistische Zeiten für die Zeitplanung mit dem Bus zu erhalten, gute Stadtpläne und ggf. ein smartphone auf der Fahrt dabei haben, um Fragen der Gäste oder kurzfristig auftauchende Programmänderungen fachgemäß vorbereiten zu können (Achtung vor den Kosten im Ausland ohne entsprechende Internetflatrate!!!). Fährt der RL immer wieder ins gleiche Land, z.B. nach Italien, sollte er sich einmal einen Stick für seinen Laptop besorgen, dann erhält er eine eigene Telefonnummer und kann dazu eine Telefonkarte (z.B. 100 Std. für 20 EUR bei TIM) kaufen und jederzeit im Hotelzimmer oder auf der Fahrt sehr kostengünstig das Internet nutzen.

Heute werden zahlreiche Daten für die Ablaufplanung zweckmäßigerweise im Internet recherchiert (Öffnungszeiten, Zuständigkeiten, Tel.-Nr. von Ansprechpartnern, Eintrittspreise). Leider werden nicht alle Internetauftritte regelmäßig und zeitnah aktualisiert und gepflegt. Man sollte daher den aktuellen Stand kontrollieren (z.B.

durch Anruf, e-mail oder Vorbesuch). Bei kirchlichen Objekten ist die Beschaffung derartiger Daten zunehmend dadurch erschwert, dass wegen der Bildung immer größerer Pfarrverbände das zuständige Pfarramt oder der Mesner nicht mehr am Besichtigungsort anzutreffen sind. Gegebenenfalls hilft hier eine Internetrecherche auf den Webseiten des Dekanates oder der betreffenden Diözese weiter.

Methodische und didaktische Vorbereitung
Parallel zur inhaltlichen Vorbereitung läuft die methodische und didaktische Vorbereitung des RLs: Anhand des Programms, des Katalogs und seiner Stoffsammlung geht er der Überlegung nach, welche Zielsetzungen für die entsprechende Reise maßgeblich sind; methodische Anregungen, z. B. Hinweise zu Fragestellungen, zur Eigenaktivität der Teilnehmer, zu Wiederholungen, zum Einsatz von zusätzlichem Informations- und Illustrationsmaterial, zu Interaktionsspielen usw. notiert er, möglicherweise abgehoben durch eine andere Farbgebung, in seiner inhaltlichen Vorbereitung bzw., falls es sich um umfangreichere Planungen handelt, in einer eigenen Mappe.

Zeitliche und organisatorische Planung
Parallel zur inhaltlichen und methodischen Vorbereitung verläuft die zeitliche und organisatorische Planung (auf einem eigenen Blatt, am besten in einem „Fahrtenbuch"): Der RL schätzt die zu fahrenden Strecken ab, legt die Abfahrtszeiten fest, bestimmt anhand der Öffnungszeiten von Museen und Kirchen die Zeiten für deren Besichtigung und legt fest, ob die Mittagspause im Hotel oder in einem Restaurant abgehalten wird. Man sollte konsequent die Adressen verschiedener Lokale, die man von früheren Reisen oder durch Empfehlungen von Kollegen kennt, in die Reisevorbereitungsunterlagen mit aufnehmen, um im Bedarfsfall möglichst schnell für die Gruppe ein Essen organisieren zu können und auch, um über die sich in diesem Bereich häufig ändernden Qualitätsstandards und Preise informiert zu sein.

Beispiel für die zeitlich-organisatorische Planung anhand eines Tagesausfluges nach Ingolstadt (Ausschnitt)

8.30	Abfahrt München Neptunbrunnen, kurze Toilettenpause auf der Autobahn
9.45	Ankunft in Ingolstadt und Rundfahrt um die Befestigungsanlagen des 19. Jh., Besichtigung der Stadtmauern und kurzes Aussteigen beim „Cavalier Hepp", Weiterfahrt zum „Kreuztor", Fortsetzung ohne Bus, P beim Volksfestplatz oder beim Ingo-Bräu (Mittagessen), Fahrer gibt die Essensliste mit der Anzahl der gewünschten Speisen an das Restaurant.
10.15–11.00	Besichtigung der Anatomie mit dem Medizinhistorischen Museum und Heilkräutergarten (bei größerer Gruppe evtl. zum Museum schriftliche Zusammenfassung austeilen, da Räumlichkeiten sehr eng), Telefon, Öffnungszeiten, Eintrittspreise, ggf. Ermäßigungen für Studenten, Gruppen, Senioren, Schwerbehinderte, Führung angemeldet wann? Bei wem? Eigene Führung oder Museumspersonal?
11.00	Rundgang Stadtmauer mit Taschenturm, Hoher Schule (ehemalige Universität), vorbei am Dom
11.30–12.00	Asamkirche Maria de Victoria (Telefon, Öffnungszeiten, Eintrittspreise, eigene oder Fremdführung)
12.10–12.45	Dom, Tel. kath. Pfarramt, Öffnungszeiten, Anmeldung einer Gruppe notwendig? Wenn ja, angemeldet wann? Bei wem? Eigene oder Fremdführung?
13.00–14.30	Mittagessen im Bräustüberl Ingobräu, Adresse, Telefon, Gruppe angemeldet bei wem? Wann? Ein oder zwei Freiplätze?

Wichtig ist die Beschaffung von Landkarten, Stadtplänen, Grundrissen, Abbildungen und Ausgrabungsplänen, die dem RL die Orientierung in einem fremden Gelände erleichtern.

Handelt es sich um einen Stadtrundgang in einer größeren Stadt, empfiehlt es sich, einen Stadtplan mit eingetragenem Rundgang unter Klarsichtfolie (Regenwetter!) auf dem Deckel der Mappe zu befestigen, um jederzeit relativ unauffällig die Route kontrollieren zu können. Sehr übersichtlich sind die Stadtpläne und Straßenkarten des ADAC (als Mitglied erhält man kostenlos ein Tour-Set zu jedem gängigen Reiseziel). Damit die Karten durch häufige Benutzung und womöglich Regen nicht zerfallen, kann man zunächst den Rundgang oder die Rundfahrt mit Leuchtstift eintragen. Dann mit selbstklebender Klarsichtfolie überziehen und nach Belieben knicken, rollen, falten …

Kurz vor Antritt der Reise, wenn er die Zahl der Teilnehmer kennt, oder im Hotel, wird der RL evtl. aus seinen Vorbereitungen einige Seiten herausnehmen, die er für besonders wichtig hält, ggf. eigene Informationsblätter für die Reisenden entwerfen und diese fotokopieren.

9.2   Checklist Busreise

Erkundigungen vor der Abreise
- Erkundigungen zur Person des Fahrers, seiner Strecken- und Landeskundigkeit
- Telefonnummer und Adresse des Busunternehmens, äußere Erkennungsmerkmale des Busses, Größe, Ausstattung, Sitzplatzvergabe, Besonderheiten
- Erkundigungen zu Besonderheiten der Kunden (z.B. Anreise mit Zug kurz vor Abfahrt des Busses, zusätzlicher unüblicher Zustieg, Zusicherungen im Bus- oder Hotelbereich, Stammkunden, Problemkunden)
- Erkundigungen zu Besonderheiten der Hotels (z.B. Frühstücksbuffet nur für Individualreisende, nicht für Gruppe bzw. nur gegen Aufschlag, besonders hoher oder niedriger Standard, Art der Einzelzimmer, des Essens, der Trinkgeldvergabe)
- Erkundigungen zu Besonderheiten des Programms (was gefiel/missfiel andere Male, welches sind „Problemtage", wo liegen erfahrungsgemäß die Stärken und Schwächen der Ausschreibung, was ist besonders zu beachten, was ist neu, Feiertagsregelungen, Organisation des Gepäcktransportes, wenn Bus die Straßen des historischen Zentrums nicht befahren kann und Hotel dort liegt)
- Erkundigungen zum finanziellen Rahmen der Reiseleitung (übliche Trinkgelder, Koffertransport ins Zimmer oder zur Rezeption inbegriffen? Begrüßungscocktail?)
- Vorbereitung der Strecke, insbesondere des ersten Tages inklusive der Ausfahrt aus dem Abfahrtsort, wenn es nicht sicher ist, dass der Fahrer die Strecke gut kennt
- Adressen/Telefonnummern von Ansprechpartnern des Veranstalters für Notfälle
- Adressen und Telefonnummern des Busunternehmens und der Hotels für Notfälle zu Hause hinterlegen
- Falls noch nicht von Firma erstellt: Eintragen der Gäste in Sitzplan nach Anmeldedatum: erleichtert Sitzplatzzuweisung und schnelleres namentliches Kennenlernen
- Zweck der Erkundigungen: Vorbereitung der Reiseleitung bei ihrer Aufgabe, wiederum die Gäste vorzubereiten, Problemsituationen vorwegzunehmen, Wissen, wo kann man entspannt handeln, wo ist besondere Konzentration, Anspannung oder Durchsetzungsvermögen notwendig

Kurz vor der Abreise
- Korrekte, aber nicht zu unauffällige Kleidung, damit man besser gesehen wird (als Dame z.B. Rot besser als Mausgrau, ggf. Uniform des Unternehmens, Erkennungszeichen, Namensschild)

- rechtzeitiges Eintreffen am Abfahrtsort (ca. 30–45 Minuten vor der Abfahrt)
- Einnahme eines von allen Seiten gut sichtbaren Standortes, falls der Bus noch nicht da ist und wenn er da ist in der Nähe des vorderen Einstiegs, so dass man alle Neuankömmlinge sieht und von ihnen gesehen wird. Mittlere Tür geschlossen halten, damit keiner unkontrolliert einsteigt
- Begrüßung der sich einfindenden Gäste an der Bustür, außerhalb des Busses
- Vergabe von Kofferanhängern des Unternehmens, soweit sie bei den Teilnehmern fehlen
- Ausschau halten nach desorientierten, „herumirrenden" Teilnehmern, insbesondere wenn an der Abfahrtsstelle viele Busse „abgefertigt" werden
- Begrüßung des Busfahrers und erste Kontaktaufnahme und Information
- Anbringen eines Schildes/Plakates des Veranstalters am Bus
- Anweisung der Busplätze bzw. Hilfe bei der Einnahme der festgelegten Busplätze (Verwendung der Begriffe „Fahrerseite" und „RLseite" statt „rechts" und „links")
- falls falsche Sitzplätze belegt wurden Korrektur und ggf. in Absprache mit anderen Gästen Tausch, wenn z.B. Freunde „auseinandergerissen" wurden
- freundlicher „Small Talk" mit den Gästen zur Erzeugung eines insbesondere in dieser ersten Phase wichtigen Sicherheitsgefühls, keine intensiven Gespräche mit Einzelpersonen, sondern Versuch, möglichst mit allen Kontakt aufzunehmen; Einprägen einiger Namen
- Vertraut machen mit der Bustechnik
- Gelegenheit ergreifen, Fahrer kurz ohne Kunden zu sprechen zum Thema Strecken- und Hotelkenntnis
- Hilfestellung beim Verstauen des Gepäcks und, wenn mehrere Busse gleichzeitig abfahren, darauf achten, dass keine Gepäckstücke vertauscht, gestohlen werden oder stehen bleiben
- Bei Anfahrt verschiedener Unterkünfte oder bei Einsatz eines Zubringerbusses, der Gäste verschiedener Reisen zum eigentlichen Abfahrtsort bringt, Gepäck bereits sortiert verstauen lassen
- eingetroffene Teilnehmer auf Liste abhaken
- sichere Verwahrung der Fahrtunterlagen, insbesondere der Devisen
- beachten, dass die auf dem RLsitz liegenden Fahrtunterlagen von den Gästen beim Einsteigen eingesehen werden können und deshalb keine vertraulichen Mitteilungen oder Informationen enthalten dürfen
- im Bus sollte kein fremdes Werbematerial der Busfirma präsentiert werden
- negative Begriffe wie „Abfertigung" vermeiden
- bei Einsatz eines „Ablösefahrers" diesen nicht als „Aushilfsfahrer", sondern positiv als Kollegen vorstellen

- Mikrophonprobe
- bei Verspätung von Kunden: Versuch, sie telefonisch zu erreichen, Versuch, Informationen über das Reisebüro oder den Veranstalter zum Grund der Verspätung zu erhalten, Warten lt. Absprache über den üblichen Zeitraum mit dem Veranstalter, mindestens jedoch ca. 15 Minuten
- nach Möglichkeit Hinterlassen einer Nachricht bei Fehlen eines Kunden, wenn abgefahren werden muss. Stornierungsbedingte Kosten bei No Show minimieren und Absage des Zimmers durch Veranstalter veranlassen

Abfahrt
- bei der Abfahrt zusätzlich noch einmal durchzählen und Namen kontrollieren, da sich gelegentlich Reisegäste kurzfristig für Besorgungen, Toilette usw. absetzen
- Begrüßung der Gäste im Stehen und ihnen zugewandt
- evtl. Demonstration zu Erklärungen des Fahrers zur Bustechnik, Hinweis auf Anschnallpflicht (zumeist durch den Busfahrer)
- Bekanntgaben zur Busorganisation (Getränke, Toilette)

Auf der Fahrt
- Einführungsvortrag
- Gestaltung der Busfahrt durch fahrtbegleitende Kommentare, Vorträge und Musik, allerdings: Mikrophon nicht zu häufig benutzen
- Notieren der Handy-Nummer des Busfahrers, um unterwegs Kontakt mit ihm halten zu können, wenn Bus und Gruppe getrennt sind
- Einplanung von Fahrtpausen alle 2–3 Stunden und Bekanntgabe nach Absprache mit dem Fahrer (Benennung der Zeitspanne und des Zeitpunktes, Uhrenvergleich, klare, deutliche Angabe von Treffpunkten, ggf. wiederholt)
- Hinweise auf Toiletten geben
- Busservice
- bei der Fahrt gelegentlich durch die Reihen gehen, nach Befinden/Wünschen fragen, kurze Gespräche – Betreuungsaspekt, dem Sicherheitsgefühl der Gäste entgegenkommen
- gute Zusammenarbeit mit Fahrer anstreben
- Konflikte/Meinungsverschiedenheiten mit Fahrer nicht vor der Gruppe austragen
- evtl. Verspätungen rechtzeitig ans Hotel durchgeben, vor allem, wenn Halbpension davon betroffen ist
- klären, welche Einzelreisende, die ein „halbes Doppelzimmer" gebucht haben, zusammen ein Doppelzimmer nehmen

Bei der Ankunft im Hotel

- ausführliche Bekanntgabe des folgenden Tagesprogrammes im Bus (nur noch zusätzliche Informationen, z.b. zur genauen Zeit des Abendessens, im Hotel, wenn Zimmerverteilung nicht im Bus durchgeführt werden kann)
- Bekanntgabe des Abendprogramms
- Erklärungen zur Stadt – erste Orientierung, Hinweis auf Freizeitmöglichkeiten, Verkehrsmittelbenutzung für die freie Zeit nach dem Abendessen
- Zimmerverteilung an der Rezeption möglichst ohne die Gruppe, die im Bus sitzen bleibt oder in der Hotelhalle wartet.
- Bevorzugung einzelner Teilnehmer vermeiden; muss älteren oder gebrechlichen Teilnehmern oder jemand, der bei der vorangegangenen Übernachtung benachteiligt war, bei der Zimmerverteilung ein Zugeständnis gemacht werden, muss die unauffällig geschehen, so dass sich niemand zurückgesetzt fühlt
- Vergabe der Zimmernummern, evtl. Schlüssel und endgültige Informationen zur Zeit des Abendessens, Frühstücks, zur morgendlichen Abfahrt, per Mikrophon bei noch geschlossenen Bustüren, damit alle diese wichtigen Informationen mitbekommen
- Problem der Zimmerverteilung, wenn Bus nicht vor dem Hotel halten kann und alle Gäste mit ihrem Gepäck an die Rezeption „stürzen": Gäste „ruhigstellen", Sitzplätze anbieten, von der Rezeption fernhalten, um eigene Fehler durch übermäßigen Stress zu verhindern
- Listen, wer Doppelzimmer zusammen nimmt bzw. wer Einzelzimmer gebucht hat, zu Besonderheiten der Zimmervergabe vorher erstellen, um die Verteilung möglichst schnell abwickeln zu können
- wenn Passdaten an der Rezeption benötigt werden, diese zur Beschleunigung des Ablaufes in Zimmerliste eintragen
- evtl. vor der Ankunft im Hotel anrufen, Abfrage des Speiseplans, um ggf. darauf einwirken zu können; Zimmerzahl bestätigen, insbesondere bei kurzfristigen Stornos, Umbuchungen oder Buchungen
- ggf. Gepäcktransport organisieren
- Halt möglichst direkt vor dem Eingang des Hotels, vor allem bei schlechtem Wetter, Sicherheit der Fahrgäste und des Gepäcks bedenken!
- darauf achten, dass dem Fahrer nicht immer das schlechteste Zimmer zugewiesen wird
- Abwarten an Rezeption nach Zimmervergabe, ob Probleme/Reklamationen mit den Zimmern auftreten
- Devisen wo möglich im Safe deponieren

Während des Aufenthaltes
- Organisation eines Begrüßungscocktails und eines Abschiedsabends (soweit vom Veranstalter vorgesehen)
- Einwirken auf optimale Betreuung der Gäste unter Berücksichtigung der Landesüblichkeit, der Kategorie des Hauses, des vom Veranstalter bezahlten Preises und wo möglich des guten Umgangstones: Mit liebenswürdigen Bestimmtheit erreicht die Reiseleitung oft mehr als durch Aggression und lautes Schreien!

Vor der Abfahrt
- auf rechtzeitige Fertigstellung der Rechnung drängen und Zahlung am Abend vor der Abfahrt, da sonst häufig unliebsame Verzögerungen auftreten, bei Rechnung kontrollieren, ob Deposit (Vorauszahlung: vgl. Schriftverkehr des Veranstalters, Bankbestätigung) gezahlt und von der Gesamtrechnung abgezogen wurde
- Kontrolle der Rechnung für Minibar, Telefon, Extragetränke und Video
- Kontrollieren, ob alle (auch der RL!) ihren Ausweis zurückerhalten haben
- Abheben der Devisen vom Depot
- Organisation des Trinkgeldes für das Hotelpersonal und ggf. der örtlichen Reiseleitung
- darauf achten, dass der Fahrer vor der Abfahrt getankt hat
- Kontrolle der Zimmerschlüsselabgabe

Bei der Rückfahrt
- ähnlich wie bei Anfahrt, außerdem:
- Abschiedsrede
- Kontrolle, dass im Bus nichts liegen bleibt

9.3 Checklist für Fährpassagen[137]

Bei kurzen Fährpassagen, z.B. über den Rhein, ist Vorreservierung oft nicht möglich, da in einem Pendelverkehr gefahren wird. Bei etwas längeren Passagen (z.B. Kanalüberfahrt nach England, Fahrt vom italienischen Festland nach Elba oder Korsika) wird nach einem festen Fahrplan gefahren und ggf. langfristige Vorreservierung ist nötig.

Fährpassagen über Nacht wie auf den Skandinavien-Strecken oder vom italienischen Festland nach Sardinien oder Fährpassagen mit Bord- und Landprogramm enthalten

---

[137] Siehe dazu ausführlich Gauf, Dieter (Hrsg.): RLT Reiseleitertraining. Aktueller Leitfaden für Ausbildung und Praxis. 3. Auflage Köln: RDA 2006, S. 150–168.

neben der Überfahrt weitere Leistungen für die Fahrgäste: einen Kabinenplatz und oft Mahlzeiten an Bord.

- An einem Tag mit einer anstehenden Schifffahrt ist eine besonders exakte Zeitplanung nötig: Wann ist die Abfahrtszeit (Datum, Uhrzeit)? Kann ich meine Besichtigungen vorher gut erfüllen?
- Meldefristen am Abfahrtshafen unbedingt beachten und entsprechende Puffer fürs Vorprogramm einplanen
- Pufferzeiten: Lieber eine Stunde vor dem Check-In in der Nähe des Hafens ankommen und die verbleibende Zeit für eine kleine Hafenführung nutzen mit genauem Treffpunkt, wann man an Bord geht, als womöglich das Schiff zu versäumen!
- Für den Notfall (Streik) Fahrpläne aller Reedereien für die entsprechende Route mit Telefonnummern der Hafenbüros eruieren
- Ticket erst am Abfahrtshafen? Wo? Letzter Buchungsstand?
- Ggf. eine höhere oder geringere Personenzahl als angemeldet auf dem Ticket verzeichnen; bei niedrigerer Personenzahl Refund-Voucher (Teilgutschrift durch Reederei) verlangen, evtl. Preisnachlässe für Jugendliche und Studenten erfragen
- Gibt es Nebenkosten wie Hafengebühren, die direkt bar bezahlt werden müssen (Bargeld- und Devisenreserven!)?
- Art der Kabinen und ihre Ausstattung? Deckplätze?
- Mahlzeiten an Bord? Wo? Wann? Voucher? Vorreserviert?
- Großes Gepäck während der Überfahrt im Kofferraum des Busses lassen (Kabinen meist sehr klein)
- Evtl. Kabinen tauschen (körperliche Beeinträchtigungen – Schwierigkeiten, ins Oberbett zu steigen)
- Hinweise zu Duty Free und Zollvorschriften
- Bordkarte sorgfältig aufbewahren für Rückfahrt
- Sicherer Treffpunkt am Zielhafen

9.4   Checklist für Flüge

Gudrun Ude

Nach dem eigenen Auto ist das Flugzeug im Urlaub das beliebteste Verkehrsmittel. Man muss hier unterscheiden: Handelt es sich um einen Charter- oder einen Linienflug? Während der Linienflug nach einem festen Flugplan fliegt, kann es bei **Charterflügen** durchaus passieren, dass Flüge zusammengelegt werden und auch relativ kurzfristig Flugzeiten sich ändern.

Da nach der Erfahrung der Fluggesellschaften eine bestimmte Prozentzahl der Fluggäste gewöhnlich ihren Flug nicht wahrnimmt, kann es sein, dass aus dieser Erwartung heraus überbucht wird. Wer soll nun später fliegen? Zunächst einmal Gäste mit ermäßigtem Ticket, wie die Mitarbeiter der Fluggesellschaft, gleich danach solche Reisende, die ihr Ticket nicht rückbestätigt haben oder erst sehr spät zum Abfertigungsschalter kommen.

„Rückbestätigungen sind daher unerlässlich für jeden Reiseleiter. In einem guten ‚Drehbuch‘ sollte unbedingt stehen, wann oder wo die Rückbestätigung am besten vorzunehmen ist. Grundsätzlich können Rückbestätigungen frühestmöglich getätigt werden, sobald die Maschine im Gastland gelandet ist und spätestens 72 Stunden vor Rückflug ... Dazu sammelt der Reiseleiter alle Flugtickets ein und erstellt eine Liste mit den betreffenden **Filekeys** ... (Buchungsnummer, unter der die Reisegäste im Computer der Fluggesellschaft geführt werden)."[138]

Ein paar Tage vor Abflug:
* Überprüfen der Flugscheine der Gäste für Flüge innerhalb des Gastlandes/der Gastländer (stimmen die Namen, die Abflug- und Ankunftsorte, die Abflug- und Ankunftszeiten mit dem Reiseplan überein?)
* Anfordern der Ankunftsliste (Bus-, Zug-, Flugverbindungen) der Reisegäste am gemeinsamen Abflugort

Vor Abflug sollten sich folgende Dinge in Ihrer Hand befinden:
* Rooming Lists
* Passagierliste mit Angaben über besondere Sitzplatzwünsche
* Pass- und ggf. Visumslisten (in manchen Ländern zwei Listen: eine mit lateinischen Buchstaben für die hiesigen Fluggesellschaften und Behörden, eine in arabischen oder anderen Buchstaben für die Behörden im Gastland – unbedingt beide Listen parat halten!)
* Liste mit besonderen Hinweisen
* innerdeutsche Ankunftsliste mit Flug-, Bus-, Zugnummern und -zeiten; Flugzeitenliste für alle Flüge mit Flugdauer und Zeitverschiebungen, Entfernungen zwischen den einzelnen Flugorten
* e-Tickets sämtlicher Teilnehmer in Kopie
* letzte Rückbestätigungen an Leistungsträger mit Adressen, Telefonnummern, Faxnummern, Namen der Sachbearbeiter/Manager

---

[138] Schröder, Christian: Flugkunde für Reiseleiter, in: Kirstges, Torsten; Schröder, Christian; Born, Volker: Destination Reiseleitung. München Wien: Oldenbourg, 2001, S. 202.

- Schecks für offene Zahlungen; Voucher; Reisekasse in bar und in Verrechnungs-schecks; Abrechnungsformulare
- Reiseveranstalterpapier für Aushänge und RLbericht
- private Telefonnummern von Reiseveranstalter-Verantwortlichen; Reiseveran-stalter-Prospekt und Reisebedingungen
- Visitenkarten
- Ersatzkofferanhänger
- Ersatzkoffergurt

Auf dem Flughafen des Abflugortes:
- innerdeutsche Ankunftsliste überprüfen (bei Unregelmäßigkeiten durch Schlechtwetter, Verspätungen Alternativen vorbereiten, ggf. Reiseveranstalter anrufen)
- am Flugschalter (mindestens zwei Stunden vorher da sein) nach Unregelmäßig-keiten fragen
- Gruppen-Check-In: Erfragen, ob dies schon vom Veranstalter vorgenommen wurde, ist nicht in jedem Flughafen oder bei jeder Fluggesellschaft möglich. Bei Lufthansa-Flügen ab München sollte das Gruppen-Check-In zwei Tage vor Ab-flug angemeldet werden. Vorteil: schnellere Abfertigung, Nachteil: Manchmal wird die ganze Gruppe pauschal eingecheckt ohne Rücksicht auf Ehe- oder Freundespaare, die gerne zusammensitzen möchten.
- beim Reservieren Wünsche der Reisegäste berücksichtigen
- liegen keine Wünsche schriftlich vor, möglichst die besten Plätze besorgen
- ggf. Gästen beim Einchecken behilflich sein
- Reisegäste am Flugschalter oder ggf. unmittelbar vor dem Abfluggate begrüßen und gegenseitig vorstellen
- Fragen/Probleme klären

Während des Hinfluges:
- Ggf. Anfertigen einer Gepäckstückliste (Anzahl der aufgegebenen und Anzahl der Handgepäckstücke pro Person ermitteln)
- Zeit nutzen zum ersten individuellen Kennenlernen der Reisegäste
- Ansagen der Zwischenlandungen mit den dortigen Aufenthaltszeiten, der loka-len Zeit und der jeweiligen Zeitverschiebung
- Hilfestellung beim Ausfüllen der Einreiseformulare geben
- Ansage des allgemeinen Treffpunktes nach der Landung (je nach Flughafenver-hältnissen nach dem Gate, vor der Passkontrolle oder ..., immer aber an einem Ort, der auch für die Gäste leicht zu finden ist!)

Während aller weiteren Flüge:
- Reisegäste auf geographische Besonderheiten, Landschaftsstrukturen usw. hinweisen, d.h. Vogelperspektive nutzen, um bei späteren Erläuterungen zur Landschaft darauf zurückverweisen zu können

Unmittelbar nach der Ankunft:
- am vereinbarten Treffpunkt auf alle Reisegäste warten
- einen neuen Treffpunkt nach der Gepäckannahme (**baggage claim**) vereinbaren, Zeit für eine Toilettenpause geben
- alle Reisegäste durch den Zoll schleusen, dabei als Letzte/r durchgehen, um bei evtl. Problemen/Verständigungsschwierigkeiten zu helfen
- bei der Gepäckannahme behilflich sein
- bis zuletzt bei der Gepäckannahme bleiben, um dort evtl. Probleme mit dem Gepäck zu regeln
- bei Gepäckverlust oder -beschädigung unbedingt die schriftliche Bestätigung der verantwortlichen Fluggesellschaft einholen, P.I.R. (= **Passenger Irregularity Report**)
- Kontaktaufnahme mit dem Transfer-RL in der Ankunftshalle und Absprache der wichtigsten Termine und des weiteren Vorgehens
- Gäste zum Bus begleiten
- Gepäckverladen beobachten
- 1. Busansprache zusammen mit dem Transfer-RL, je nach Ankunftszeit und Flugdauer variieren
- in jedem Fall den weiteren Ablauf, das Tagesprogramm, den nächsten Treffpunkt klar und präzise darstellen
- Weiterflug rückbestätigen (Flight Reconfirmation)
- persönlich bei der Fluggesellschaft (schriftlich – mit Kopie –, fernmündlich – Name des Bearbeiters der Fluggesellschaft geben lassen, „just in case")
- Flugtickets sicher aufbewahren

Check-in für Weiter- oder Rückflug:
- Wenn möglich Online-Check-In mit Vergabe der Sitzplätze am Hotelcomputer vornehmen und Bordkarten bereits ausdrucken, dadurch große Zeitersparnis vor Ort. Problem: Bei den meisten Fluggesellschaften geht dies erst einen Tag vor Abflug, oft sehr langsame Computer in den Hotels, Zeitverlust, starker Andrang an hoteleigenen Computern, keine Drucker verfügbar und damit keine Möglichkeit, die Bordkarten auszudrucken.
- rechtzeitig, d.h. i.d.R. 2 1/2 Std. bei internationalen und 1 1/2 bis 1 Std. bei innerstaatlichen Flügen, am Flughafen sein (ist auch abhängig von der Grup-

pengröße, den Verhältnissen am Flughafen und ob vorher Bordkarten ausge-
druckt wurden! Vorgaben der Fluglinie beachten)

- Bei Rückflug: Durchchecken der einzelnen Gepäckstücke bis zu den innerdeut-
schen Heimatflughäfen
- Wenn RL die ganze Gruppe eincheckt: E-Tickets bzw. Bordkarten bzw. entsprechende Flugcoupons gebündelt zur Hand haben,
- auf Größe und Schwere des Handgepäcks achten (je nach den Regularien der
jeweiligen Fluggesellschaft)
- nach derzeitigem Gepäckbestand fragen und ggf. Gepäckstückliste korrigieren
- Flugcoupons (bei internationalen Flügen auch den Reisepass) beim Schalter der
Fluggesellschaft vorzeigen
- bei Platzvergabe auf Sonderwünsche achten
- Bordkarten und Gepäckscheine in Empfang nehmen, nachzählen
- Bordkarten an Reisegäste verteilen
- Gepäckscheine jedoch selbst behalten, wenn sie nicht auf den einzelnen Flug-
scheinen befestigt wurden
- das Abfluggate ansagen und dort mit den Gästen zur Boarding-Zeit verabreden

9.5   Abrechnungen[139]

Zu den weniger beliebten, aber dennoch wichtigen Tätigkeiten eines jeden Reiseleiters gehören die administrativen Aufgaben wie Reiseleiterberichte und Abrechnungen. Die Veranstalter haben dazu verschiedenste Formulare und Formen der Bericht-
erstattung über • den Verlauf einer Reise (besondere Vorkommnisse sowie
Reklamationen genau dokumentieren mit Aktennotizen inkl. Datum und Uhrzeit,
Gesprächsteilnehmer, ggf. Zeugen) oder die Ereignisse im Zielgebiet und deren
Abrechnungen entwickelt.

Bei den meisten Veranstaltern erhält der RL vor Beginn der Reise gemeinsam mit
seinen Unterlagen Voucher sowie Firmengelder und Devisen in bar zur Begleichung
von geplanten und als Reserve für unvorhergesehene Ausgaben. Während der Reise
nimmt er ggf. auch Gelder ein. Die Einnahmen und Ausgaben sind am Ende jeder
geleiteten Reise gegenüber dem Veranstalter zu belegen und abzurechnen. Es empfiehlt sich, die Abrechnung zeitnah, am besten täglich zu erledigen, damit alles noch
frisch im Gedächtnis ist.

---

[139]   Vgl. dazu ausführlich Albert, Carsten: Formulare – Berichte und Abrechnungen, in: Schmeer-
Sturm, Marie-Louise: Reiseleitung. 4. Auflage München, Wien: Oldenbourg 2001, S. 197–201.

Einnahmen sind zum Beispiel:

- Buchung zusätzlicher Mahlzeiten (HP statt Ü/Fr)
- Wechsel der Unterbringungsart (z.B. Einzel- statt Doppelzimmerbelegung)
- Zubuchung von Sonderleistungen wie Ausflügen und sonstigen Nebenleistungen lt. Veranstalterkatalog

Für jede Einnahme ist eine Quittung auszustellen. Die Einnahme kann in Form von Bargeld, Schecks, Kreditkartenabzügen (falls der Veranstalter wie bei Standortreisen üblich entsprechende Geräte zur Verfügung stellt) oder Gutscheinen erfolgen.

Zu den geplanten **Ausgaben** gehören abhängig von den im Reisepreis enthaltenen Leistungen des Veranstalters u.a. die folgenden:

- Kosten für Hotel und ggf. Halbpension
- Zusätzliche Mahlzeiten
- Transportleistungen wie Bus und Flug
- Fahrgelder für Boots- und Bergbahnfahrten, Sessellifte und öffentliche Verkehrsmittel
- Eintrittsgelder
- Honorare für die örtlichen Gästeführer
- Straßen- und Autobahngebühren (Maut wird im allgemeinen vom Busfahrer bezahlt)
- Parkplatzgebühren
- Kurtaxen und Bedienungsgelder
- Telefon, Fax- und Kopiergebühren, Porto
- evtl. Kosten für Unterkunft und Verpflegung des Fahrers und der Reiseleitung
- Aufwendungen der Reiseleitung (z.B. Arbeitsmaterial, Taxi etc.)
- Spesen der Reiseleitung (Klären: In welchem Rahmen werden überhaupt Spesen für Essen vom Veranstalter bezahlt? Basis Halbpension? Abrechnung von Spesen nach tatsächlichem Gaststättenbeleg oder nach Pauschalen für Verpflegungsmehraufwand? An- und Abreise zum Abfahrtsort, evtl. notwendige Hotelübernachtung vor der Abreise?)

Unvorhergesehene Kosten können sein:

- Bewirtung und Aufmerksamkeiten für Gäste (z.B. Geburtstag, Hochzeit, VIP)
- Busreparaturen
- Rechnungen für Arztbesuche und Medikamente

Wichtig: Der RL muss alle Ein- und Ausgaben mit Beleg abrechnen (Quittungsblock im Reisegepäck!). Die Belege sollten nach Währung getrennt werden und der Umrechnungskurs durch Umrechnungsbeleg oder amtlichen Kurs dokumentiert und innerhalb der Kosten in zeitlicher Reihenfolge vorsortiert werden. Die anvertrauten Gelder und Fremdwährungen bleiben bis zur endgültigen Abrechnung beim Veranstalter in der persönlichen Obhut des RLs. Hotelsafes und Schließfächer sollten unbedingt genutzt werden.

Große Reiseveranstalter haben für die Abrechnung Formulare entwickelt, in die der RL die (durchnummerierten) Belege und Daten für die buchhalterische Abwicklung der Reise einfügt. Hierbei ist vom RL unbedingt auf sparsames Ausgabeverhalten und die strikte Trennung von Privat- und Firmengeldern zu achten.

9.6   Organisatorische Problembereiche bei der Besichtigung

* Umgang mit (zu) großen Gruppen (z.b. durch Aufteilung bei Stadtbesichtigungen, gute Platzierung bei Erklärungen, Einsatz von Audiosystemen und Mikrophonen)
* Kenntnis der genauen Öffnungszeiten bei Besichtigungen (auch Feiertagsregelungen)
* Kenntnis der Gegebenheiten vor Ort (z.b. Kapitol in Washington: Die Studentengruppe musste vor der Führung alles wegwerfen, auch kurz vorher gekaufte Sandwiches, weil der Stadtführer nicht informiert hatte, dass man nichts mit in die Innenräume nehmen darf).
* Kenntnis technischer Einrichtungen (z.b. Beleuchtungsmöglichkeiten)
* rechtzeitige und klare Angabe gut zu findender Treffpunkte; eindeutige Absprachen
* Vorträge und Informationen zum richtigen Zeitpunkt
* Einschätzung, welche Art von Vorträgen für den Bus, welche für die Führung vor Ort geeignet sind
* dramaturgische Planung auf einen Höhepunkt zu (nicht darüber hinaus gehen)
* rechtzeitige Planung eines Schlechtwetter-Programms
* flexibler Umgang mit dem Standardprogramm (ggf. Straffung, Umstellung)
* rechtzeitige Einplanung von sinnvollen Pausen, die möglichst vielfältig nutzbar sind (Toilette, Café, Einkäufe)
* ordentlicher und gewandter Umgang mit den eigenen Unterlagen
* bei Kreuzungen, Ampeln, überraschendem Einbiegen in Seitenstraßen auf alle Mitglieder der Gruppe warten
* Erzeugen von Ruhe trotz straffer Zeitplanung (nicht von Hetze, z.B. durch ständigen Blick auf die Uhr oder Erklärungen im Gehen, sehr schnellen Gang – lieber ein weniger wichtiges Objekt auslassen, Zeitpolster einplanen)

- überlegte Standortwahl; Erklärungen so abgeben, dass die Teilnehmer dabei nicht von der Sonne geblendet werden oder zu große Unannehmlichkeiten haben (z.b. sehr steiler Blick nach oben, Teilnehmer stehen im Dreck)
- wenn möglich bei längeren Erklärungen Sitzgelegenheiten anbieten
- Rücksicht auf den Biorhythmus (keine schwere geistige Kost nach dem Mittagessen)
- Bedürfnisse der Gäste und die Strecke gut kennen (z.b. Fotostopps an geeigneten Stellen)
- sinnvolle Überbrückung von Wartesituationen
- gutes, durchdachtes Timing (mit Zeitpolstern und Pausen; möglichst in Verbindung mit einem Fahrtenbuch)
- das ausgeschriebene Reiseprogramm erfüllen (Reiserecht); im Notfall ein Objekt, das ausfallen musste, durch ein möglichst gleichwertiges ersetzen
- bei organisatorischen Änderungen: Problematisch ist das Anbieten mehrerer Alternativen, Gefahr der Gruppenspaltung. In den meisten Fällen ist es günstiger, die Maßnahme, für die man sich entschieden hat, bekannt zu geben und positiv zu begründen
- Abstand und Standort in Bezug zur Gruppe: jene im Halbkreis, Führer seitlich, um sich leicht zur Gruppe und zum Objekt wenden zu können, ohne jeweils eine volle Drehung vollziehen zu müssen; Beschallung so nicht im Winkel von 180 Grad und damit effektiver; Erklärung mit Blickkontakt zum Publikum, nicht zum Gebäude oder Gemälde!
- Berücksichtigung auch der weniger dominanten Teilnehmer; sich nicht von starken Persönlichkeiten, z.B. auf den ersten Bussitzplätzen, zu sehr mit Privatgesprächen vereinnahmen lassen. Wenn sich im Bus oder in der Gruppe interessante Fragen ergeben, diese wiederholen und für alle beantworten
- Überprüfen der Vollzähligkeit bei jeder Abfahrt/Weiterfahrt/Zwischenstation
- bei größeren Gruppen oder wenig disponibler Zeit rechtzeitige Planung des Mittagessens (z.B. 2–3 Menüvorschläge bereits im Bus auswählen lassen, vormittags telefonisch an Lokal durchgeben)
- auf guten Platz im Restaurant (Aussicht, Belüftung, nicht neben dem Service-Eingang) und gute Essensqualität für die Gruppe bestehen (contra „Massenabfütterung")
- beim Frühstück sich keinen Zwang für gemeinsamen Beginn aufschwatzen lassen, da manche lieber lange und in Ruhe frühstücken, manche lieber länger schlafen
- Ober rechtzeitig zum Kassieren auffordern bzw. instruieren, dass Extras für Getränke usw. sofort einkassiert werden müssen
- beim Essen nicht immer mit den gleichen Personen sitzen, sondern wechseln

- Hinweis auf notwendige Kleidung (z.b. kalte Kirchen und Schlösser, feuchte Grotten)
- Hinweis auf Gefahren
- Hinweise zur Vorsorge gegen Diebstahl und zur sicheren Aufbewahrung von Wertsachen
- dagegen einwirken, dass Reisegäste bei der Fahrt durch den Bus laufen; der RL sollte jedoch gelegentlich seinen Platz vorne verlassen und durch den Bus gehen, um nach dem Befinden der Kunden zu fragen, kleine Gespräche zu führen
- Eintrittskarten, soweit sie nicht im Preis inbegriffen sind, möglichst für alle Gäste kaufen und Geld vorher oder danach im Bus einsammeln, um so vor Ort Zeit zu sparen
- Vorwegnehmen von Problemen, z.b. Einstimmung auf die Art der Zimmer, Schiffskabinen
- Zimmerverteilung: Gäste im Bus warten lassen; erst Informationen (z.b. wann und wo man isst), dann Schlüsselverteilung (sonst sind die Gäste womöglich abgelenkt und zu unaufmerksam)
- nach der Zimmerverteilung noch ca. 10 Min. an der Rezeption warten
- ständige Erreichbarkeit der Reiseleitung notwendig? Zimmer- oder Kabinennummer nicht unbedingt allen bekanntgeben, aber an der Rezeption für evtl. Notfälle
- über Telefonieren und Post Bescheid wissen, evtl. Telefonmünzen und Briefmarken für die Teilnehmer besorgen
- sich um körperbehinderte oder gesundheitlich eingeschränkte Reiseteilnehmer kümmern, soweit dies der Gruppe zumutbar ist, aber auch Grenzen ziehen, wenn erwartet wird, dass einzelne Teilnehmer oder die Reiseleitung ständig diese zusätzliche Betreuungsaufgabe übernehmen und damit überfordert sind

9.7   Problemsituationen und „Pannenprogramm"

Während bei der Standortreise die Qualität der Hotels, des Essens, der Verkehrsmittel, insgesamt also materielle Probleme für die Reiseleitung im Vordergrund stehen, sind es bei der Rundreise zudem zwischenmenschliche Situationen, die Konflikte zwischen den Gästen und der Reiseleitung, in der Gruppe oder allgemein hervorrufen können. Viele dieser Problemsituationen können durch die Reiseleitung vorweggenommen, vorweg gelöst und damit entschärft werden. Auch kann man verschiedene Lösungsstrategien vorher durchdenken und dann später schneller und professioneller entscheiden. Hierbei empfiehlt sich folgende Vorgehensweise[140]:

- Herausstellen des Problemkerns
- Herausarbeiten, wer davon wie betroffen ist (z.b. finanziell, psychisch, gesundheitlich, zeitmäßig)
- Aufstellen verschiedener Handlungsstrategien (Vorteile, Nachteile)
- Herausarbeiten der in diesem Fall besten Lösung
- Evtl. nachträgliche Beurteilung und Korrektur der Entscheidung

Problembeispiele:

Kurz vor der Abfahrt
- Ein naher Angehöriger ist schwer erkrankt. Morgen soll Ihre Reise beginnen.
- Im Unternehmen hat man vergessen, Ihnen die Voucher für die Hotels mitzugeben.

Bei Reisebeginn
- Sie sind so heiser, dass Sie bloß flüstern können.
- Ein Gast kommt nicht. Einer seiner Freunde sagt, er komme bestimmt noch – Sie warten schon eine halbe Stunde.
- Sie stellen kurz nach der Abfahrt fest, dass Sie einen Ihrer Vorbereitungsordner vergessen haben.

Während der Anreise
- Die Bustoilette ist abgestellt, weil Winter ist. Der Fahrer sagt, das Wasser friere sonst ein. In Ihrem Prospekt wird ein moderner Reisebus mit Toilette versprochen.
- Eine Teilnehmerin, von der Sie wissen, dass sie zuckerkrank ist, zeigt plötzlich Gedächtnisausfälle und droht ohnmächtig zu werden.
- Ein älterer Reiseteilnehmer kann die Blase nicht mehr halten. Einige Gäste lassen vernehmen, es rieche übel im Bus.
- Einige Gäste streiten sich wegen der Musik im Bus: Ein Teil will überhaupt keine hören, die anderen würden gerne immerzu Musik hören.
- Ein Gast hat an der Grenze seinen Pass nicht.
- Der Fahrer ist arbeitsunfähig.

---

[140] Vgl. dazu Bartl, Harald: Qualifizierte Reiseleitung. 2. Aufl. München: Huss 1987.

Bei der Ankunft im Hotel

- Das Hotel hat die Gruppe ohne vorherige Ankündigung in ein angeblich gleichwertiges Hotel ausquartiert. Sie hatten im Bus schon Prospekte des (sehr schönen) Hauses verteilt. Die Gäste sind enttäuscht.
- Die versprochenen Einzelzimmer sind nur zum Teil vorhanden. Die betroffenen Kunden sind erbost und schreien, dass sie keinesfalls bereit sind, mit jemand anderem ein Doppelzimmer zu teilen.
- Ein Gast hat Zimmer mit Dusche und WC gebucht, das Hotelzimmer hat keine Dusche.
- Die Zimmer für die gesamte Gruppe sind noch nicht fertig. Es ist Nachmittag.

Während der Reise

- Sie beobachten, dass Ihre Gruppe im Restaurant nie Trinkgeld gibt. Dies wird jedoch vom Personal erwartet. Sie haben von Ihrem Unternehmen dafür keinen Betrag zur Verfügung.
- Der örtliche Guide bietet Ihnen an, Geld zu einem sehr interessanten Schwarzmarktpreis zu tauschen.
- An einem „bunten Abend" wird viel Alkohol getrunken. Dabei stellt sich heraus, dass ein Teilnehmer Alkoholiker ist.
- Sie beobachten einige Teilnehmerinnen, die sich beim Frühstück mit Proviant versorgen. Sie haben Bedenken, dass diese Unsitte um sich greift, wenn Sie nichts dagegen unternehmen.
- Eine Teilnehmerin hatte ein Verhältnis mit dem Busfahrer. Nach einigen Tagen haben Sie den Eindruck, er will nichts mehr von ihr wissen. Sie verfolgt ihn jedoch bei jeder Gelegenheit. Seine Laune, auch den Gruppenmitgliedern und Ihnen gegenüber, wird immer schlechter, so dass er zu einer Belastung wird.
- Der Busfahrer trinkt am Abend im Hotel so viel Alkohol, dass er volltrunken von der Reiseleitung und einigen Teilnehmern zu Bett gebracht werden muss. Am nächsten Morgen sagen einige Gäste, sie wollen nicht in den Bus einsteigen und man solle einen Ersatzbus ordern. Der Fahrer droht, er werde in diesem Fall sofort nach Deutschland zurückfahren.
- Sie werden krank und sind so schwach, dass Sie nicht aufstehen können.
- Sie beobachten einen Teilnehmer, der in einem Museum einen ungesicherten Gegenstand in seiner Tasche verschwinden lässt. Sie zögern, ob Sie ihn darauf ansprechen und auffordern sollen, den Gegenstand zurückzulegen: Es wäre nicht nur die Reise empfindlich gestört – Sie vermuten, dass er leugnen und sich weigern würde, seine Tasche zu öffnen. Eine Anzeige zöge vermutlich eine Gefängnisstrafe für den entsprechenden Teilnehmer nach sich.

- Ein Kunde macht sich offensichtlich einen Spaß daraus, ständig vor Gruppenmitgliedern Ihr Unternehmen und RL anderer Fahrten, an denen er bisher teilgenommen hat, schlecht zu machen. Sie selbst hat er bisher verschont.
- Ein Teilnehmer sondert sich ständig ab, hat mit niemandem der Gruppe Kontakt.
- Sie kommen von einem Ausflug zurück und erfahren an der Rezeption, es sei angerufen worden: Der Ehemann einer Teilnehmerin ist verstorben.

Auf der Rückfahrt
- Ein junges Mädchen fehlt morgens bei der Rückfahrt und ist auch im Hotel nicht zu finden. Als man in ihr Zimmer kommt, findet man das Bett unberührt.
- Sie haben herausbekommen, dass ein Teilnehmer Antiquitäten schmuggelt. Wenn dies rauskommt, wird der Bus an der Grenze mindestens einen halben Tag festgehalten werden.
- Beim Endhalt des Busses stellen Sie fest, dass ein Koffer fehlt, dafür aber ein fremder Koffer unter Ihrem Gepäck steht.

Verhalten des RLs in ausgewählten Problemsituationen

Schwere Krankheit oder Unglücksfall eines Reisegastes:
- telefonische Verständigung eines Arztes bzw. des Notdienstes
- evtl. ruhige Lagerung des Kranken
- evtl. Durchsuchung der Tasche nach Informationen über Krankheiten, wenn keine Bekannten oder Angehörigen dabei sind
- Zusammenstellen der Informationen zur Krankheit bzw. zum Unfall
- Zusammenstellen der Papiere und Reiseunterlagen des betroffenen Kunden (Pass, Versicherungsunterlagen, Devisen, sonstige Unterlagen)
- vorübergehende Reiseleitung durch den Fahrer, wenn der betroffene Gast ohne Begleitung war, und Information der anderen Reisegäste
- Information des Veranstalters und Quittierung sämtlicher Ausgaben
- Zusammenstellung einer **Liste mit folgenden Daten** (nach Block):
  - Name und Heimatadresse des betroffenen Kunden
  - Adresse und Telefonnummer des Krankenhauses
  - Behandlungsabteilung und Name des behandelnden Arztes, Diagnose
  - Name der Begleitperson bzw. Adresse und Telefonnummer der nächsten Angehörigen
  - Anschrift der Versicherungen und Versicherungsnummern
- Entscheidung, ob der Gast die Reise fortsetzen kann, im Krankenhaus bleiben oder heimtransportiert werden muss

Tod eines Reisegastes:
- Verständigung eines Arztes
- Gruppenmitglieder, wenn sie es nicht selbst erfahren, nicht informieren
- Zusammenstellung der Personalpapiere des Verstorbenen in Anwesenheit eines Zeugen
- der RL sollte sich nicht selbständig mit den Angehörigen des Verstorbenen in Verbindung setzen
- Verständigung des Veranstalters (Name, Teilnehmernummer, gebuchte Leistungen des Verstorbenen, Zeitpunkt und Ursache des Todes, Personaldaten) und Abwarten weiterer Instruktionen
- Benachrichtigung folgender Stellen:
  - deutsche Botschaft bzw. zuständige diplomatische Vertretung (Übersetzung offizieller Dokumente, wie Totenschein, polizeiliche Dokumente, Ausfuhrbewilligung der Leiche usw. sind in eine beglaubigte Übersetzung zu übertragen)
  - Bestattungsunternehmen
  - Agentur
- Polizei

9.8 Technik der Reklamationsbearbeitung

Sebastian Schuster und Werner Müller

Die Überschrift dieses Abschnitts wird vermutlich nur bei wenigen RL/innen helles Entzücken hervorrufen, da sie sich meist in unerfreulichen Situationen mit solchen Dingen beschäftigen müssen. Dies wird jedoch durch eine gute Vorbereitung erleichtert, und dabei versuchen die Autoren, die seit vielen Jahren gemeinsam Schulungseinheiten für RL durchführen, mit kurzen, aber prägnanten Erörterungen zu helfen.

Sicherlich sind RL, die ausschließlich nach der Rechtslage handeln, nicht immer gut beraten; die Zufriedenheit der Kunden wird oft auch über andere, mehr atmosphärisch betonte Wege erreicht. Dennoch ist eine genaue Kenntnis des Reiserechts und ein breites Repertoire in juristisch bedeutsamen Situationen die Grundlage für alle professionellen touristischen Tätigkeiten, u.a. auch, um die eigenen Spielräume ausloten zu können.

In diesem Kapitel sollen daher zunächst die für den RL wichtigen Zusammenhänge des Reiserechts erläutert werden, bevor wir uns mit dem für die Praxis markantesten Punkt, der Reklamationsbearbeitung, beschäftigen.

1. Juristische Grundlagen (gemäß §§ 651a-m BGB) Was ist ein Reisevertrag?
Der Reisevertrag wird zwischen dem Reiseveranstalter und dem Reisenden geschlossen. Beide Seiten verpflichten sich darin zum Erbringen und Austauschen
einer Leistung:

„Der Reiseveranstalter verpflichtet sich, dem Reisenden eine Gesamtheit von Reiseleistungen zu erbringen. Der Reisende ist verpflichtet, dem Veranstalter den vereinbarten Reisepreis zu zahlen." (§ 65 1 a Abs. 1 BGB)

Die einzelnen Elemente des Reisevertrags lassen sich wie folgt beschreiben:

* Der Abschluss eines Reisevertrages kommt zustande durch die Anmeldung des
  Reisekunden und durch eine deckungsgleiche Annahme durch den Reiseveranstalter (Reisebestätigung) und nicht etwa durch den Prospekt. Erst die Bestätigung des Veranstalters macht den Vertrag perfekt, vorausgesetzt, das Angebot
  und die Bestätigung stimmen überein.
* Grundlage für den Vertragsinhalt ist die Prospektausschreibung einer Reise und
  die dazugehörige Beschreibung der Leistungen. Auch mündliche Zusicherungen
  können Bestandteil des Vertrags sein (z.B. die Zusicherung eines behinderten-
  freundlichen Ortes für einen Rollstuhlfahrer). Wenn sich solche Zusagen als un-
  korrekt herausstellen, hat jedoch der Reisende die Beweispflicht.
* Die „Allgemeinen Geschäftsbedingungen" (AGB), gemeinhin auch das „Klein-
  gedruckte" genannt, sind nur wirksam in den Reisevertrag einbezogen, wenn
  der Reisende in „zumutbarer Weise" (in der Regel durch den Abdruck im Prospekt) davon Kenntnis nehmen kann. Jeder RL sollte sie unbedingt kennen!

Weiter treffen den Reiseveranstalter nach § 651 a Abs. 3 BGB umfassende Informa-
tionspflichten. Diese relativ neue gesetzliche Regelung beruht auf der Verordnung
über Informations- und Nachweispflichten, sogenannte BGB-Infoverordnung. Danach hat der Reiseveranstalter dem Reisenden bei oder unverzüglich nach Vertragsschluss eine Urkunde über den Reisevertrag (Reisebestätigung) zur Verfügung zu
stellen. Die Reisebestätigung und ein Prospekt, den der Reiseveranstalter zur Verfügung stellt, müssen die in der Rechtsverordnung nach Artikel 238 des Einführungs-
gesetztes zum Bürgerlichen Gesetzbuch bestimmten Angaben enthalten. Es handelt
sich um Prospektangaben, Unterrichtung vor Vertragsschluss, Reisebestätigung,
Allgemeine Reisebedingungen, Unterrichtungen und Informationen vor Beginn der
Reise, Regelung hinsichtlich des Sicherungsscheins, Nachweis nach § 651 k Abs. 5
BGB. Dem Reiseleiter ist dringend dazu anzuraten, diese Informationen des Veranstalters zu kennen und zu befolgen, da sie erhebliche Auswirkungen für die Tätigkeit
des Reiseleiters mit sich bringen.

2. Wer ist wofür verantwortlich
a) Die **Pflichten des Reiseveranstalters**

„Der Reiseveranstalter ist verpflichtet, die Reise so zu erbringen, dass sie die zugesicherten Eigenschaften hat (also der Ausschreibung entspricht – d. Aut.) und nicht mit Fehlern behaftet ist, die die Tauglichkeit zu dem gewöhnlichen oder nach dem Vertrag vorausgesetzten Nutzen aufheben oder mindern." (§ 651c Abs. 1 BGB)

Anmerkung: Mit dem „gewöhnlichen Nutzen" sind bisherige Erfahrungswerte bzw. das allgemeine Verständnis gemeint, ohne dass es ausdrücklich schriftlich fixiert werden muss.

Beispiele: aa) Der RL muss „gewöhnlich" erreichbar sein. bb) Eine „ruhige Lage" verträgt sich nicht mit Baustellenlärm.

b) Die **Pflichten der Leistungsträger**

Unter dem Begriff „Leistungsträger" sind die Vertragspartner des Reiseveranstalters zusammengefasst, die für einzelne Reiseleistungen verantwortlich sind (z.B. Busunternehmen, Hotels, Sportschulen). Sie haften gegenüber dem Veranstalter und nicht direkt gegenüber dem Reisenden. Da der RL vor Ort den Veranstalter vertritt, arbeitet er demzufolge mit den Leistungsträgern zusammen und sollte daher die vertraglichen Vereinbarungen zwischen dem Veranstalter und seinen Vertragspartnern kennen, um darauf einwirken zu können.

c) Die **Pflichten des Reisenden**

Von dem Reisekunden wird verlangt, dass er dem Veranstalter – vor Ort vertreten durch den RL – einen auftretenden Mangel anzeigt und ihm die Möglichkeit gibt, ihn innerhalb einer angemessenen Zeitspanne zu beseitigen bzw. eine Abhilfe so herbeizuführen, dass eine Alternative gefunden wird, die den Kunden zufriedenstellt („nachbessern"), § 651 C Abs. 2 BGB.

Sollte der RL nicht erreichbar sein, so muss sich der Reisende gegebenenfalls auch direkt an den Veranstalter wenden (z.B. per Telefon, Telefax oder E-Mail).

Weiterhin wird von ihm verlangt, dass er die Reise nicht durch „Umstände", die in der eigenen Persönlichkeit liegen, beeinträchtigt (z.B. für andere Reisende). In diesem Fall kann der Veranstalter vertreten durch den Reiseleiter den Kunden abmahnen und ihn bei gravierenden Wiederholungen sogar von der Reise ausschließen („Mitwirkungspflicht").

d) Die **Pflichten der RL/innen**

Der RL muss für den Reisenden vor Ort **erreichbar** sein. Das bedeutet zumindest eine Anwesenheit zu regelmäßigen Sprechstundenzeiten sowie darüber hinaus eine telefonische Erreichbarkeit bzw. Möglichkeiten zum Hinterlassen von Nachrichten (z.B. über ein eigenes Brieffach im Hotel).

Nach dem Eingang einer Reklamation muss der RL „im Rahmen des Möglichen und Zumutbaren" den **Mangel beseitigen bzw. Abhilfe schaffen.** Dazu muss er zunächst so bald wie möglich überprüfen, ob der angezeigte Mangel auch seiner eigenen Meinung nach existiert und korrekt vom Reisenden geschildert wurde. Ist dies der Fall, dann wird von ihm verlangt, dass er innerhalb einer angemessenen Frist (ca. 1–2 Tage, in gravierenden Fällen sofort) Verbesserungen herbeiführt – z.B. durch seine Kontakte mit den Leistungsträgern des Veranstalters -, die der Reisende akzeptiert. Der Mindeststandard der Nachbesserungslösung orientiert sich dabei am vertraglich Vereinbarten.

Ist der RL auch nach ernsthafter Prüfung der Ansicht, dass ein Mangel zu Unrecht angezeigt wurde, dann sollte er Rücksprache mit seinem Veranstalter halten, der dann die Verantwortung für das weitere Vorgehen übernehmen kann. Zuweilen ist dies aus diversen Gründen nicht möglich, so dass es umso mehr darauf ankommt, dass der RL sich eindeutig verhält. Dazu gehört in jedem Fall, dass er den Reisenden von den abweichenden Ergebnissen seiner Nachforschungen umgehend unterrichtet. Der Reiseleiter kann den Reisenden darauf hinweisen, dass er Ansprüche nach den §§ 651 c bis 651 f BGB innerhalb eines Monats nach der vertraglich vorgesehenen Beendigung der Reise gegenüber dem Reiseveranstalter geltend machen muss, § 651 g BGB.

Auf Verlangen des Reisenden muss der RL einen bestehenden Zustand so, wie er in der Realität vorhanden ist, schriftlich bestätigen. Weitere Anerkenntnisse (Schuldzuweisungen, Folgerungen, Vorschläge zur Abwicklung, Meinungsäußerungen und rechtliche Wertungen und Würdigungen) überschreiten jedoch die Kompetenz des RL und sollten daher, schon aus eigenem Interesse, unterbleiben.

Tipp: Die Bestätigungen sollten in drei Ausfertigungen – für den Kunden, den Veranstalter und den RL selbst – geschrieben werden.

Im Rahmen der Mängelbeseitigung gehört es zu den Pflichten des RL, entsprechend auf die Leistungsträger einzuwirken und deren Bemühungen zu kontrollieren. Erfahrene Praktiker wissen, dass diese Regel zuweilen ihre Grenzen hat, was auch durch die gesetzliche Vorgabe („… im Rahmen des Zumutbaren") angedeutet wird. Auch wenn es nicht ausdrücklich vom Veranstalter verlangt wird, empfiehlt sich daher das Führen eines persönlichen Beschwerdebuchs (mit Durchschlägen) über „offizielle" Reklamationen und auch über beiläufig geäußerte kritische Bemerkungen. Eventuell notwendig werdende spätere Stellungnahmen werden so erheblich erleichtert.

Aufsichts- und Fürsorgepflichten: Im Gegensatz zu weit verbreiteten Meinungen sind die Aspekte von Aufsicht und Fürsorge gegenüber den anvertrauten Reisenden keineswegs nur auf Jugendliche beschränkt, sondern erstrecken sich auch auf die erwachsenen Kunden. Demnach muss der RL auf alle bekannten Gefahren hinweisen und sie in zumutbarem Maße erfragen, falls er selbst nicht die nötige Ortskenntnis besitzt, § 832 BGB. Diese Hinweise haben jeweils so bald wie möglich zu erfolgen.

Anmerkung: Bei Jugendlichen sollte bei entsprechenden Hinweisen ein erwachsener Zeuge zugegen sein. Da die RL hier die Aufsichtspflicht bei unter 18jährigen von den Eltern übernehmen, müssen sie ihre Gruppenmitglieder bei Nichtbeachtung eines Gefahrenhinweises eindringlich ermahnen/abmahnen, im Wiederholungsfall auch bestrafen. Da die Handhabung des Dreierschritts „Belehren – Verwarnen – Bestrafen" von Veranstalter zu Veranstalter verschieden ausgelegt wird und zudem eine ausführliche Berücksichtigung pädagogischer Gesichtspunkte erfordert, die den Rahmen dieses Buches sprengen würde, verweisen wir am Ende des Buches auf spezielle Literatur.

Oft auftretende Gefahrenquellen bei Urlaubsreisen sind z.B. Straßen und Märkte, die für häufige Taschendiebstähle bekannt sind, Steinschlag bei Gebirgswanderungen und Nepp in Amüsiervierteln.

Zudem unterliegt dem RL die Fürsorge für das Gepäck seiner Gruppe, das er durch entsprechende Ansagen immer wieder in den Blickpunkt der Aufmerksamkeit seiner Kunden rücken muss („Bitte schauen Sie nochmal nach, ob Sie auch wirklich nichts im Bus vergessen haben!").

Eine ähnliche Verantwortung gilt für Verständigungs- und Orientierungshilfen in einer fremdländischen, unbekannten Umwelt. Entsprechende Hilfen dafür sind u.a. Stadtpläne und -führer, Geldwechseltabellen, Erklärungen der Zollvorschriften usw.

Das **Anforderungsprofil** an den RL muss der Ausschreibung genügen; so müssen etwa bei Studienreisen die erforderlichen Sprachkenntnisse und ein kulturell-historisches Hintergrundwissen vorhanden sein und bei Animateuren entsprechende Nachweise hinsichtlich ihrer einschlägigen Ausbildung.

3. Das rechtliche Verhältnis zwischen Veranstalter und RL/in

Das arbeitsrechtliche Verhältnis zwischen dem Reiseveranstalter und seinen RL/innen kann ganz verschieden sein:

* dauerhaftes Anstellungsverhältnis mit den üblichen sozialversicherungspflichtigen Regelungen
* freie Mitarbeit auf Honorarbasis (Problem: „Scheinselbständigkeit")
* ehrenamtliche Mitarbeit

In jedem Fall aber – und das ist wichtig! – ist der RL als „verlängerter Arm" des Veranstalters vor Ort sein sogenannter Erfüllungsgehilfe mit den beschriebenen Verantwortlichkeiten (es sei denn, es gibt ausdrückliche Sonderabmachungen, also begrenzte Aufgaben- oder Einsatzgebiete):

Zu einer erheblichen Verschärfung der Haftung des Reiseveranstalters für seine sogenannten Erfüllungsgehilfen hat die Änderung des § 278 BGB geführt. Nach dieser neuen Fassung des § 278 BGB hat ein Reiseveranstalter ein Verschulden seines gesetzlichen Vertreters und der Personen, deren er sich zur Erfüllung seiner Verbindlichkeiten bedient, im gleichen Umfang zu vertreten, wie eigenes Verschulden. In Verbindung mit § 276 BGB haftet demnach der Reiseveranstalter für Vorsatz und für Fahrlässigkeit.

Der RL hat damit die Verpflichtung zur Interessenvertretung des Veranstalters vor Ort. Übernimmt er diese Rolle nicht, dann kann er sich im Innenverhältnis mit dem Veranstalter schadensersatzpflichtig machen.

4. Reiserecht im Ausland

(Auch) aus juristischer Sicht dürfen die Verhältnisse im Ausland nicht mit heimatlichen Maßstäben gemessen werden. Der Reisende muss gegebenenfalls ein gewisses Maß an Abweichungen hinnehmen. Übliche und immer wiederkehrende Beispiele zu diesem Aspekt sind: andere Hotelklassifizierungen, andere Hygienenormen usw.

In jedem Fall ist hier das Fingerspitzengefühl für die „richtige" Argumentation vom RL gefragt, da es keine verbindlichen Vorgaben gibt.

Anmerkung: Weitere Hinweise zu diesem Thema gibt es im Abschnitt „Interkulturelles Lernen auf Reisen" und im Abschnitt „Die Kommunikation mit dem Reisegast".

5. Mängelarten einer Reise

Die Vielfältigkeit von Mängeln bei Reisen ist schier unerschöpflich, da viele Umstände von verschiedenen Menschen unterschiedlich beurteilt werden. Zahlreiche Mängel und ihre Einordnung bezüglich einer evtl. Rückerstattung des Reisepreises finden sich in der sog. „Frankfurter Tabelle". Zur Vertiefung ist zu verweisen auf die Zeitschrift ReiseRecht Aktuell, die herausgegeben wird von der Gesellschaft für Reiserecht e. V., mittlerweile im 19. Jahrgang. ReiseRecht Aktuell Zeitschrift für Tourismusrecht beinhaltet die gesamte reiserechtliche Rechtsprechung in Deutschland und auch in Europa. Auch alle Veröffentlichungen in reiserechtlicher Hinsicht sind dort aktuell nachzulesen. Wer sich über aktuelle reiserechtliche Rechtsprechung und/oder wissenschaftliche Veröffentlichungen auf den aktuellen Stand bringen will, der sei auf diese Zeitschrift verwiesen.

6. Reklamationsbearbeitung
Hier eine Übersicht über die Abfolge der RL-Tätigkeiten bei einer
Reklamation:

1. Tatsächliche Verhältnisse so bald wie möglich überprüfen!
2. Genaue Bedarfslage des Reisenden abklären: Was wünscht er?
3. Abklären der dem Kunden zustehenden Leistung (nach Vertragsinhalt, Prospektausschreibung und gewöhnlichem Nutzen): Worauf hat er Anspruch?
4. Gegebenenfalls Absicherung beim Veranstalter.

   Bei berechtigten Beschwerden ist das Ziel die Übereinkunft mit dem Reisenden in der Bewertung des Mangels und in der Abhilfelösung.

5. Mögliche Alternativen oder Beseitigungsmöglichkeiten zusammenstellen, die wirklich machbar sind.
6. Abstimmung mit dem Kunden über die letztlich zu wählenden Abhilfen und die Bestätigung seiner Akzeptanz.
7. Umsetzen der gefundenen Lösung.

   Bei unberechtigten Beschwerden ist das Ziel, entweder den Kunden zu überzeugen oder, wenn das nicht möglich ist, die Abstimmung mit dem Reiseveranstalter zugunsten einer in seinem Sinne eindeutigen rechtlichen Situation.

8. Umgehende Mitteilung an den Kunden über die eigene, abweichende Einschätzung der Reklamation.
9. Bei Nichtakzeptanz nur auf Verlangen tatsächliche Verhältnisse schriftlich bestätigen.
10. Persönliche Absicherung durch den Veranstalter (wenn möglich). Denkbar auch unmittelbare Kompensation vor Ort nach Rücksprache und Absprache mit dem Reiseveranstalter.

    Dabei ist aber Vorsicht angeraten bei Minderjährigen, da Minderjährige nicht rechtsverbindlich auf Reisepreisminderungsansprüche gegen Kompensation vor Ort verzichten können.

11. Hinweise an den Kunden für die weitere Bearbeitung nach seiner Rückkehr (Berücksichtigung des psychologischen Moments, um trotz des Konflikts eine gewisse Fürsorge zu signalisieren).

Ein eigenes Beschwerdebuch mit Kurzprotokollen über alle wichtigen Vorfälle kann sehr hilfreich sein.

Anhang

Reiseleiterzertifikat des Bundesverbandes der Deutschen Tourismuswirtschaft und der Hochschule Bremen[141]
„Deutschland besitzt kein anerkanntes Berufsbild und keine Zugangsvoraussetzungen für die Reiseleitung. Im Auftrag der Tourismuswirtschaft entwickelte im Jahr 1994 eine Expertengruppe ein erstes Zertifikat. Aus dieser privaten Selbsthilfemaßnahme resultierte 2001 das unter Federführung des RDA gemeinsam entwickelte Reiseleiterzertifikat vom Bundesverband der Deutschen Tourismuswirtschaft e.V. und der Hochschule Bremen.

Dieser praxisbezogene Befähigungs- und Qualifikationsnachweis von Wirtschaft und Hochschule Bremen bescheinigt Reiseleitern beim Berufseinstieg oder -wechsel geprüfte Fähigkeiten zur Vermittlung von Sehenswürdigkeiten, Kunst, Kultur, Geschichte, Geografie und Politik an die Gäste. Darüber hinaus Kompetenz in Organisation, Qualitätssicherung und Kontrolle, Tourismuskunde, Recht sowie speziell der Methodik und Didaktik der Reiseleitung. Reiseveranstalter erhalten durch diesen Nachweis Kriterien zur Personalauswahl.

Zielgruppe: Reiseleiter

Die Prüfung:
*   Schriftliche Prüfung (Die Prüfung für das Reiseleiterzertifikat besteht aus fünf schriftlichen Teilen)
*   Mündliche Prüfung
*   Schwerpunkte für den Qualifikationsnachweis:
*   Länderkunde
*   Organisation
*   Recht, Reiserecht und Reklamationsbearbeitung
*   Didaktik, Methodik, soziale Kompetenz
*   Tourismuskunde

---

[141]   Entnommen aus der Website des RDA unter „Reiseleiterzertifikat".

Zulassungsvoraussetzungen:
Der Bewerber muss das 18. Lebensjahr vollendet haben.

Der Bewerber muss Abitur, Fachhochschulreife oder eine vergleichbare Schulausbildung und fachpraktische Reiseleitererfahrungen nachweisen.

Ersatzweise können Bewerber aufgrund langjähriger touristisch-fachspezifischer Tätigkeit durch den Nachweis fachpraktischer Reiseleitererfahrungen zur Prüfung zugelassen werden.

Studierende des Internationalen Diplom-Studiengangs Angewandte Freizeitwissenschaft mit dem Schwerpunkt „Reiseleitung/Gästebetreuung" (Hauptstudium) und des Internationalen Bachelorstudiengangs Angewandte Freizeitwissenschaft der Hochschule Bremen ab dem 3. Semester.

Die Prüfung für das Reiseleiterzertifikat – unter Federführung des RDA – wird einmal jährlich an der Hochschule Bremen abgenommen. Nach erfolgreich bestandener Prüfung erhalten die Kandidaten sowohl das Reiseleiterzertifikat als auch einen Reiseleiterausweis des Bundesverband der Deutschen Tourismuswirtschaft und der Hochschule Bremen.

Einführende Erläuterungen
Der Bundesverband der Deutschen Tourismuswirtschaft mit den darin zusammengeschlossenen Verbänden und die Hochschule Bremen fördern mit dem Reiseleiterzertifikat die Qualität der Dienstleistung Reiseleitung. Sie schaffen objektive Vorgaben für die Reiseleitung und umreißen damit das Tätigkeitsfeld sowie das Aufgabengebiet des Reiseleiters.

Bisher waren deutsche Reiseleiter in mehreren Ländern Behinderungen durch Behörden (häufig auf Veranlassung ortsansässiger Fremdenverkehrsführerorganisationen) ausgesetzt. Dies widerspricht dem Recht der freien Berufsausübung in der EU. Allerdings wird in den betreffenden Ländern darauf verwiesen, dass der Zugang zur Tätigkeit des Fremdenführers dort von dem erfolgreichen Besuch längerer Schulungskurse bzw. einer Fachhochschule abhängig gemacht wird, während die Berufsbezeichnung Reiseleiter in der Bundesrepublik nicht geschützt ist.

Es gibt in der Bundesrepublik Deutschland weder ein anerkanntes Berufsbild noch entsprechende Berufszugangsvoraussetzungen für den Bereich Reiseleitung.

Es ist zu bedenken, dass die Touristik ein vielfältiges Spektrum umfasst, das bezüglich der Reiseleitung von der Gästebetreuung in einem Ferienort bis zur Studienreiseleitung reicht. Darüber hinaus gilt es, auch in Saisonspitzen den Bedarf an Reiseleitern abzudecken. Der Abschluss eines einschlägigen Ausbildungsberufs (analog dem des Reiseverkehrskaufmanns/der Reiseverkehrskauffrau) oder eines speziellen

Studiums entspricht daher weder den Bedürfnissen der Reiseleiter (speziell der bereits langjährig als Reiseleiter tätigen Praktiker) noch den Interessen der Kunden und der Branche.

Für den Reiseleiter – und dabei insbesondere auch für den erfahrenen Reiseleiter stellte sich bislang daher die Situation, dass er keinen formalen Nachweis seiner Qualifikation erbringen konnte, einer Qualifikation, die in vielen Fällen mindestens dem Niveau seiner ausländischen Kollegen entspricht.

Die einschlägigen Studiengänge im Ausland konzentrieren sich zumeist auf die Informationen über Sehenswürdigkeiten, Kunst, Kultur und Geschichte. Der Bundesverband der Deutschen Tourismuswirtschaft und die Hochschule Bremen erachten jedoch die Bereiche Organisation, Qualitätssicherung und Kontrolle, qualifizierte Reklamationsbearbeitung, didaktisch richtige Führung von Gruppen bzw. die Vermittlung von Wissen, den Abbau von Konflikten – mithin die soziale Kompetenz – sowie die zielgruppenorientierte Länderkunde als gleichrangig. In den Anlagen sind die für den Qualifikationsnachweis erforderlichen Schwerpunkte dieser Bereiche aufgeführt.

Der Reiseleiter muss über ein interdisziplinäres Wissen zu diesen Bereichen verfügen. Um dem deutschen Reiseleitern eine Gelegenheit zu geben, diese Qualifikation nachzuweisen, wurde das Reiseleiterzertifikat des Bundesverbandes der Deutschen Tourismuswirtschaft geschaffen. Es ist eine freiwillige Qualifikation der deutschen Touristikwirtschaft.

Anlage 1: Schwerpunkte für den Qualifikationsnachweis

Länderkunde

Der Reiseleiter ist Vermittler zwischen Urlaubsgast und Urlaubsland. Er befriedigt das Bedürfnis des Touristen nach Informationen und Orientierungen, er gibt Anregungen und erteilt Auskünfte, er erklärt und erläutert Aspekte fremder Kulturen und er trägt damit zur Bereicherung des Weltbildes, zum Abbau von Vorurteilen und zum Verständnis zwischen den Nationen bei. Um diesen Aufgaben gerecht zu werden, benötigt er ein nicht unbeträchtliches Wissen über das bereiste Land, seine Bevölkerung und seine Kultur.

Dieses Wissen muss mehr gegenwartsbezogen sein als vergangenheitsbezogen, mehr universell als fachspezifisch, eher auf konkrete Phänomene als auf wissenschaftliche Theorien gerichtet. Erforderlich sind umfangreiche landeskundliche Kenntnisse. Dass verschiedene Reiseveranstalter von ihren Reiseleitern zusätzliche Qualifikationen verlangen, z.B. ein kunsthistorisches Studium, dient der unternehmerischen Profilierung und ist in diesem Zusammenhang nicht relevant.

Die geforderten Kenntnisse beziehen sich auf das Land als Lebensraum, sie betreffen ein Volk und seine Umwelt. Einbezogen sind folglich alle Bereiche menschlicher Organisation, die miteinander in Wechselbeziehung stehen: also sowohl Wirtschaft, Gesellschaft und Politik als auch Kunst, Religion und Bildung. Das heißt, der Reiseleiter muss die grundlegenden Daten und Fakten wissen über Geographie, Bevölkerung und ihre Struktur, Wirtschaft, Politik, Sozial- und Bildungswesen, Geschichte, Kunst und Kulturgeschichte.

Dabei geht es weniger um die Quantität als um die Qualität der Kenntnisse. Die Fähigkeit, Wesentliches auszuwählen, Sachverhalte zu begründen und die Zusammenhänge herzustellen, ist höher zu bewerten als die Anhäufung von ungeordneten Einzelinformationen.

Er soll diese aber auch in Beziehung setzen können zu Daten und Ereignissen in Deutschland bzw. der Bundesrepublik Deutschland und Vergleiche damit anstellen können. Ebenso werden Grundkenntnisse über die Europäische Union von einem Reiseleiter erwartet.

Der Prüfling kann aus den folgenden Ländern sein Prüfungsgebiet benennen: Belgien, Bulgarien, Dänemark, Deutschland, Estland, Finnland, Frankreich, Griechenland, Großbritannien und Nordirland, Irland, Italien, Lettland, Litauen, Luxemburg, Malta, Niederlande, Norwegen, Österreich, Polen, Portugal, Rumänien, Schweden, Schweiz, Spanien, Slowakei, Slowenien, Tschechische Republik, Ungarn, Zypern.

Es ist davon auszugehen, dass ein Reiseleiter, der den hier gestellten Anforderungen entspricht, in der Lage ist, sich den notwendigen Wissensstoff bei Bedarf auch für andere Länder zu erarbeiten.

Organisation

Der organisatorisch einwandfreie Ablauf ist eine Grundvoraussetzung für die erfolgreiche Reise. Dies setzt der moderne Verbraucher voraus. Fehler im organisatorischen Bereich strahlen negativ auf die gesamte Reise aus. Meist führen sie zu teuren Abhilfemaßnahmen und Reklamationen der Kunden.

Der organisatorische und abwicklungstechnische Bereich ist ein Kern der Reiseleitung. Eine Vielzahl der Tätigkeiten, Aufgaben und Abläufe, die der Reiseleiter beherrschen muss, sind allgemeiner Natur trotz des hohen Maßes an betriebsspezifischen Organisationsabläufen.

Speziell durch die Übernahme organisatorischer Aufgaben hebt sich der Reiseleiter von dem Gästeführer/Fremdenführer ab, der lediglich Informationen über das Zielgebiet und Sehenswürdigkeiten abgibt, aber keine Verantwortung trägt. Der Reiseleiter ist der „verlängerte Arm" des Reiseveranstalters unterwegs und offizieller Ansprechpartner des Kunden.

Recht, Reiserecht und Reklamationsbearbeitung
Der Reiseleiter soll nicht einen aus rechtlichen Fehlern resultierenden Prozess führen können – vielmehr soll er durch seine Tätigkeit dies zu vermeiden helfen durch vorbeugende Maßnahmen, Qualitätskontrolle und -sicherung sowie durch qualifizierte Reklamationsbearbeitung. Dazu muss er (Haftungs-) Risiken erkennen und die Folgen mangelhafter Leistungserstellung beurteilen können. Der Reiseleiter steht dabei stellvertretend für den Reiseveranstalter im Verhältnis zu Kunden, Leistungsträgern und Behörden. Grundkenntnisse werden benötigt u.a. zu den folgenden Bereichen:

Reiserecht, Hotelreservierungsvertrag, Beförderungsrecht zu den jeweils eingesetzten Verkehrsmitteln, Haftungs- und Versicherungsfragen sowie Grundzüge des allgemeinen Rechts (Strafrecht, Zivilrecht, Arbeitsrecht), soweit sie die Aufgaben des Reiseleiters gegenüber Kunden, Mitarbeitern, Leistungsträgern und Behörden betreffen.

Didaktik, Methodik, soziale Kompetenz
Die Vermittlung von Informationen über ein Zielgebiet und über Besichtigungsobjekte an Reisende, die sich während eines Urlaubs erholen wollen, erfordert eine besondere Form der Präsentation. Zur sozialen Kompetenz des Reiseleiters gehören auch die Motivation der Reisenden sowie der Abbau von Konflikten und Spannung innerhalb von Reisegruppen, die Förderung der Kommunikation und die Betreuung beim Erleben der Urlaubsregion. Eine wichtige Aufgabe ist die Förderung des Umweltbewusstseins, des Respekts gegenüber Menschen, Natur und Kultur des Gastlandes.

Tourismuskunde
Die Kenntnis der Grundzüge der Tourismuskunde ist ein unabdingbares Muss für die Tätigkeit des Reiseleiters. Hierunter fällt zum Beispiel das Wissen um die Arbeit von Reisebüros, Reiseveranstaltern, Fluggesellschaften, Hotels, Busunternehmen, Schifffahrtsagenturen, Fremdenverkehrsämtern u.a. In den Zielgebieten soll der Reiseleiter über Beherbergungsarten, touristische Einrichtungen jeder Art, touristische Infrastruktur und Umweltschutzmaßnahmen informiert sein."

Weitere Informationen zur Prüfung, zur Prüfungsordnung, zur Gewichtung der schriftlichen und mündlichen Prüfung, Zulassungsvoraussetzungen und Literaturempfehlungen, sind auf der **Website des RDA unter „Reiseleiterzertifikat"** nachzulesen.

Literatur

Bartl, Hans, Eck, Helmut, Heinzler, Winfried: Geographie-Lexikon für den Tourismus. 4. Aufl. München Wien: Oldenbourg 2006

Bartl, Harald: Qualifizierte Reiseleitung. Erfolgsrezepte und Strategien für einen modernen Beruf. 2. Aufl. München: Huss 1987

Bartl, Harald, Schöpp, Ulrich, Wittpohl, Andreas: Gästeführung in der Fremdenverkehrspraxis. München: Huss Verlag 1986

Block, Eckhardt: Sachbuch für professionelle Reiseleitung, 5. Aufl. Essen: Nordis 2004

Datzer, R. und Lohmann, N.: Der Beruf des Reiseleiters, Starnberg: StfT 1981

Gauf, Dieter (Hrsg.): RLT Reiseleitertraining. Aktueller Leitfaden für Ausbildung und Praxis. 3. Auflage Köln: RDA 2006

Günter, Wolfgang: Handbuch für Studienreiseleiter. Pädagogischer, psychologischer und organisatorischer Leitfaden für Exkursionen und Studienreisen, 3. Aufl. München Wien: Oldenbourg 2001

Kirstges, Torsten; Schröder, Christian; Born, Volker: Destination Reiseleitung. München Wien: Oldenbourg, 2001

Kluckert, Ehrenfried: Kunstführung und Reiseleitung. Methodik und Didaktik, Oettingen 1981

Löw, Gudrun und Silvia Greiffenhagen: Der Reisebus-Fahrer, neue Aufgaben – neue Chancen. München 1985

Nonnenmann, Almut: Faszination Studienreiseleitung. Eine kultur- und sozialwissenschaftliche Untersuchung zur Tätigkeit von Studienreiseleitern. Norderstadt: BoD Verlag 2004

Rudolphi, P. : Studienreisen in der Erlebnisgesellschaft. Bd. 20 der Schriftenreihe Paderborner Geographische Studien zur Tourismusforschung und Destinationsmanagement. Paderborn: Universität 2007

Schmidt, Martin und Nahrstedt, Wolfgang (Hrsg.): Der Reiseleiter im Europa '93. Arbeitsfeld – Berufsbild – Ausbildung. Dokumentation des 3. Bielefelder Tourismustages. Bielefeld 1993

Schmeer, Marie-Louise: Handbuch der Reisepädagogik. Didaktik und Methodik der Bildungsreise am Beispiel Italien, München: Grafenstein 1984

Schmeer-Stum, Marie-Louise, Thinesse-Demel, Jutta, Ulbricht, Kurt, Vieregg, Hildegard (Hrsg.): Museumspädagogik. Grundlagen und Praxisberichte. Baltmannsweiler: Burgbücherei Schneider, 1990

Schmeer-Sturm, Marie-Louise: Gästeführung. Grundkurs zur Vorbereitung und Durchführung von Besichtigungen. 3. Aufl. München Wien: Oldenbourg 1996

Schmeer-Sturm, Marie-Louise: Reiseleitung. Grundkurs. 4. Aufl. München Wien: Oldenbourg 2001

Schneider, Andreas: Historische Reiseführung. Auf Studienreisen am Beispiel Griechenlands und Zyperns unter besonderer Berücksichtigung der Alten Geschichte. Leitfaden für Reiseleiter. Berlin: Freie Universität Berlin, Berichte und Materialien Nr. 7, 1990

Stolze, Maiken: Ausbildung von Reiseleitern – Eine Modelluntersuchung am Beispiel der Reiseleiterausbildung von Frosch Sportreisen. Diplomarbeit an der Deutschen Sporthochschule Köln 1998

Vieregg, Hildegard, Schmeer-Sturm, Marie-Louise, Thinesse-Demel, Jutta, Ulbricht, Kurt (Hrsg.): Museumspädagogik in neuer Sicht. Erwachsenenbildung im Museum. 2 Bd. Baltmannsweiler: Schneider Verlag 1994

Weier, Michael: Gäste professionell führen – Ein Leitfaden für die Tourismuspraxis. 4. Aufl. Gerlingen: KSB-Media 2011

Weschenfelder, Klaus, Zacharias, Wolfgang: Handbuch der Museumspädagogik. Düsseldorf: Schwann 1981

Die Autoren

Dr. Marie-Louise Schmeer-Sturm, Jahrgang 1954, seit über 35 Jahren Tätigkeit als geprüfte Gästeführerin in München und Studienreiseleiterin. 1984 Promotion zum Thema „Didaktik und Methodik der Bildungsreise am Beispiel Italien". Anschließend sieben Jahre lang wissenschaftliche Mitarbeiterin am Lehrstuhl für Pädagogik von Prof. Dr. Erich Wasem, Bearbeitung der Bereiche Reise- und Museumspädagogik. Für verschiedene Reiseveranstalter und Verkehrsvereine Aus- und Fortbildungsseminare für Reiseleiter bzw. Gästeführer, derzeit an den Sabel-Schulen, München. Seit 1991 Geschäftsführerin von „Reisen und Bildung GmbH", München (Organisation und Durchführung von Studienreisen, Tagesfahrten und Seminaren).

Dr. Werner Müller, Jahrgang 1951, Studium von Jugend- und Freizeitaspekten an der Universität Hamburg, Dissertation über den „internationalen Jugendaustausch". Seit 1979 hauptberuflich als Fortbildungstrainer, Tagungsleiter und Fachautor im Bereich des „inhaltlichen Reisens" tätig. Koordinator der „Modellseminare" des Studienkreises für Tourismus, Mitinitiator der Reiseleiter-Selbsthilfe transfer e.V., seit 1994 Geschäftsführer des transfer e.V.

Rechtsanwalt Sebastian Schuster, Jurist und Trainer bei Reiseleiterseminaren, Fachanwalt für Arbeitsrecht und Fachanwalt für Verkehrsrecht, Jahrgang 1956, seit 1985 als Rechtsanwalt selbständig in Königswinter-Oberpleis, zahlreiche Veröffentlichungen von reiserechtlichen Entscheidungen in ReiseRecht Aktuell, jahrzehntelange Schulungs- und Referententätigkeit für verschiedene Reiseveranstalter im Reiserecht

Eva Sturm, Jahrgang 1988, Absolventin des Bachelor-Studiengangs „Tourismus-Management" der Freien Universität Bozen, Studentin des Masterstudienganges „Internationaler Tourismus" an der Napier Universität Edinburgh

Gudrun Ude, Jahrgang 1959, Diplom-Psychologin, Beraterin und Trainerin für Wirtschaft und Verwaltung, ehemalige Studienreiseleiterin mit den Schwerpunkten Australien/Neuseeland

Index